國家古籍整理出版專項經費資助項目

李贄全集續編

張建業 主編

讀升菴集

張建業 整理　楊林玉 校訂

首都師範大學出版社

圖書在版編目(CIP)數據

李贄全集續編. 讀升菴集/(明)李贄編著；張建業整理、主編—北京：首都師範大學出版社，2020.12

ISBN 978-7-5656-6197-6

Ⅰ.①李… Ⅱ.①李…②張… Ⅲ.①李贄(1527—1602)—文集②筆記—中國—明代—選集 Ⅳ.①B248.915—53②Z429.48

中國版本圖書館 CIP 數據核字(2020)第 267359 號

李贄全集續編/張建業　主編

讀升菴集

張建業 整理　楊林玉 校訂

項目統籌　楊林玉　　責任編輯　楊林玉

責任印製　李春雷　　封面設計　王征發

首都師範大學出版社出版發行

地　址　北京西三環北路 105 號

郵　編　100048

電　話　68418523(總編室)　68982468(發行部)

網　址　http://cnupn.cnu.edu.cn

印　刷　中煤(北京)印務有限公司

經　銷　全國新華書店

版　次　2020 年 12 月第 1 版

印　次　2020 年 12 月第 1 次印刷

開　本　710mm×1000mm　1/16

印　張　24.25

字　數　327 千

定　價　98.00 元

目録

李卓吾先生讀升菴集卷四……六八

李卓吾先生讀升菴集卷五……七三

李卓吾先生讀升菴集卷六 …… 一〇一

李卓吾先生讀升菴集卷八

李卓吾先生讀升菴集卷九

李卓吾先生讀升菴集卷十……一五九

❶ 原刻誤爲「梅詩」，依正文改。

李卓吾先生讀升菴集卷十二 …… 一九八

李卓吾先生讀升菴集卷十三 …… 二一七

李卓吾先生讀升菴集卷十四 …… 二二五

李卓吾先生讀升菴集卷十五

❶ 該標題原缺，依正文補。

李卓吾先生讀升菴集卷十七……二八二

李卓吾先生讀升菴集卷二十……三三一

點校説明

楊升菴（一四八八——一五五九），名慎，字用修，號升菴，四川新都（今四川新都）人。武宗正德六年（一五一一）殿試進士第一，授翰林修撰。世宗時，因「大禮議」事件（反對世宗朱厚熜爲生身父母加以帝、后謚號），被貶謫云南三十年。他致力著述，詩文雜著達一百餘種，在明代文壇頗負盛名，對李贄的思想也有一定影響。後人輯有《升菴集》。《續藏書》卷二六、《明史》卷一九二、《明史稿》卷二六七、《明書》卷一四七、《列朝詩集小傳》丙集等有傳。

萬曆二十四年，李贄讀楊慎的詩文選集，撰讀書札記《讀升菴集》二〇卷。李贄對這一著作很得意，在《與方訒庵》的信中説：「夏來讀《楊升菴集》，有《讀升菴集》五百頁。升菴先生固是才學卓越，人品俊偉，然得弟讀之，益光彩焕發，流光于百世也。……余瑣瑣别録，或三十頁，或七八十頁，皆老人得意之書，惜兄無福可與我共讀之也。」（《續焚書》卷一）《焚書》卷五收入《讀升菴集》有關評論共二十六篇。李贄在《讀升菴集小引》中，對楊升菴的人品、才望及其在明代文壇的地位，都給以高度評價。

應該指出，李贄的引文與楊慎原文多有出入。還要説明的是，《李贄全集注》已收入此書，是以萬曆二十八年（一六〇〇）繼志齋刊本爲底本。而后我們又發現了刊于萬曆二十四年（一五九六）的《李卓吾先生讀升菴集》，與萬曆二十八年的繼志齋刊本文字多有出入。其中最爲值得注意的是在卷十一的《李涉贈盜》、《封使君》兩篇，繼志齋刊本卻缺失。《李涉贈盜》借唐末詩人李涉的《贈盜》詩（見《全唐詩》卷四七七，原題作《井欄砂宿遇夜客》），借題發揮，其中不無憤激的「官即虎」、「官即盜」，以及「官逼民反」的寓意，頗具認識意義。「封使君」的故事，見《太平御覽》卷八九二引南朝梁任昉《述異記》：「漢宣城郡守封邵，一日忽化虎，食郡民。民呼曰『封使君』，因去，不復來。故時人語曰：『無作封使君，生不治民死食民。』」李贄之文，尖鋭指出今日的官虎要比昔日的官虎更爲貪婪殘酷，對照明代後期官場的腐敗、黑暗，其批判精神極爲强烈。這兩篇小品都極鮮明地體現了李贄小品文的思想藝術特色，李贄還特意將其編入《焚書》卷五之中。

還需説明的有下列幾點。

一、楊慎學識淵博，讀書極豐，他在此書中所引用的著作有一部分已遺，因此，對不能確知的書名和引文，都不加書號與引号，以免誤讀。楊慎記文有誤者，加書號與引號，但加注説明。如卷十七《茶首》一段文字標爲《博物記》，實際是出自《增博物志》，加以注釋説明。還有只是取其詩意而並非原詩題名，也不標書號。如卷十七「東坡嶺南詩有云」，「嶺南詩」並非詩題名，所引之詩原題爲《宿余杭法善寺后緑野亭望吴興諸山懷孫莘老學士》。

二、該書目録的文字與正文有時不一致，對此作了如下處理：一是明顯的誤處，統一予以改正。如「行戍」誤爲「行戌」。二是保留原文，不作改正，以留古籍原貌，但加以注釋。如卷十九目録「寒食人禁」，「人」應爲「火」。三是遺漏之文，則加以補入。如卷七「湯文」后目録有「太王翦商」，但正文却有文無題，特加以補入。

三、原書正文時有誤刻，對此做了如下處理：一是逕自改之，如「行戍」誤爲「行戎」。二是保留誤刻，加以正文，分别以（）〔〕標示。三是對專用詞語（人名、書名、作品名、作品引文等），及語意較多者，加以注釋。

四、關于異體字的處理。文字改革委員會關于異體字整理表的通知中説：「報紙、雜志、圖書一律停止使用表中括弧内的異體字。但翻印古書須用原文原字的，可作例外。」該書屬于古書整理，可以用原文原字。但楊慎此書僻字極多，有些《漢語大詞典》都没收。所以對書中異體字的轉换分寸不易掌握。爲了讀者的方便，同時又保持該書的原貌，我們適當地把一些僻字轉换爲易懂的異體字。《漢語大詞典》中都没收的一些字詞，則依原文照排。

張建業

二〇一五年四月於首都師範大學

讀升菴集小引

李卓吾曰：余讀先生文集，有感焉。夫古之聖賢，其生也不易，其死也不易。生不易，故生而人皆仰；死不易，故死而人爾思。於是乎前而生者，猶冀有待於後世；後而生者，又每嘆恨于後時；同時而生者，又每每比之如附驥，比之如附青雲。則聖賢之生死固大矣。

余讀先生文集，欲求其生卒之年月而不得也。遍閲諸序文，而序文又不載。彼蓋以爲序人之文，只宜稱贊其文云耳，亦猶序學道者必大其道，叙功業者必大其功，叙人品者必表揚其梗概，而豈知其不然乎？蓋所謂文集者，謂其人之文的然必可傳於後世，然後集而傳之也。則其人之文當皎然如日星之炳焕，凡有目者能覩之矣，而又何藉於叙贊乎？彼叙贊不已贅乎？况其人或未必能文，則又何以知其文之必可傳，而遂贊而序之以傳也？故愚嘗謂世之叙文者，多其無識孫子欲借他人位望以光顯其父祖耳。不然，則其勢之不容以不請，而又不容以不文辭者也。夫文而待人以傳❶，則其文可知也，將誰傳之也？若其不敢不請，又不敢辭，則叙文者亦只宜直述其生卒之日，與平生之次第，使讀者有考焉，斯善矣。

吁！先生人品如此，道德如此，才望如此，而終身不得一試，故發之於文，无一體不備，亦無備不造，雖

❶「夫文」以下文字原缺，依繼志齋刊本補。

游其門者尚不能贊一辭，況後人哉！余是以竊附景仰之私，欲考其生卒始末，履歷之詳，如昔人所謂年譜者，時時置几案間，儼然如游其門，躡而從之。而序集皆不載，以故恨也。況復有矮子者從風吠聲，以先生但可謂之博學人焉，尤可笑矣！

李卓吾先生讀升菴集卷一

賦 一篇

鳳賦

黃帝晨坐於扆閣，降觀於桑阿，有鳥來巢，命音交和，乃召天老而問焉。天老對曰：「西申之國，丹穴之山，爰有神鳥，名爲鳳焉。羽族三百六十，以應周天，天帝命此鳥以爲羽族先。其爲狀也，鴻前而麟後，蛇頸而魚尾，鸛顙而鴛腮，龍文而龜身，燕頷而雞咮，鶴植而麗化。首若蘐青，戴仁也；嬰若白堊，抱義也；斧若赤丹，負禮也；胸若石墨，藴智也；足下紬黃，履信也。厥像有六，厥苞有九。六像維何？頭像天，足像地，日像在目，月像在背，翼像曰風，尾像曰緯。九苞維何？口苞命，眼合度，耳聰達，舌屈伸，色光彩，冠短朱，距兑鉤，音激揚，腹文户。天爲生食，爰在積石，其樹名曰瓊枝，琦玗琅玕以爲實。琅玕之腴，是曰離珠。一人三頭，遞卧遞起，以伺琅玕，與琦玗子。栖必朝陽高岡之桐，啄必紫脱蒼筤之粒。其飲有儀，其食有質。其和鳴也，小音金，大音鼓，音如簫自歌，翰如干自舞。昏鳴曰固常，旦鳴曰發明，晝鳴曰保章，舉鳴曰上翔，集鳴曰歸昌。節節足足，喈喈邕邕，其音英英，凄凄鏘鏘。延頸奮翼，五彩備明，舉隨八風，氣應時雨。徊鬱島，翔玄圃，過崑崙，軼底柱，風穴暮宿，弱水濯羽。五彩晶英，九文鮮明，乃先天離宫之畜，南方鶉火之精。覽七德，律五音，通天祉，應地靈，翥即文始，來即嘉成，惟鳳爲能。天下有道，得鳳象之一，則鳳過而睨之；得鳳象之二，則鳳翔而企之；得鳳象之三，則鳳集而翽之；得鳳象之四，則鳳春秋會之；得鳳象之五，則鳳朝夕比之，没身居之矣。於是時也，鳳翩翻帝竹而不驚，宿留帝梧而不去，吸昆丘之琅霜，呑嵰山之紫露。馴于宫隣，爲帝司晨，扈于軫車，以節路驅。爰率其屬，朝嘲夜啾，露翥風翔，千百爲羣，朝于明堂。故曰：鳳忘其翼，鷙鳥忘其爪而可擾；神龍喪角，鷙獸忘其距而可御。帝於是始作咸池之樂，張于洞庭之野。有焱氏承而頌之曰：「鳳皇秋秋，其音若簫，其翼若干，有鳳有皇，樂帝之心。」于是風后從而賡之曰：「舟張辟雍，鶬鶬相從，八風回回，鳳皇喈喈。」力牧載而和之曰：「敕爾瞽師，帥爾衆工，奏爾九誦，肅肅邕邕，無怠無凶。」帝曰：「昭乎哉，天老之言也。」緑圖侍側，拜手而贊于帝曰：「臣聞縹青者曰鸞，黔黄者曰鵷，饒紫者曰鷟，多白者曰鵠，得鳳體而分者也。西有鴩雀，東有諫珂，北有定甲，南有錦駝，鵕鸃飛光而暎天，綬雞曳彩而騈羅，竊鳳形而似者也。且羽嘉生蜚翼，蜚翼生鳳皇，鳳皇生鸞鳥，鸞鳥生庶鳥，庶鳥之變，乃産妖鳥，是曰羽蟲之孽。德下衰則得其分，德又下衰則得其似，德極下衰則得其孽。臣恐千百世之後，淡見而甘聞，誣天而矯神，必求鳳而弗能，將歌舞羽孽，而珍貺咎徵。天無口，孰分其然否；神無喙，孰析其真僞。誠乎幾何，矯枉實多，鳳之瑞世僅見，孽世則那。」帝曰：「遠乎哉，緑圖之見也。」遂乃命伶倫，斷嶰谷之竹，吹律寫鳳之音，素女調三舌之簧，炙笙象鳳之翼，史皇作斧扆，繪鳳之羽，胡曹黹衣裳，畫鳳之文。又采飛龍氏之篆，陳帝鴻氏之硯，書之右，書曰《巾几銘》，圖之左，圖爲《帝命驗》。

露布 一篇

戲作破蚊陣露布

非煙女將，行燭姬兵，敬奉堂宣，式遵閫命，破蚊陣於乙夜，收鵝捷於寅籌，不憚宵征，即陳露布。竊惟蜎化之孽，元匪貞蟲之羣，似鴨似鵞，久貽害於羊羅鼠夾；如虎如豹，曾煽虐於甓社淮津。血骨三千，睫巢億萬。饑方柳絮，妄學阿香之聲；飽類櫻桃，僭擬炎官之色。冑系孑孑，敢偷郁郁佳名；捷寔茸茸，擅據閣閣要地。擾仙遊之夢，栩栩難成；妬文苑之思，便便奚用。如花越女，嚬蛾撩亂錦幮；似柳張郎，挫精傫直靈殿。投間抵隙，乘暗幸昏。唓玉肌而皺花貌，猶作嬌鳴；刻香骨而露芳筋，未償姦志。率其不逞，實繁有徒。惡冠蚤蜂，嘗藥之經恐漏；罪浮鼃蟈，待旦之術已窮。夙稽誅於金神，不早降於青女。某等掃除賤役，箕帚微能，躬糾貫魚，手戡閔蠹。雖出火攻之下策，亦效羽被之先登。灰釘須臾，嗤負山之何力；格戟少選，諒遊臺之豈還。俾丈人怡神丙枕，無展轉反側之虞；偕女君合槲子宫，叶熊羆蛇虺之兆。好音時遣薰風送，欣忭曷勝；捷書夜奏清晝同，馳聞敢後。

序 十八篇

《古文參同契》序

《參同契》爲丹經之祖，然考隋唐《經籍志》，皆不載其目。惟《神仙傳》云：魏伯陽，上虞人，通貫詩律，文辭贍博，修真養志，約《周易》，作《參同契》。徐氏景休箋注，桓帝時，以授同郡淳于叔通，因行於世。五代之時，蜀永康道士彭曉，分爲九十章，以應火候之九轉，餘《鼎器歌》一篇，以應真鉛之得一，其説穿鑿，非魏公之本意也。其書散亂衡決，後之讀者，不知孰爲經，孰爲注，亦不知孰爲魏，孰爲徐與淳于，自彭始矣。朱子作考異及解，亦據彭本，元俞玉吾所注，又據朱本。玉吾欲分三言、四言、五言，各爲一類，而未果。蓋亦知其序之錯亂，而非魏公之初文，然均之未有定據爾。予嘗觀張平叔《悟真篇》云：叔通授學魏伯陽，留爲萬古丹經王。予意平叔猶及見古文。訪求多年，未之有獲。近晤洪雅楊邛崍憲副云，南方有掘地得石函，中有古文《參同契》，魏伯陽所著，上中下三篇，叙一篇。徐景休箋注，亦三篇，後叙一篇。淳于叔通補遺三，相類上下二篇，後叙一篇。合爲十一篇，蓋未經後人妄紊也，亟借録之。未幾，有人自吴中來，則有刻本，乃云：「有人自會稽來，貽以善本，古文一出，諸僞盡正。」予既喜古文之復出，而得見朱子之所未見，爲千古之一快，乃序而藏之。嗚呼，東漢古文存於世者幾希，此書如斷圭復完，缺璧再合，誠可珍哉！若夫形似之言，譬況之説，或流而爲房中，或認以爲爐火，使人隕命亡身，傾貲盪産，成者萬無一二，而陷者十之八九。班固有言：神仙者，所以全性命之真，而無求於外者也，聊以盪意平心，同大化之域，而或者專以是爲務，則怪迂之文，彌以益多，非伯陽之所以教也。旨哉斯言，輒併及之。

《山海經》後序

《左傳》曰：昔夏氏之方有德也，遠方圖物，貢金九牧，鑄鼎象物，物物而爲之備，使民知神姦。入山林，不逢不若。魑魅魍魎，莫能逢之。此《山海經》之所由始也。神禹既錫玄圭，以成水功，遂受舜禪，以家天下。於是乎收九牧之金以鑄鼎，鼎之象則取遠方之圖。山之奇，水之奇，草之奇，木之奇，禽之奇，獸之奇；說其形，著其生，別其性，分其類。其神奇殊彙，駭世驚聽者，或見或聞，或恒有，或時有，或不必有，皆一一書焉。蓋其經而可守者，具在《禹貢》；奇而不法者，則備在九鼎。九鼎既成，以觀萬國，同彼象而魏之，日使耳而目之，脱輶軒之使，重譯之貢，續有呈焉。固以爲恒而不怪矣，此聖王明民牖俗之意也。夏后氏之世，雖曰尚忠，而文反過于成周。太史終古，藏古今之圖，至桀焚黄圖，終古乃抱之以歸殷。又史官孔甲，于黄帝姚姒盤盂之銘，皆緝之以爲書。則九鼎之圖，其傳固出于終古孔甲之流也。謂之曰《山海圖》，其文則謂之《山海經》。至秦而九鼎亡，獨圖與經存。晉陶潛詩「流觀山海圖」，阮氏《七録》有張僧繇《山海圖》可證已。今則經存而圖亡，後人因其義例而推廣之，益以秦漢郡縣地名，故讀者疑信相半。信者直以爲禹益所著，既迷其元；而疑者遂斥爲後人贋作詭譔，抑亦軋矣。漢劉歆《七畧》所上，其文古矣，晉郭璞注釋所序，其說奇矣。此書之傳，二子之功與。但其著作之源，後學或忽，故著其說附之篋尾。

《水經》序

漢桑欽《水經舊録》，凡三卷，紀天下諸水，首河終斥江，凡一百十有一。曰出，曰過，曰逕，曰合，曰分，曰屈，曰注，曰入，此其八例也，而水道如指掌矣。又紀《禹貢》山水澤地所在，凡六十，以爲卷終。限華夷，判疆域，利灌溉，通輓運，具考是焉，蓋不刊典也，故以經名。有宋陳振孫者，獨評其爲未精審，遂啟疑於後人。謂河源一派，漢使終不能窮，九河故道，淤塞無稽，欽所記偏域中，豈必一一皆信也。予竊以其説爲不然。昔在陶唐，水失其平，神禹平之，史官紀其濬導之績，於是乎《禹貢》作焉。厥後好事者，因禹跡之廣，旁及異域，圻壤悉載，淑詭畢陳，於是乎《山海經》作焉。原欽此志，蓋祖述《禹貢》，而憲章《山海》者也。《職方》《王會》之遺圖，溝洫河渠之雜志，輶車觀風之赴告，謡俗聞見之傳信，其不爲無稽之籍可知已，豈必地至方問而後筆哉？以予嘗所經歷驗之，自吾西蜀至北都，水浮荆楚，陸走秦趙，經且萬餘里，名川支川問津者，無慮此書之十二，徵往所載，與今所見，無至泰忤。用是例其未經者，雖天下可知也。謂其爲未精審者，無乃厚誣與。夫《禹貢》者，聖人作之，聖人訂之，然其間如東匯澤爲彭蠡，東迤北會爲匯，傳者摘其爲紀者之誤，至於《山海經》之牴牾多有之，而學者猶不廢也，則此書顧不足爲《禹貢》之義疏、《山海》之補逸乎。乃獨久湮於肆篋者，亦由知者鮮爾。予近得之，惜其紙敝墨曚，乃重爲校輯，止存欽之本文。若酈氏注，衍爲四十卷，厭其枝蔓太繁，頗無關涉。首注河水二字，汎引佛經怪誕之説，幾數千言，亦贅已。今之史傳類文引用，例稱爲道元《水經》，遂使欽之用心與其名姓俱泯焉，誠可慨夫。亦猶習禮者，汰《儀禮》而反任《曲禮》之傳爲經，説《春秋》者，不知據經以按傳，而反因傳以疑經。皆貴諷説而賤本始，是末師而非往古，可重慨者類此。故特去之，而詳著其説焉。嗚呼，得吾説而通之，不獨可以讀《水經》也已。

《檀弓叢訓》序

楊慎曰：豎有四術，神、聖、二、巧。予欲借之以喻文矣。《易》之文神，《詩》《書》《春秋》聖也，《檀弓》、三傳、《考工記》，工矣，《莊》《列》九流而一，其巧有差。復以《檀弓》斠諸明高赤德，又羣工中都料匠也。予謂《檀弓》可孤行，而每病訓之者，未能犂然有當于人之心也。經猶招也，訓猶射也，一人射招，或中或否，未若衆人射之中之多也。若鄭康成之簡奧，或以三字而括經文之數十字，蓋寡而不可益也，亦傳注之神已。孔穎達之明備，或即經之一言而衍爲百十言，蓋多而不可省也，亦疏義之聖已。賀、陸、黃、吴，補緝臚列，亦各殫述者之心，工已。陳騤、謝枋得，二家批評，亦稍窺作者之天，巧已。澔乎曷其没矣，兹訓也，於諸家擷其英華，紀載之蒙發焉，於二家昭其甄藻、修辭之階循焉，蘩之不亦可乎。雖其嘿傳妙筌，悉乎子休與子玄，至於旁搜幽藏，累味集珍，何遽不若咸陽之懸金，淮南之鴻寶哉。

《六書索隱》序

伏羲觀圖畫卦，文字生焉；虞舜依律和聲，音韻出焉。神皇聖帝，君師萬禩，垂此二教。至周公出，文則制六書，詩則訓六義，郁乎備矣。古之名儒大賢，降而騷人墨客，未有不通此者也。秦之吏人，猶能誦《爰歷》、《滂喜》；漢世童子，無不通《急就》、《凡將》。至後漢許叔重，著《説文》十四篇，五百四十部，本蒼頡之篇，九千三百五十三字，則秦篆之全。其所載古文三百九十六，籀文一百四十五，軒周之跡猶有存者，重文或體六百二十二。則上有孔子説，楚莊王諸説，咸宗古人，不雜臆見，可謂有功小學矣。自程元岑之隸，史游之章，鍾繇之行楷出，而字日訛。梁大同中，顧野王著《玉篇》，凡二萬二千七百七十九字，以小楷書寫籀古，十訛其九，已自可憾。唐上元中，南國一妄處士孫强，又增加俗字，如竹尚少爲笋，昇高山爲杪，此乃童兒之見，俳優之嬉，何足以污竹素也。其間名爲此字學者，若李陽冰，則戾古誑俗，陸德明則從俗訛音，吾無取焉。宋則郭忠恕之雅，楊桓之博，張有之精，吴才老通其音讀，黃公紹泝其源委。若鄭樵則師心妄駁，戴侗則肆手影撰，又字學之不幸也。元猶有熊朋來、趙古，則窺班得啓，擷英尋實，何物周伯温者，聞見既陋，經術不通，類撼樹之蜉蝣，似篆沙之蝸蚓，字學之重不幸，又十倍於戴與鄭矣。今日此學，景廢響絶。談性命者，不過勦程朱之莤魄；工文辭者，止於拾史漢之賸牙。示以形聲孳乳，質以蒼雅林統，反不若秦時刀筆之吏，漢代奇觚之童，而何以望古人之宫牆哉。慎爲此感，欲以古文籀書爲祖，許氏《説文》爲宗，而諸家之説之長，分注其下。以衰老之年，精力不逮，且圖籍散失，偏閲不能，乃拔其精華，存其要領，以爲此卷。深于六書者，試欽玩之，知其會同發揮乎古人，而非雷同勦説于諸家矣。所收之字，幸勿厭其少，可以成文定象，砭俗復古矣。所注之義，幸勿厭其繁，可以詁經正史，訂子匯集矣。或覽之曰：是則藝矣，其如道何？答之曰：藝即道也，夫子之性道，不離乎文章，子貢未之合一耳。司馬子長作《孔子世家》，乃曰「晚而嘉《易》」，「韋編三絶」，其以孔子爲楊子雲耶。子雲若悟此，則藏心美根，豈出于雕蟲篆刻，何必悔其少作乎？必以玄爲極致，而識字爲非，則吾夫子「從心」之年，亦何嘗屏撤《詩》、《書》，焚棄《春秋》，而後爲「不踰矩」哉？書成，并識此于卷首，吾黨有喜高論而厭下學者，聆予斯言，其必喙咈而心俞矣夫。

《選詩拾遺》序

漢代之音可以則，魏代之音可以誦，江左之音可以觀。雖則流例參差，散偶盻分，音節尺度粲如也。有唐諸子，效法於斯，取材於斯。昧者顧或尊唐而卑六代，是以枝笑幹，從潘非淵也，而可乎哉？予觀漢志藝文、隋志經籍，跡班班而目睽睽，徒見其名，未覩其書，每一披臨，輒三太息。此非有秦焚之厄，漢挾之禁也，直由好者亡幾，致流傳靡餘，惜哉。方宋集《文苑英華》日，篇籍自具也，陋儒不足論大雅，乃謹唐人而畧先世，遂使古調聲聞，往體景滅，悲夫。梁代築臺之選，唐人梵龠之編，操觚所珍，懸諸日月，伐柯取則，炳於丹臒矣。二集所畧，予得而收之，爲選之外編。又網羅放失，綴合叢殘，積以歲月，復盈卷帙。稍分時代，别定詮次，仍以《選詩拾遺》題其目。嗚呼，昔之遺軼，可重悲惜者，業已莫可追及，幸頗存者，宜無諼矣。其諸君子，亦有樂於此者歟？

《書品》序

書有以品名者，鍾嶸《詩品》、庾肩吾《書品》是也。二子皆梁人，其稱名也同，其遺辭也類，時代則然，非相假襲也。《詩品》以三品品詩，《書品》以九品品書，何區别之精，而用志之勤乎！或言書與詩均藝，而書又非詩比，謬矣。古者君子之於物也，無所苟而已矣，曲工小技，罔不致其極焉。故曰：傳兵論劒，與道同符。今人不及古人，而高談欺世，乃曰吾道在心，六經猶贅也。以此號于人曰，作字欲好，即爲放心，趨簡安陋者，靡然從之，是蒼籀上世，道已喪矣。不曰道器，形神也；離道語器，棄形而存神也。故曰：齊匠之斲輪，綿駒之擪籥，先王之道，有在於是。矧夫進於六藝流乎！君子宜無苟也，苟于物，將苟于道。吾所爲感其感，云其云也。嗚呼，又焉得真知其解者，而竟吾云乎！

《丹鉛别録》序

葛稚川云：予抄掇衆書，撮其精要，用功少而所收多，思不煩而所見博。或謂予曰：流無源則乾，條離株則悴，吾恐玉屑盈車，不如全璧。洪答曰：泳圖流者，採珠而捐蚌；登荆山者，拾玉而棄石。予之抄畧，譬猶摘孔翠之藻羽，脱犀象之角牙矣。王融云：予少好抄書，老而彌篤，雖遇見瞥觀，皆即疏記，後重覽省，歡情益深，習與性成，不覺筆倦。慎執鞭古昔，頗合軌葛、王。自束髮以來，手所抄集，帙成踰百，卷計越千。其有意見，偶所發明，聊擇其菁華百分，以爲《丹鉛别録》。享敝帚以千金，緘燕石以十襲，雖取大方之笑，且爲小道之觀，知不可乎！

《滇侯記》序

遠遊子曰：千里不同風，百里不共雷。日月之陰，徑寸而移，雨暘之地，隔壟而分，玆其細也。太明太蒙之野，戴斗戴日之域，或日中而無影，或深暝而見旭，或銜燭龍以爲照，或煮羊胛而已曙，山川之隔閡，氣候之不齊，其極也。是以有測景之圭，有書云之臺，有相風之皖，有候風之津。海有星占，河有括象，以此知其不齊矣。故曰：不出户，知天下。天下誠難以不出户知也，非躬閲之，其載籍夫。《九丘》之書，志九州之異也，失而不傳。周處作《九州風土記》，宗懍作《荆楚歲時記》，至於《巴蜀異志》、《嶺表異録》，皆是物也。予流放滇越，温暑毒草之地，尠過從晤言之適，幽憂而屏居，流離而閲時。感其異候，有殊中土，輒籍而記之，豈欲妄意古人乎。他日冀萬一釋其棘矜，歸于岷甽，焚枯酌醴，班荆坐茅，與擊壤之老、聚沙之童，晨夕話之，亦可以代博奕矣。

《大理府志》序

大理，滇西繁雄郡也。緣洱水，出罷谷，爲西南巨瞻。浸蒼山，像靈鷲，爲西南巨鎮。而襟帶，而巖險，而物華，而人英，又裒然育，燁然縟，犂然有當於中州之奧區，卓乎無謝於南溟之奇甸焉。嘗稽之往籍，緯書云：神農地過日月之表，則日表骨利，月表青丘。滇池比之，猶爲邇封。陸終爲黄帝之所娶，若水爲顓頊之所生，產里爲湯亳之貢國，濮人爲武牧之征隊。載籍昭然，可以覆視，奚待常頞爲通道始，而唐蒙爲開郡先乎？昔之郡乘方志，事狀行紀，若韋皋、徐雲虔，若竇滂，若樊綽，若韋齊休，若陳隱之所著，雖曰昈列，實則録存書亡。若勝國之李景山，昭代之王景常，籍弓具存，然或失之誤，或失之畧。山河若柯戒，而以一經行盡之；幅員數千里，而以二卷帙約之。原本山川，有恧其能説；極命草木，無裨於多識矣。柱史温泉郝公，按部駐郡，繙舊志而病之。乃徵議於督學憲使默泉吴公、參相龍山沈公、僉憲膠峯安公，板令於太守龜崖蔡公，二守小溪王公，禮謁給諫弘山楊公，荆守侍御中溪李公。二公家本郡人，官舊史氏，多識前代之載，且諳土著之詳。於是摅懷舊之蓄念，發思古之幽情，立創新例，大增舊文，閱數月而新志成，集二美而卷帙合。時則龜崖公政成化流之暇，宅生居方之餘也。而古跡英躔，琳宫實地，表昔賢之遺愛，供騷人之景物者，一一鼎新之，賁飾之，輪之奂之，詠之榜之。不翅柳吴興之蘋洲，謝宣城之疊嶂矣。其爲新志之助，不亦多乎。慎也恩譴裔土，流戍滇陰。紫城蒼麓，夙嘗授館僦廛；香界瓌岑，昔饒解鞍横枕。乃以首簡屬之孱毫，非敢曰僭杜征南之先，固願附張京兆之後云爾。

《劍州志》序

志流別于史，九丘先于六籍，地象儆於河圖，雖迂怪弗稽，實志初也。至《禹貢》、《職方》，則大備矣。劍以山形名，州人皇乘，祇車出谷口，秦宓謂即劍道之谷，泝其世正際九丘。而岷山之精，上爲井絡，見河圖文，寔今井絡關。劍首區也，奚待《禹貢》、《職方》始著梁益哉。三代以還，劍代爲要害地，唐爲節度雄鎮，領縣有八，棊布於環三四百里内，連城擊柝相聞也。今登高望之，歷歷在目。迨國朝，劍獨遠於宸極，最爲蕞陋。四境相距，二百里而遥始得縣，一百里而遥得驛，三十里而遥得郵。繁雄昔如彼也，荒陋今如此也，豈獨時運則然，抑亦王化有遠邇歟？官其地，陋其土，窳其政者，往往是也。武緣李白夫璧，來守是邦，獨事振厲，希古良牧。拓城池，奠廬井，立鄉社，新學宫，祀鄉賢，表名宦，公館郵置，皆鼎新之。勞以身先，教以身率。劍之士，久爲荒解，至是有裒然舉者。始也予徵其政於閭，既而北征，路貫劍門，又徵之於見。白夫出其所脩《劍志》繙之，又徵予耳目之有徵焉。其土俗民風炳如也，將無望于嗣守者歟。斷碑殘碣，遺文墜什，拾于奥突荒甃者，又裒聚此卷。若與景陽子厚之銘，少陵謫仙之詠，競其英爽。過其地者，覩其山川，若生色焉，斯州也可無斯志夫。白夫請予志，在正德巳卯，成之歲則嘉靖甲申，時白夫巳遷秩去劍云。

《雲南鄉試録》序

聖天子嗣大歷服之十九年，寔惟閏之一章，入庚子蔀首。粤當三物賓興期，雲南巡按御史某，申令甲，嚴法癸，葺試寏，芮文軌，業爰飭其故，期不愆于素。乃以布政司某司調，按察司某司監，郡大夫、若支郡大夫、邑郎官、洎流末官，咸慎選精遴，眝局逮事，罔弗虔。學官某輩若干人，應聘以屆，罔弗共。闔滇之校，四十有二，入轂之士，二千有奇，皆提學副使某所睫擇也。先長夏回星，淳湡湛罄，及初商應律，啓霽升陽。乃甲子鏁院，御史爇蕭衆曰：矢公矢慎，乃違此二矢，昕有如日，暝有如燭。乃臚唱諸士而試之，戊辰一之，辛未二之，甲戌三之，題則紬簡剌之，卷則分經閲之。公簾以内，司試者鐍之，夋夋如也，鰓鰓如也。公簾以外，司調司監者分職之，魚魚如也，雅雅如也。御史又實臨内外而綱維之，翼翼如也，井井如也。拔簡其試之中得卌人，鍥雕其文之優廿首，爲雲南庚子科鄉試以獻。某濫竽授簡，拜首颺言曰：大道散而有六經，六經散而有諸子，諸子之是非，取裁於六經，六經之删修，折衷乎聖道。三代而上，道見於事業，而流衍于文章。三代以還，道寓于文章，而不純于事業。故鄉舉里選，取其事業矣，敷奏明揚，取其文章也。兩漢以經術對策取士，六朝以品薦詞華甄人。隋合南北，始有科舉，最盛於唐，增光於宋，而其得人之効，視三代貎矣。我太祖高皇帝，重獎天衷，再造人極，掃胡元之晦盲否塞，復三代之純固惇龐。日而月之，星而辰之，彝而倫之，文而章之，君師之道兼隆，仁聖之事異備。嘗伏讀科舉之詔矣，《易》用程子傳、朱子本義，《書》從夏氏、蔡氏兩傳，《詩》采漢牋暨集傳，《春秋》本三傳兼胡氏，《禮記》則古詩疏與陳澔集説。裁訂自淵衷，參采乎諸儒，使孔孟復生，亦無異論也。又常觀先正首科之題辭矣，曰初塲在通經而明理，次塲在通古而贍辭，末塲在通今而知務。上之涵養，乾知大始，下之承順，坤作成物，菁莪棫樸之化，梓材多士之興，良有以也。丹青既久而渝，神化亦窮以變，厥今士習何如哉？其高者，凌虛厲空，師心去迹，厭觀理之煩，貪居敬之約，漸近清談，遂流禪學矣。卑焉者，則掇拾叢殘，誦貫酒魄，陳陳相因，辭不辯心，紛紛競録，問則呿口，此何異瞍矇誦詩、閽寺傳令乎？窮高者既如彼，卑淪者又如此，視漢唐諸儒且恧焉，況三代之英乎？聖祖制舉之美意，舉賢求士之良規，豈端使之然哉？今皇上遠述唐虞，近法聖祖，屢下明詔，鋭意作新。文必宗經，必法古，必崇雅，必黜浮。菁莪之詩，梓材之書，復作于今日。收濟濟之士，迓穆穆之衡，行媲于古先諸士乎。沐薰濡化，提耳命面，是千年之期，而一朝之遇也。況爾滇雲，聖祖嘗有諭言曰：氣厚風和，君子道行之所。爾諸士子，生其鄉邦，久佩謨訓矣。一人之身，且有新吾，三日之士，尚猶刮目。矧曰涵泳已百七十載，濟濟數三五六經，諸士勖哉。今日之滇雲，非昔日之滇雲矣。勖哉，不以一第自滿，而以三代之英自獻。某也願徵榮靈，假于諸士子，僭書以俟。

《貴州鄉試録》序

嘉靖庚子秋八月，天下鄉試期，貴州巡按御史某實監臨焉。制度數，議品式，宏槼撫，庀續食，預資用，寔文科攸始，比友邦則勞倍矣。巡撫副都御史某鎮維重臨，士争快覩。提調，則布政司使某，監試，則按察使某。入試之士凡若干人，提學副使某所遴也。先某應聘于邁，途貫重阻，山則侵霄，谿肆無景，草樹蒙密，分天閟日，虎豹之所穴，猿猱之所捷。上援弱枝，俯蹈弱泥，步者繆橇利屐，騎則緘鐵鑿蹄，晨與雞俱興，夕篝火猶登，信天下之至險且遠也。及將入其會城，則山經水緯，壤沃屋潤，鬱鬱乎，葱葱乎，曰有開乎文光矣。展采之儀腆，郊勞之飫豐，融融乎，泄泄乎，（日）〔曰〕垂精于文治矣。逮鎖院，則白盛青堊，黄簾緑幕，輪奂改觀，心神怡曠，嘖嘖乎，籍籍乎，曰助飾乎文事矣。三試竣事，分經閲卷，文則彬彬有中州風，其敢以遐異衡逖改鑒乎。精覈嚴復，得士之中式二十五人，梓其善文二十篇，爲録以獻。嗚呼，天生五材，肇于水，究于土。人有恒言，曰水土、水土，人也者，非水土不生，而非水土所能囿也。嘗讀《禹貢》之書，見其土九州，等九賦，地産方貢，品明昈列，而獨怪其詳于物而畧于人也。又讀《周官·職方》等男女，均多寡，又怪其詳于民數而畧性與俗，何哉？及汜觀《管子》之著水樞，班固之志地里，則《禹貢》、《職方》之未詳，于此備矣。《管子》之水樞，列齊楚越晉燕宋六國，而貪麤簡易之俗，謂其解皆在水。固之地里，列秦蜀至吴粤凡十三國，而游俠，而柔弱，而剛毅，而險陋，而夸奢，而剽悍，而巫鬼，謂其習皆係乎土。唯唯然與？否否非然（與）〔歟〕？吾不得而知也。然以管、班所稱較之，今何啻碞槎規磨哉。孔子曰：「性相近也，習相遠也。」人之性稟于天，自王畿土中，至于海隅日出，一也。習也者，則係乎君之令、師之教，而非水土所函也。乃知

《禹貢》、《職方》，萬世之書，而管、班則一時之書耳。由是言之，人才之生，豈係乎地哉。是故君有分土、無分民，師也者，有教無類。粵稽諸古，大禹出於西羌也，少連生于東夷也，是皆夏周之聖賢也。降而漢唐，相如起于巴蜀，九齡出於五嶺，歐陽詹挺于閩海，姜公輔生于愛州，抑其次矣。皇明區域，遠過日月之表，越五帝而並神農，文明之化，則軼三代而隣唐虞。貴州，古之鬼方，黄帝所娶之國；唐之夜郎，李白遠流之鄉，聲名文物之見止此。至我太祖高皇帝，始郡縣之，衛戍之，庠序之，取鱗介而衣裳之，列簪呰而闤闠之。百年以來，道潤德洽，文覿武匿。昔也鬼方，今也拱帝鄉；昔也夜郎，今也覯國光。兹聖天子崇古尚賢，表章經術，釐正文體，天下喁喁，争相嚮風。先是三年爲丁酉，寔始開科增額。貴州之士，磨礪脱穎，括羽入彀。是春登禮部之士，遂得四人，視往昔亦三倍矣。盤江崇安之水，若清而深，黔中羅甸之士，若畝而金。士乎士乎，其能重乎地乎？地乎地乎，其重係乎士乎？自今以往，因文以貫乎道，友今以尚乎古，上焉可希乎夏周之英。不及，則亦不失爲文章之司馬、歐陽，功業之九齡、公輔，其勿以遠自畫地自限哉。

《周受菴詩選》序

粵若稽古，吾蜀詩始萌牙蠶叢，有日月二章，蜀著龍歸三曲，蓋開塞未通，《禹貢》以上時也。隸風有江沱，即沱潛之域，頌稱清穆，乃吉甫之詩，聖垂删述，敻而尚矣。炎漢之興，司馬相如體物瀏亮之餘，復制郊廟樂府之作，溢爲封巒天覆之詠，中葉擅名，四海爲儁焉。唐則陳子昂，海内文宗，李太白，爲古今詩聖，降而劉灣、雍陶、苻載、李遠、唐求、苑咸之徒，振其末響。蘇文忠公，宋代詩祖，而輕軨後進云文章妙天下，詩律不逮古人，蓋規磨之談，媢嫉之訾耳。唐庚、韓駒、巽巖、後溪、魯交、李石、文丹淵、喻三嵎，襲其殘芳。元則虞道園兄弟，鄧文原父子，不隕其掞藻，以開皇明，嘉州楊孟載，青城王汝玉，成都袁可潛、徐遵晦，富順晏振之，近得宜賓牟君倫，長寧侯汝弼，嘉州安公石、程以道，卓然名家。往年慎修《全蜀藝文志》載之不能盡也。廣漢受菴周公，穎異秉資，弘深績學，經術古文之餘，剩爲沖融寂寥之句。自筮仕至長憲外臺，不廢披閱討論，可謂胸有萬卷書。宦輒秦邊晉塞，桂嶺昆池，可謂足行萬里路。發之紀行，詠之邊徼，和之友生，寄之山水。子夏之云止禮義，莊周之云道性情，管子之云紀物，陸機之云緣情，左思之云詠史，阮籍之云詠懷，寔皆具體秉之和衷。觀之可以備圖經，衍之可以祖經畧，豈曰流連光景云乎！世有爲高談者，曰「作詩無益，則詩教可廢」，商賜其衰矣。受菴公以册稿示慎，且曰選擇不必多，古人無多也。慎快讀三復，摘其必可傳者若柯篇，題曰《受菴詩選》，又序吾鄉詩之萌牙流裔以傳。受菴天下士，而尚友古人者，慎以一邦一邑言，陋且贅矣，繄亦尊鄉敬止之私爾。尚竢海内名鉅，搦爲大序，兹其椉韋之先，粃糠之前云。

宋封君一嘿壽七衮序

嘉靖龍集丙辰，侍御松江宋公，來按吾全蜀，先聲所屆，風清弊絶。暇日寓書慎曰：吾父一嘿翁，壽登七旬，先是耳順之期，有林肖泉文，沾演綸封誥，有陳松谷文。不鄙謂慎，昔從史氏，後猥授簡。慎也屏居遐逖，未及拜翁，而因公之號，知壽徵矣。内典有云，忍含百善，嘿定千差，此言近理。以吾儒印證之，《洪範》之稱福壽，《魯論》之稱仁壽，《中庸》之稱德壽，一嘿可以致之。奚以知其然也？嘿焉而意已傳，於心已得，是德也。淵嘿而雷聲，嘿以立象，是仁也。嘿識心通，天地之至和委焉，是仁德之交，而福壽之源也。翁之一嘿，具此三善。有子以超宗名世，有命以豸冠繡服，不其宜乎。慎昔聞彭祖八百之壽，不無疑焉。後博觀載籍，於張懷瓘《書斷》，見魏文侯樂官竇公，至漢文帝世傳《樂記》，則二百八十歲矣。於常璩《華陽國志》見范長生，始事昭烈，至李特時猶存，則百有三十歲矣。於先魏史見羅結，百二十歲領三十六曹事。於《白樂天集》見李元爽，百三十六歲爲耆英首。於《蜀志》見涪陵譙定，百三十歲，猶以《易》教授。援是以例之，彭祖之壽非誣矣。況今皇上，誕敷皇極，斂福錫民，俾環海黎獻，同躋壽域。而會極歸極者，膺福先焉，翁非其人耶？他日洛社耆英，以首鄉國，曾孫扶掖，以升殿庭，川至日升而未渠央也。請因林、陳二太史之言而演之，以爲悠遠之徵於百齡外云。

卓吾曰：一篇笑話到底。又曰：當面辱罵不知。

送卞蘇溪歸叙州序

瀾滄兵備憲副叙州蘇溪卞公，黑髮辭榮，急流解印，臺省諸公，力挽苦留不得也。或曰：公年未踰耳順，而遽願高卧，無乃非古人七十致仕之禮乎。公曰：古人四十始仕，今則先廿年而已牽絲頖弁矣，既先禮而仕，今先禮而休，不亦可乎。《莊子》有云「身在江海之上，心在魏闕之下」，則從神無惡乎，此爲心乎仕者言也。若予者，身纓紱而心林壑久矣，亦從神無惡乎，强予不從，必有飲冰内熱之患矣。留者無以解也，乃聽其馳疏焉。予既惜高賢之去，而又喜勇退之有人也。因怪唐僧贈韋丹詩，謂「相逢盡道休官，而林下未見一人」。噫，吾黨穠於世味，乃爲緇流所嗤詠乎。然如公者，飄然絶塵於千載後，始知不可輕訾古今而淺測賢達也。近者綿州瓦屋高公，富順右溪謝公，遂寧梓谷黃公，成都玉林許公，一一皆未老引去，見于邸報，士林傳馨，以爲蜀之盛事，及公而五矣。故知范長生、勾台符、張白雲、蘇雲卿之流，山水所鍾，風氣所自，固應爾耶。嗚呼，吾求之古人，稱楚子文之美，爲其去令尹而弗憂；言鄧仲華之賢，亦曰褫龍章而無愠。然其仕止在君，非恬退由己也。求之古人且難，而况今人乎。東坡先生有云：「山林之士，猶有降志乎垂老；鐘鼎之貴，豈能辭榮於當年。」有其言而無心，有其心而無其決，愚智共蔽，古今一途。是以孔門行藏，夫子獨許於顏氏；周易進退，文言不及於賢人。由是論之，公之玆歸，不獨禔身，可以振俗矣。敬書其事，庶續傳益部耆舊者有考焉。末綴以長短句一闋，用代驪駒之什云：

歸去來兮，羨公高致，栗里堪齊。記繡斧行邊，風生貴竹，青油開府，月朗雕題。黑髮功名，丹心事業，卿棘公槐行可躋。問何事急流勇退，力挽難稽。　公言某豈栖栖，奔走紅塵早歲迷。況夜鶴帳中，滇雲直北，春鵑花底，蜀日平西。布襪青鞵，水邊林下，尋壑經丘一杖藜。喜吾鄉散仙多侶，勝日招携。

送趙從之序

正德丁丑春二月，詔以兵部職方司郎中趙君從之，爲四川按察司副使，實兵備建昌。蜀司憲臣，號兵備者六，居南曰敍瀘，居東曰東達，居北曰安綿，居西曰松潘，居東北曰威茂，居西南曰建昌。建昌，其地古邛都，其鎮山曰大雪，其江大渡，其梁度索，其連烏蠻，其距吐蕃。其利鏐鐵，故其兵犀鋭。其時瘴癘，故部使者罕至。其控衛所無州縣，故人勇而易法守。其望京師萬里，其望成都亦千里，故有事則艱於達聞。此五服之要服也，九州之絶徼也，何以煩天子之職方哉。而當軸薦之，當寧命之，人以爲咸宜。何也？事事有備，備不已重乎，守在四夷，邊不尤重乎。況職方職掌地圖險易之利，辨夷蠻戎狄之民，與才用穀畜之數，及城隍烽堠之政，其利害也周矣，其經畧也久矣，非冒焉而姑試之云也。去年，從之在職方時，北虜告急，偵警騎達于白楊口，不見劻勷，立致退靖。以玆而臨一方，又非冒試焉，而必其效者也。渡瀘水，服南人，思武侯之威；徙臺登，奪蠻險，繼文饒之績。吾於玆行卜之矣。

送成都府胡同知序

平凉胡侯承錫，以正德庚午歲，來知蜀之鹽亭。政既有成矣，又移治吾新都，惠我邑人，三年于兹，輿人誦之曰：秦蜀相隣，孔邇之途，我侯之官，不携妻孥。蕞爾我邑，秔稻之國，我侯朝夕，脱粟是食。岌乎艱乎，匪侯之來，城不完乎。艱乎岌乎，匪侯之力，城不守乎。輶車之使，采民風而得之，曰：賢哉此令也，不以家累自隨，而甘清苦，可不謂廉乎。能扃鐍土宇，而捍民之大患，可不謂才乎。歷兩邑，而民戴之如一，可不謂難乎。乃疏其名薦之，未幾，擢同知成都。成都，蜀郡首，同知大守貳，任亦重矣，侯自爲縣而得之，異選哉。吏政雖遐不遺，民譽無上不逮，旁近州縣司牧寄者聞之，將益勸于良。千里之民望之，冀將大受其福。任之重，責之重也，侯無畫哉。凡今之仕者有三患：操冰蘗者廉矣，患在乏振厲；理盤錯者才矣，患在賤清素；兼此二美者難矣，患在永終譽。過此以往，則雖古之循良，何以加焉。侯既廉且才，寔兼二美，人之難，侯之易也，尚能不狃既效以怠成，不替初服以移節。則豈徒一方戴之，將天下賢之；不惟今兹誦之，將後世傳之矣。昔漢吕乂，歷令綿竹新都，始以隱恤之稱，首於諸城，後遷守成都，復播清能之號，光于史册。以侯今日之出處，擬而論之，若出一轍，視履考祥，尚無前人專其美哉。

李白詩題辭（文不録）

卓吾子曰：升菴曰：「白慕謝東山，故自號東山李白。杜子美云『汝與東山李白好』是也。劉昫修《唐書》，乃以白爲山東人，遂致紛紛耳。」因引曾子固，稱白蜀郡人，而取《成都志》謂白生彰明縣之青蓮鄉以實之。余謂蜀人，則以白爲蜀産，隴西人，則以白爲隴西産，山東人，又借此以爲山東産，而修入《一統志》，蓋自唐至今然矣。今王元美，斷以范傳正《墓志》爲是，曰：「白父客西域，逃居綿之巴西，而白生焉。是謂實録。」嗚呼！一個李白，生時無所容入，死而千百餘年，慕而争者，無時而已。余謂李白，無時不是其生之年，無處不是其生之地。亦是天上星，亦是地上英。亦是巴西人，亦是隴西人，亦是山東人，亦是會稽人，亦是潯陽人，亦是夜郎人。死之處亦榮，生之處亦榮，流之處亦榮，囚之處亦榮，不遊、不囚、不流、不到之處，讀其書，見其人，亦榮，亦榮！莫争，莫争！

李卓吾先生讀升菴集卷一終❶

❶ 原書缺，依全書體例補。

李卓吾先生讀升菴集卷二

記六篇

新都縣八陣圖記

諸葛武侯八陣圖，在蜀者二，一在夔州之永安宫，一在新都之彌牟鎮。在夔者，蓋侯從先主伐吴，防守江路，行營布伍之遺制。新都爲成都近郊，則其恒所講武之塲也。武侯之人品事業，前哲論之極詳，不復勦同其説。獨其八陣，有重可慨者。史謂侯推演兵法，作爲八陣，咸得其要，自令行師，更不覆敗，深識兵機者所不能洞了。蓋勝之於多算，而出之於萬全，非借一於背城，而僥倖於深入也。惜乎方鋭意以向中原，而溪蠻洞獠，左跳右跋，以裂其勢，外寇方殷，内境自憊。使夫八陣之妙，不得加於二曹三馬之梟，而乃止試於七縱七擒之孟獲。事機既已遲，精力又已虧，勇賈其餘，師用其分，以爲大舉，譬之逐盗救火之家，挺刃决水，猶恐不及，而内賊乘機，胠篋助燎，則雖有倍人之知力，亦自無如之何矣。侯之不幸，勢正類此。天之所壞，誰能支之，祚去炎漢，不待隕星而後知也。嗟乎，國之興亡，天也。而千載之下，君子獨遺恨於蜀漢之事者，非以武侯故耶？至其故壘遺墟，獨爲之愛惜不已，乃其忠義之激人，不獨其法制陣伍之妙也。不然，則竇憲嘗勒八陣以擊匈奴，晉馬隆用八陣以復涼州，是在侯前已有之，功既有成，而後世猶罕稱述，況能傳其遺跡至今乎。慎嘗放舟過夔門，吊永安之宮，尋陣圖之跡。維時春初，水勢正殺，自山上俯視，下百餘丈，皆聚細石爲之，凡八行，六十四蕝。土人言，夏水盛時，没在深淵，水落依然如故。在吾新都者，其地象城門四起，中列土壘，約高三尺，耕者或剗平之，經旬餘復突出。此乃其精誠之貫，天之所支，而不可壞者，蓋非獨人愛惜之而已耳。慶陽韓君大之，以進士出宰吾邑，始至拜侯之荒祠，次觀遺壘，重有感焉。謂慎曰：之罘篆鍥，燕然銘石，藝焉爾，人不足稱也。愛其藝者，不泯其跡，矧侯之地，而可忽諸。今陣圖在夔者，有和叔獨孤之記，少陵、東坡之詩，四方灼知。而此顧泯焉，無所表識，使往來不軾，樵牧者不禁，非缺歟。祠宇行當新之，陣圖所在，欲伐石樹道左，大書曰：諸葛武侯八陣圖。碑陰之辭，子宜爲之。夫崇賢存古，以示嚮往焉，循良事也。推表山川，考記往昔者，則史氏職也，遂書之使刻焉。

兵備姜公去思記

雲南治城，西上永昌，經途所亘，旁多寇巢，曰金雞廟、赤石崖、螳螂、龜山、鐵索箐，諸寇夷也。不田不蠶，劫以爲世，箐居，則以善劫相長雄。醜類婚匹，女氏輒問曰：爾男能蹶張而劫商乎？若是者以爲恒俗。弘治中，始州賓川，衛大羅，城迷渡，戍普淜，凡以弭之也，而竟不弭。時有某憲臣行部，遇寇方截途，二商惶迫，歸命車下，夷寇直前，立捽二商刃之，囊其貨而去，若是者以爲恒聞。嘉靖初，太倉姜公夢賓擢雲南副使，飭備瀾滄，首執土酋而威之曰：「盗所隱貨，與盗同罪，爾爲世官，而縱寇分贓乎？盗之不獲，何以爾爲，爾之不治，何以我爲。」遂罪其尤者數人。諸聞者不寒而慄，争出死力以效用，奉檄尅期捕賊，雖元日不敢歸家。無幾何，巨寇尼龍伏鑕，姚嶲路通矣。又單騎躬至夷箐，召譯人傳諭之曰：「有司頃無爾恤，悉陷爾民爲盜，今吾爾撫，悉令爾盜爲民。皮裳菜食，任爾生息，龍街虎街，貿易往來，爾能從乎？」衆皆玃騰獾呼曰：「前此我輩下山即執，誣指爲賊，閉箐深居，又難以得食，求活之道，非劫無由也。生未嘗見官涖此地，亦不曾聞此言，有苦莫伸。今官知我心，又恤我生，而今而後，不爲非矣。」相率解刀弩，率妻子羅拜。公問之曰：「是若母與妻耶？是若子與女耶？」對曰：「然。」「爾不愛耶？」對曰：「愛。」因諭之曰：「爾爲盜受戮，身首異林，所愛非爾有也。」咸叩頭灑泣，拊心誓曰：「不復爲非矣。」自是，夷民出箐爲市，無異編民，行商宵征，哨堡晏寢，百年來未之前見也。夷有虧定者，夙爲盜而富，改業而貧，妻子怨之，誶語不已。定曰：「我已矢心爲良矣，從汝言，脱復有犯，何面目見姜公。」引藥自盡。其信服異類，義感小人如此。環瀾滄千里，行旅戴之如父母，惟恐一日去也。丙戌春，公解官歸，士君子識與不識，皆重惜之。商人相語曰：「我曹無庇矣。」去之日，攀鞍拜塵，嗟咨涕洟者，塞塗十餘里。趙州同知呂希夷，因民不忘，立去思碑，請文之。予聞治盜有道，不在勝之，而在靖之。觀公之跡，足以爲效矣。其馭土酋曰威，撫箐夷曰仁，威逋寇曰義。威以先攝，令則必行；仁以心感，恩則易結；義以恥格，惡則永悛：由得其道也。昧者爲之，徵調千里，騷駭一方，羽檄之馳則若風，飛輓之急則若流。然而威之得喪、寇之靖否，猶不可知也，其相懸不亦遠哉。嗟，公弗可留已，塊焉之石，胡以慰人思乎！惟其良法炳然，率由勿更，則爲道徑，而爲力易，是故西人之望也。思公者其有感於予言乎，繼公者其有感於予言乎。

蜻蛉謡原載《古樂府》，今附此。

蜻蛉，美姜公也。公未莅止，西郊不聞平息，浹年，公在斯矣。聆輿誦，采民謡，綴兹風，耳而目之，乃知美非溢也。

蜻蛉川，磯碌野，鐵箐窮崖，飛鳥不下。魋結成羣行，白日腥風灑。繫我犛牛驅筰馬，金雞廟前無行者。使君坐紫城，枹鼓卧不鳴。蒼山平，洱水清，守犬無夜驚，行商達天明。白羽蠹，青苗生，南山踏歌北山耕。願留使君住，只愁使君去，畏途前番君不聞，高車駟馬亦使君，劫商車下殷車輪。

博南謡原載「長短句」中，今附此。

瀾滄自失姜兵備，白日公然劫行李。博南行商叢怨歌，黄金失手淚滂沱。鐵索菁邊山嵯峩，金沙江頭足風波。爲客從來辛苦多，嗟我行商奈若何。

卓吾子曰：古今人情一也，古今天下事勢亦一也。某也從少至老，原情論勢，不見有一人同者，何哉？故余每每驚訝，以爲天何生我不祥如此乎！夫人性不甚相遠，而予獨不同，非不祥而何？余初仕時，親見南倭、北虜之亂矣；最後入滇，又熟聞土官、猺、獞之變矣。大概讀書食禄之家，意見皆同，以余所見質之，不以爲狂，則以爲可殺也。今讀先生集，記姜公事。姜公之心，正與予合，而先生取之如此，則知先生唯不用，用必爲姜公無疑矣。生雖後時，見符前哲，亦可以證余生之非不祥也。因喜而録之。

新都縣重修儒學記

孔子之道，與王化遠邇，偕天地恒久。蓋自鴻荒肇辟，神聖迭興，亨屯彌綸，漸次除乂。以《易大傳》所敘十三卦觀之，自網罟耒耜，至於宫室書契，所以厚生安性者備矣，緊教化猶未盡敷也。逮於唐堯之世，始命契爲司徒，教以人倫，親以五品，文明於是乎嘉會，比屋於是乎可封。故孔子删《書》始于唐堯，而稱堯曰大哉，而與天同其蕩蕩，所謂焕乎文章者在是矣。其後成湯遂有天下，而孔子，殷之後也，生當春秋之世，立乎定哀之間，帝綱沈，聖法斁，鳳不至，麟已踣。乃與一時明睿英邁之才，講繼往開來之學，斯文雖厄於上，而大明於下。是契爲一代師，而孔子爲億萬代師矣。祖孫相望，上下千載，又纂堯之成功文章於無窮，而蕩蕩與天同大焉。惟時禹稷皆聖人，皆有大功於民，其後皆有天下，然未有世系綿延，與天地竝，如契之後也。以是知教化之功大矣，天之篤佑斯文者至矣。慨在當時，傳習肄業，惟緇帷之林，杏樹之壇，舞雩之下，未有宫室居宇，及廩食都養，如今日之盛且普也。士生斯時，亦何遇之盛哉。吾邑新都之有學舊矣，自漢文翁爲守而還，列城皆有學，而蜀之絃誦比鄒魯，文章冠天下。吾邑者，如楊厚之對策、汝敦之孝廉，父子繼美，兄弟蟬聯，著於史册，炳如丹青。有唐初造，文焰益輝，學記有楊炯之碑，摛辭掞千言之藻，鍥石雖泐，方乘具在。宋興三百年，科第若櫛比，則有若鄧應午之師範五城，布景範之盡節王事。聖朝吴元年初，趙天澤早識劉基於泥塗，以成開天攘夷之大功，教化焉可誣哉！乃弘治甲子，歷嘉靖丙戌，廟廡傾頽，妥神無所。堂齋坍髒，鞠爲園蔬。主簿薛君海，請於巡撫中丞碧泉張公素，繼之戴公鱀、巡按吴臯喻公時、提學憲使雨泉陳公鎏，同聲衆允，助以罰鍰。而教諭伊任，訓導劉士充、孫翮，又汲汲經營，不愆於素。以癸丑上春人日經始，三月八日隆棟。而木有古株，躍於水中，奇若禹廟之梅梁，事符臨武之鼓木。天若相之成，人喜忘其勞，遂創此巨役，畢茲庀休，以標文化之淵源，以昭後進之模楷。諸君之功，良有禆於吾邑非淺，而食不出於頭會，泉不出於口率，尤人之所難，事之可紀也。薛、伊、劉、孫四君，及學彦某等，以慎邑人也，見委以記。繪天遊聖，何假雕蟲之辭；大壯斯干，聊爲歲月之紀。用鐫靈陶，禆垂永祀。其工直金粟之目，董役助貲之人，洎審曲面勢之詳，太一叢辰之卜，竝列姓名于碑之陰。

楚雄府定遠縣新建儒學記

雲南楚雄府屬縣曰定遠，舊未有學，按察司提學副使仰齊胡公堯時，建議上請於朝，始命建學，盛舉也。經始於嘉靖二十六年孟秋，釋菜於二十七年長至。學成，宜有記，縣之官師請於胡公，公乃猥以慎嘗從事秉筆後，屬爲記之。慎參按圖經域志，定遠在漢爲越巂郡地，三國時，諸葛忠武侯征南中營於此，今之望子洞遺址尚存。唐武德中，置西濮州，貞觀中，更名髳州，後訛稱牟州。宋世，淪於段、高二偕夷，至胡元立牟州千户，至正，改爲定遠州。國朝因定遠之名，而降州爲縣，百七十年而始建學。皇明文治之遥，聲名之盛，使仲尼之道，與王化遠邇，多士生斯時斯地，亦厚幸矣。嗚呼，漢之斥土名越巂者，以斯地實越巂水，以彰休盛，然特爲僻土服遠言爾。武侯南征，天威赫著，而文治猶未遑。唐則先服後叛，宋則畫界陸沉，元雖合爲一統，而胡俗無譏焉。國家以綱常爲治，禮樂爲教。雲南雖去神臯萬里，而氣厚風和，君子道行，洪武初元，已入桀被天言之褒矣。咨爾多士，涵泳聖涯，豈可以憬彼自棄乎。矧髳濮之名，已見牧野，其歸仁膺化，已兆於武王允清之代。而武侯之所過化，則澹泊明志之道真，寧静致遠之心學，諸士子獨無興起之思乎？夫學亦多説矣，肇始於六經，而發揮於諸儒，更僕不可終。而走也獨舉武侯澹泊寧静之二言者，以古者建學立師，必本其地望，希賢懷古，恒首其儒先。武侯在定遠，固名宦之首稱巨擘，亦後學之指南元龜。藏焉修焉之餘，而豔焉仰焉，息焉游焉之暇，而詠焉繹焉，亦可以爲成人矣。由是而之焉，以上希乎聖教，敢謂無其人乎！

臨安府鄉賢祠記

嘉靖甲午，詔天下正祀典鄉賢之祠，遺者增之，嚴不在祀法者，汰之，未創者，於是乎始。乃雲南臨安知府事姜安，建水州知州事沈蒠，學教授趙維賢，詢輿議，稽郡乘，師言僉同，蕘言攸協。乃上於布政使王俊民，聞於監察御史董珊，卒如若請。鄉賢之祀，自今日始也。祠我皇明四公，曰杭州府知府張公隆，南陽府知府邢公幹，兩淮運司經歷、封南溪知縣張公文宗，文昌縣知縣田公榮。其鮮也，蓋嚴也。曰：居喪哀毁，踰禮廬墓，官處脂膏，不自潤澤，西湖廣其利，鄣水安其鍾，考績三載，最於全浙，是杭州公之行也。曰：瞻族，而族待以舉火，起家，而家世其清德，守瀘州而瀘人尸而祝之，守南陽而南陽社而稷之，是南陽公之行也。曰：悃愊褆身，孝友睦親，膺屢薦不留，歸養棄官，敦行化俗，蕃祉老壽，是南溪公之行也。曰：不工於媚貴人，而有餘於裕孱民，勇於退田畝，而怯於入公府，是文昌公之行也。臨安在唐宋爲剽分，元世無聞，自國朝有科目以還，金閨之籍相屬，而稱鄉賢者僅此，嚴哉。世之巧言强有力者，可以百役其私智，而不獲一於公議。蝨於庭，蠹於里，陽鱎於邦。剪公財，隸弱産，豐屋蔀家，華衣光佩。市童詡，里婦矜，朝露未期，厭厭如泉下人矣。况能作九原，凛生氣，享社獻，侑瞽宗乎？君子謂是舉也，昭則戒違，彰往勸來，是之謂名教。名教之謂政首，政首之謂人綱人紀。人紀弗紀，曷昭曷戒，曷彰曷勸哉！作臨安府鄉賢祠記。

内江蕭氏雙節記

内江，蜀之望縣也。蕭氏，内江著姓也。雙節者何？庠生之慈母陳氏，御史蕭世延所生之母李氏也。陳李者妯娌也，皆喪所天，而葆貞植孤，以亢蕭宗，故曰雙節云。陳，富順縣人。年十九，來歸巡檢蕭騰，七年而騰卒，陳僅二十六歲，且未有子。正室陰氏之子世建，甫十一歲，未幾，陰氏繼卒。陳誓志孀居，有欲奪其志者，陳泣曰：「吾一移所天，孤子將誰撫？蕭祀銷矣。」乃𨈬𨈬然廑，翼翼然藏，以世建爲命。僨鐶釧，市書册，勸以學。世建長，爲受室余氏，余復夭卒，遺幼孫曰蘅，年始六稔，又以蘅爲命。益拮据，治絲絸，營粟布，形影相依，自黄口至白首，今則六秩有五矣。李氏，邑之梧桐里人，年十八，歸贈監察御史蕭公露，生子世延，九歲而露卒。嫡吳氏，日相持而飲泣曰：「町町孤孺，生將奚托？」蓋虞李之少，不安其室也。李矢之曰：「孤在我之懷，日在天之上，寧死蕭牖下，忍悖三從訓乎！」與吳相依，食然後食，寢然後宿，以其子若吳出，吳亦母之如己出。經畫内政，井井中度。雖頻遇荒嘆，而婚喪慶弔，内宗之週助無廢禮。至於教子，務底於成。蜚騰竟如其願，則造物之報匪忒矣。嘉靖庚子，壽終。以子貴，贈太孺人。陳亦爲部使者行縣，扁其堂曰「貞節」。一時雙節并曜同門。邑里上其事於當路，當路大夫，屢核其實，會上其事於朝，表宅植楔，有日矣。嶺南少卿東洲李公邦直狀其行，作雙節傳，且曰：「堂前之陳，斷臂之李，青史所紀，彤管有煒焉。然皆爲人妻者也，而副室未之前聞也；皆異地者也，而一門未之前見也；皆異時者也，而一代未之前紀也。歆其難乎，亶其傳乎。」慎母族内江，既稔聞其事，又讀東洲傳，偉其文，撫卷而喟曰：「是幽足以動天地，感鬼神；明足以厚人倫，移風俗。可傳可記，可詩可頌。」劉向之籍，僧繇之圖，《栢舟》之風，陶嬰之歌，何以加焉。乃畧舉大綱，以爲斯記，以附蕭氏世譜，及内江邑乘。他日國史下採，大書特筆，尚有考於予言，慎也嘗從事於史局矣。

傳一篇

孝烈婦唐貴梅傳

烈婦姓唐氏，名貴梅，池州貴池人也。笄年，適朱姓，夫貧且弱。有老姑，悍且淫，少與徽州一富商有私。弘治中，富商復至池，一見婦，悦之。自拊心曰，吾無頭風何以老嫗虚拘哉。乃密以金帛賂其姑。姑利其有，誨婦淫者以百端，弗聽；迫之，弗聽；加以箠楚，弗聽；繼以炮烙，體無完膚，終不聽。乃以不孝訟于官。通判慈谿毛旺亦受商之賂，倍加官刑，幾死者數。商猶慕其色，冀其改節，復令姑保出之。親黨咸勸其吐實。婦曰：「若然，全吾名而汙吾姑乎？」乃夕易袿襹，雉經于後園古梅樹下。姑不知也。及旦，將入其室挺之，手持桑杖，且罵且行，曰：「惡奴！早從我言，得金帛，享歡樂，今定何如？」入室無見也，尋至樹下，乃知其死，因大慟哭。親黨咻之曰：「生既以不孝訟之，死乃稱嫗心，何哭之慟？」姑曰：「婦在，吾猶有望；婦死，商人必倒贓。吾哭金帛，非哭此惡奴也。」尸懸於樹三日，顔如生，樵夫牧兒，咸爲墮淚。每夕梅月之下，隱隱見其形，冉冉而没。有司以礙於府官之故，終不舉。余舅氏喻士積薄遊至池州，稔聞其事，作詩弔之，歸屬慎爲傳其事。嗚呼！婦生不辰，遭此悍姑。生以梅爲名，死于梅之林。冰操霜清，梅乎何殊！既孝且烈，汙青宜書。有司失職，咄哉可吁！乃爲作傳，以附露筋碑之跗。

卓吾子曰：先王教化，只可行於窮鄉下邑，而不可行於冠裳濟濟之名區；只可行於三家村裏不識字之女兒，而不可行於素讀書而居民上者之君子。池州通判毛某，非素讀書而居民上之君子乎？慈谿爲縣，又非毛某所産之巨邑名區乎？今通判貪賄，而死逼孝烈以淫，素讀書而沐教化者如此；孝烈唐貴梅，寧死而不受辱，未曾讀書而沐聖教者如彼；則先王之教化亦徒矣。

卓吾又曰：「孝烈」二字，楊太史特筆也。夫貴梅之死烈矣，於孝何與也？蓋貴梅所以寧死而不自白者，以姑之故也。不然，豈其不切齒痛恨於賄囑之商，而顧忍死以爲之諱哉？書曰「孝烈婦」，當矣。死三日而尸猶懸，顔如生，衆人雖知而終不敢舉。每日之暮，白月照梅，隱隱如見，猶冀有知者乎？吁！今之官府，不但此等之死，不肯代白，縱有别項容易表白者，亦必有勢與力而後肯。孰知數千里之外，無干與之人，不用請求而遂以孝烈傳其事也？楊太史當代名流，有力者百計，欲借一言以爲重而不得，今孝烈獨能得太史之傳以自昭明於百世，孝烈可以死矣。設使當其時，貴池有賢者，果能慨然白之於當道，亦不過賜額掛匾，了一故事耳矣，其誰知重之乎？自此傳出，而孝烈之形，吾知其不復重見于梅月之下也！升菴之聞，聞於其舅喻士積。士積夙遊貴池，親見其事，曾爲詩以弔之，故升菴作傳，具載士積見聞始末，以士積可信也。然則此傳不但孝烈藉以章顯，士積亦附以著名矣，傳豈徒作耶！嗟嗟！毛通判當日之爲，亦只爲貪其賄而人莫知也。貴梅已死，而誰爲白也？孰知不白於貴池而卒白於新都乎？今《升菴文集》盛行於世，夫誰不知傳其事於此集之中者？貴池人士，咸知有贓吏毛某，受賄而死逼孝烈以淫也，慈谿人士，亦咸知有鄉官毛某，受賄而死逼孝烈以淫也。毛某唯無孫子則已，苟有子，則必不敢認毛某以爲父；苟有孫，則必不敢認毛某以爲祖矣。蓋一時少年，傾慕太史之日久矣，讀其書，閱其事，則必私相告語。私相告語，未有不竊笑而背駡者。夫毛某之心，本欲多積金錢以遺其孫子，使孫子感己也，又安知使孫子不敢認己也哉！太史之傳，嚴於先王教化明矣。余謂此傳有裨於世教者弘也，故復亟讀而詳録之，以爲孝烈之外傳云。

跋一篇

樊敏碑跋

漢碑多不著作碑文人姓名，而此碑之末，續書「建武十年三月上旬造，石工劉武良鐫」。何也？曰古人以鐫石爲一難事，故書之以傳。魏《受禪碑》，書鍾繇鐫，以一代貴臣文宗，而親雕鐫之役，古人之重文藻，而必欲永其傳如此。李北海書碑，多手自鐫，其云元省已刻，伏靈芝刻，或云黄鶴仙刻，皆北海自鐫也。今之立碑，草草而付之拙劣之書，鐫者又非良工，宜其貽庚子山驢鳴犬吠之誚矣。

卓吾子曰：鐫石，技也，亦道也。文惠君曰：「嘻，技蓋至此乎？」庖丁對曰：「臣之所好者道也，進乎技矣。」是以道與技爲二，非也。造聖則聖，入神則神，技即道耳。技至於神聖所在之處，必有神物護持，而況有識之人歟？且千載而後，人猶愛惜，豈有身親爲之而不自愛惜者？石工書名，自愛惜也，不自知其爲石工也。神聖在我，技不得賤矣。否則，讀書作文亦賤也，寧獨鐫石之工乎？雖然，劉武良以精鐫書名可也，今世鐫工，又皆一一書名碑陰何哉？學步失故，盡相習以謂當然，可笑矣！故雕鐫者工，則書鐫者姓名，碑蓋藉鐫而傳也。鐫者或未甚工，而所鐫之字與其文，或其人之賢，的然必傳於世，則鐫石之工，亦必鐫名以附之。所謂交相附而交相傳也。蓋技巧神聖，人自重之。能爲人重，則必借重於人，自然之勢也。然元佑奸黨碑，石工常安民乃懇求勿鐫姓名於其後，又何耶？

論四篇

擬過秦論

慎弱冠歲，未習舉子業，而好古文，每妄擬名賢之作。曾擬《弔古戰場文》，叔父龍崖先生見而心異之，袖其稿以呈祖父留耕翁。召慎謂曰：「吾孫信敏，然場屋何用此也。爾既好古文，何不擬賈誼《過秦論》乎。」慎退，翌日呈一篇，旋失其稿。老戍滇中，士夫家有傳録之者，慎取閲之，恍如夢事，亦不知爲己作也。今録于此，以示兒輩。其辭曰：

有問於楊子曰：孟子有言，不仁而得天下者，未之有也。秦以不仁而得天下矣，孟子之言，其不驗乎？曰：秦自孝公用商鞅富强之術，而關中之力雄；自惠文用離横之謀，而諸侯之勢弱；自昭襄用范睢遠交近攻之策，而規取天下之計得；至李斯兼并之説用，而天下皆秦矣。然爲臣者，功成而身喪；爲君者，業成而國亡。其强也，斯所以爲弱；其智也，斯所以爲愚。嗚呼，悲夫！秦自始皇二十六年庚辰，六王初畢，四海始一，雄圖既溢，武力未畢。方架黿以爲梁，巡海右以送日，俄而祖龍魂斷於沙丘，鮑魚腥聞於四極矣。胡亥越十七兄而篡立，方欲極耳目，窮心志，而閻樂之戈已及於望夷矣。子嬰討賊方平，肉未及下咽，酒未及濡唇，親賓未及盡相勞，而赤帝真人已翔於霸上矣。計始皇之餘分閏位，僅十二年，胡亥僅二年，子嬰僅四月十六日，不啻石火之一敲，電光之一瞥，吹劍之一吷，左蝸之一戰，南槐之一夢也。須臾之在億千，稊米之在大塊，實似之，是雖得猶不得也。孔子曰：雖得之，必失之，秦之謂矣。以孟子之言，合孔子之道觀之，聖賢之論，卓乎不可誣，何嘗不驗乎哉！善乎蘇子由之言曰：天厭喪亂，假手於秦，秦亦淫虐，無以受之。於是不韋乘隙，納妾子楚以亂後，六國未亡，而嬴氏先亡矣。及至二世，戮諸公子殆盡，而後授首劉項。老子曰：「天網恢恢，疎而不漏。」不觀其微，孰知其故哉！以此推之，秦初未始得也。

封建論

昔之論封建者，曹冏、陸機、劉頌、魏徵、李百藥、顔師古、劉秩、杜佑，自柳宗元之論一出，而諸子之論皆廢，蘇子瞻《志林》一出，而柳子之論益明。予得拾其遺而裨之曰：封建始於黃帝，不得其利，已受其害矣。蚩尤亦諸侯也，上干天紀，下肆民殘，以帝之神聖，七十戰而僅勝之，亦殆哉岌岌乎矣。其餘畫野之君，分城之主，雖有蚩尤之心，而未露蚩尤之跡，帝固不得而廢之也。嗣是九黎亂德矣，防風不朝矣，有扈叛逆矣，夷羿篡弑矣，昆吾雄覇矣，皆諸侯之不靖者。其餘尚多有之，而載籍散亡，不可以悉。至周，則其事又可睹矣。大封同姓以及異姓，謂之萬國。其初建之意，亦曰：蕃屏京師也，夾輔王室也，使民親於諸侯，而諸侯自相親也。成康繼世，未百年間，昭王南巡而膠舟溺死矣，穆王西巡而徐偃煽亂矣，藩屏烏在乎？夾輔烏在乎？至於春秋、戰國，干戈日尋，迄無寧歲，肝腦塗地，民如草菅，烏在其爲親也？其立之政典，防其僭竊，爲述職之制曰：一不朝，則貶其爵，再不朝，則削其地。爲建國之典曰：負固不服，則伐之，內外亂，鳥獸行，則滅之，其法似嚴矣。周之世，諸侯之不朝多矣，貶誰之爵乎？削誰之地乎？矧敢曰六師移之乎！負固不服，先莫如秦、楚，後莫如吳、越，天王方且遷避之不暇，敢言伐之一字乎？內外亂，鳥獸行，莫如晉之齊姜，衛之宣姜，魯之文姜、哀姜。二嬖之子，非類之孽，方爲太子，而世其君，天王册命之不暇，敢言滅之一字乎？三朝之制，殆爲虛設；九伐之典，亦是彌文。則封建非聖人意明矣。腐儒曲士，是古非今猶言封建當復。予折之曰：欲目睹封建之利害，何必反古，今有之矣：川、廣、雲、貴之土官是也。夫封建起於黄帝，而封建非黄帝意也；土官起於孔明，而土官非孔明意也：勢也。封建數千萬年，至秦而廢。土官歷千百年，川之馬湖安氏，弘治中以罪除；廣之田州岑氏，正德中以罪除。而二郡至今利之，有復言復二氏者，人必羣唾而衆咻之矣。封建之説，何以異此。然欲復土官，則人知非之，而復封建，人不之非，是知一方之利害，而不知天下之利害，知今之勢，而不知古之勢也，非腐儒而何哉！曰：如此則三代聖人，猶有弊法邪？曰：《易》曰，易窮則變，變則通。《禮》曰，禮時爲大，順次之。三代之上，封建，時也；封建，順也。秦而下，郡縣，時也；郡縣，順也。總括之曰：封建非聖人意也，勢也；郡縣非秦意也，亦勢也；窮而變，變而通也。雖然，是説也，非柳子、蘇子之説也，孔、孟有是説矣。孔子繫《易》曰：陽一君而二民，君子之道也；陰二君而一民，小人之道也。孟子曰：天下惡乎定，定于一。夫封建之制，國各有君，君各紀元，是非二君，將百千其君矣，惡能定于一。不定于一，惡能不亂。使孟子生于秦漢之後，必取柳蘇識時之説，而兩胡腐儒，將麾之門牆之外矣。

立賢無方論

虞夏用人，止于世族。《左傳》八元八凱，則高陽辛之才子。《史記》禹、稷世系，同所自出。孔安國《書傳》，以益爲皐陶之子，皐陶，則高陽氏才子庭堅也。周之家法，以親親爲重，以異姓爲後。武王兄弟九人，若魯、衛、管、蔡、霍、曹、郕、郜，皆列爲顯諸侯。召、畢亦以同姓爲上公。雖凡民之俊秀，論於王朝，不過州閭族黨之官，出長入治之職。如三公吕望、六卿蘇公、諸侯三恪之外，異姓僅此矣。逮至春秋，孔門高弟，仕者不過家臣，一有所進，則謂之「遠間親，新間舊」矣。蓋其一時之弊，故周公日夜之所思，惟以此耳。今觀

《商書》，一則曰「敷求哲人」，二則曰「旁招俊乂」。伊尹、萊朱、巫賢、傅説諸大臣，非親舊也。蓋主于立賢，則有德是親，固不問親之情；唯主于親，則親者未必賢，且妨賢者之路矣。信矣，立賢無方，爲不易之道。而周公往往言之，亦未得行也。何以知其然也？管、蔡之叛雖未發，而周公明哲，豈不能逆知之？周公知之，而亦難于言。蓋言之，則必不用管、蔡，必謂周公間親間舊，而忠言反爲薄論矣。孟子所（爲）〔謂〕「周公之過，不亦宜乎」者，正此之謂也。武王數紂之惡，曰「官人以世」，武王雖惡紂之「官人以世」，而（巳）〔已〕亦不能改。積習之常者，久則難變也，況周公乎。孟子曰：「國君進賢，如不得已，將使卑踰尊，疏踰戚。」以今言之，國君用賢，亦何不得已之有？蓋尊者親者未必賢，必進疏遠之賢而用之，則尊與戚之黨囂然而議，是其積習使然也。若在今日，則朝釋耒耜，暮登槐衮，人亦安之矣。又通論之，魯之三桓，鄭之七穆，楚之昭、屈、景，其子孫盤據，苗裔嬋嫣，雖貪如狼，狠如羊，蠢如豕，虓如虎，皆用之。而當時秀民才士屈于族姓，而老死田野者，不知其幾矣。惜哉！至秦用客卿，漢用刀筆，而此弊始除。迨東晉六朝，又踵其弊，南之王、謝，北之崔、盧，雖貪狼蠢虓，皆據顯位，謂之「華腴膏粱」。南之并韶，北之侯景，亦憤族姓之下，而至于作亂。景在江南，求娶于王、謝不得，乃按劒曰：「會須令吴兒女作奴。」然則立賢無方，豈非萬世君人相國之第一義乎？

魯之郊禘辯論

程子曰：「周公之功固大矣，然皆臣子之分所當爲，魯安得獨用天子之禮樂哉。成王之賜，伯禽之受，皆非也。」予讀其言，雖愛其辭之嚴、義之正，而未嘗不病其考究之不精也。魯之僭天子禮樂，魯之末造，非成王伯禽之爲也。昔者成王命君陳，拳拳以尊周公之猷訓爲言。猷訓之大，無大于上下之分，豈其命伯禽而首廢之哉？此以理而斷其事之無也。以孔子之言考之，《論語》載：「子入太廟，每事問，子聞之曰，是禮也。」《中庸》載孔子之言曰：「郊社之禮，所以事上帝也，宗廟之禮，所以事乎其先也，明乎郊社之禮，禘嘗之義，治國其如視諸掌乎。」此二言者，微言以見其義也。又恐當時之不喻也。故又曰：「禘自既灌而往者，吾不欲觀之矣。或問禘之説，子曰：『不知也，知其説者之於天下也，其如示諸斯乎！』指其掌。」亦既十露一二矣，又恐後世之不喻也，則又曰：「杞之郊也禘禹也，宋之郊也禘湯也，是天子之事守也。魯之郊禘非禮也，周公其衰矣。」孰有深切著明如是乎。以上數言著其意，而《春秋》、《魯頌》著其事。《春秋》書禘于莊公，見禘之僭始於閔公也，書「四卜郊」，見郊之僭始于僖公也。《魯頌·閟宮》之三章云：「乃命魯公，俾侯于東，錫之山川，土田附庸。」言成王命伯禽以爵土耳。其「周公之孫，莊公之子」以下，則詩人美僖公郊祀之事，未見出于成王之所命也。孔子于《春秋》書郊者九，始僖終哀，使隱桓莊閔之世有郊，奚爲而不書？《魯頌》之頌僖，正以著其僭之始耳。此以《春秋》《魯頌》考之，而知郊禘不出於成王之賜也。且史者載事之書也，以天子禮樂賜諸侯，豈細事哉？左氏未嘗言之，公羊未嘗言之，穀梁未嘗言之，《國語》未嘗言之。公羊之言曰：「卜郊，非禮也。卜郊何以非禮，魯郊非禮也。」其言即孔子之意也。隱公嘗問羽數于衆仲，衆仲曰：「天子用八，諸侯用六，大夫用四，士用二。」公從之，于是初獻六羽。若如八佾之賜，果出成王，則衆仲胡不舉以對？據此，則隱之世未有郊可知。莊公觀齊社，曹劌諫曰：「天子事上帝，諸侯會之，受命焉；諸侯祭先，公卿大夫佐之，受事焉。」據此，則莊公之世未有郊可知。皋鼬之盟，萇弘欲先蔡，祝鮀述魯、衛初封之寵命賜物。其説魯之寵錫，大輅、大旂，夏后氏之璜，封父之繁弱，土田陪敦，祝宗卜史，官司彝器，纖悉畢舉。使有天子禮樂之賜，鮀也正宜藉口以張大於此時，而反無一言及之乎。「昭公曰：『吾何僭矣哉。』子家駒曰：『設兩觀，乘大路，朱干玉戚以舞大夏，八佾以舞大武，此皆天子之禮也。』」賜果出於成王，子家敢面斥昭公以僭而不諱邪？ 由是觀之，魯之僭非特郊禘而已，天子之禮樂，大小皆悉用之矣。 周公閲來聘魯，饗有昌歜形鹽，而辭不敢受。 甯武子聘魯，魯饗之，賦《湛露》、《彤弓》，而曰其敢干大禮。 二子之辭，蓋惡魯之僭也。 以是觀之，可見魯之僭尚未久，故上自天子之宰，下至隣國之卿，苟有識者，皆疑怪遜謝，而魯人竝無一語及於成王之賜以自解，以此知其誣矣。 予考《吕氏春秋》云，魯惠公使宰讓請郊廟之禮於天子，天子使史角往報，蓋未允也，此豈非明證大案哉。 比事而觀之，襄王之出而入也，尚不許晉文公之請隧；平王之弱而遷也，猶不允魯惠公之請郊。 成王之賢，倍於襄、平，尚靳之，而謂成王賜之，晉文、魯惠尚不敢輕用，而謂伯禽收之，有是理乎。 若已賜矣、已受矣，魯惠又何須復請乎？ 或曰：子之言則然矣，然《禮・明堂位》有是言也，《祭統》有是言也，詩《魯頌・傳》有是言也。 噫，三言者皆虚也。《明堂位》之言，魯之陋儒欲尊宗國，如亡是公之聘齊，烏有先生之誇楚，有是言無是事也。 其言也不足以揚名發誉，而適足以貶君自損。 漢儒無遠識，以《明堂位》入《禮經》，而《祭統》之説因之，《魯頌》之傳因之。 故《祭統》之謬，駢《明堂》之枝指也；《魯頌》之謬，承《明堂》之余竅也。 君子不稽經合傳，而偏此之信，亦固矣。 且《明堂位》之言亦自相反，既曰成王以周公有大勳勞，賜魯以天子禮樂，又曰成王康王賜魯重祭；既曰成王，又曰康王，成王既賜，康不應復賜。 執此以訊，如無情之獄，一鞫而見其肺肝矣。 蓋自王澤之竭，處士横議，謂舜臣堯，或謂囚堯，謂禹德衰，謂伊尹割烹要湯，謂孔子居衛主癰疽、瘠環，南游交辭于漂女，皆厚誣聖賢，自便己私。 與此説之興，蓋同時也。 幸而孟軻氏辯之，孔子順辯之。 而成王、伯禽之事，既不幸不得明者之辯。 而號爲大儒者，方引之以解經，予其可無辯乎。 古語曰：三占從二，今諺云：四不拗六，言貴從衆也。 經傳之明證大案，其衆如此，曲儒之單聞孤説，其寡如彼。 辯是非於千載之下，當何從，亦從其衆而已。

書二篇

與歐陽子重都憲書

不肖不天，禍延我先考，萬里聞訃，五内摧裂。曾不得啁噍躑躅於側，曾不比於鳥獸焉，奈何，奈何，當復奈何！屬在胄胤，宜宅喪主。於此不歸，是無父也；歸而不告，是無君也。無父無君之人執事奚辱役焉。執事若矜其情而賜之告，使襄事寧凶，遄歸反役，維情與憲，實兩兼之。草土之言，非所以瀆公聽聞；私門之故，未可以慼我執事。亦自知之。然執事，仁人也，錫類者也，哀有喪者也，必欲歸處不肖者也。故敢以私于左右。臨狀荒眩，不知所宣。

謝歐陽子重書

不肖遭先君子之喪，歸情也，稽於禮則古缺，比於律則今無。星奔之懷，翰如奮飛；俟命中路，皇皇罔措。僕人回，伏承手教，知爲不肖公言，以疏矣。又獲見牘草，洽君臣，篤父子，酌情憲，制義命，亡於禮者之禮也，其動也中。執事處我，勝我自處。非夫重人極、扶世教者，其肯爲此。又非夫正學之淵粹、文宗之世胄，其能爲此。不肖不佞，豈以臺下撫己多，而私頌作德哉。弔客盈坐，莫不動容擊節，以膺盛德而佩高義，況在不肖之身者，不肖，天地罪人也。茲獲申其情事，少逭其不孝，死且不朽，若猶幸存視息，不隕其世，生之一日，公之德之賜之及也。豈惟慎也受賜，先君子重泉，實昭感之，不肖不忘先君子，其敢忘執事哉。匪不敢忘，將不能忘，匪不能忘，焉忍忘之。臨書涕泗交頤，哀感切骨，不知所云。

李卓吾先生讀升菴集卷二終

李卓吾先生讀升菴集卷三

古樂府

關嶺曲四首貴州

倦枕愁雞鳴，問郎今日程。中路不可宿，長途須早行。

其二

北登雞公背，南望象鼻岏。相逢試相問，往來定誰難。

其三

關索嶺，四十三盤高。前有安龍菁，行人莫辭勞。

其四

老鴉關，仰樹間，靈卜西去何當還。

蒙鳩篇

辭家鄉，去親愛，遠從軍，萬里外。日暮曠野，霜風凍我。有夫行惻，營巢寄所。蒙鳩語老鴟，摘巢抨去之。老鴟言此鳥是鳳皇，抨之恐不祥，但可嚇去之，不令在我傍。皇止鳳飛，羽毛摧頹，五里一返顧，十里一徘徊。山川嵯峨，嶔岑隱阿。且飲晨露、餐朝霞，禍無常門，福無常家。咄嗟呼，傷哉謂之何。

青蛉行二首寄内

青蛉絶塞怨離居，金鴈橋頭幾歲除。易求海上瓊枝樹，難得閨中錦字書。

燕子伯勞相對眠，牽牛織女别經年。珊瑚寶樹生海底，明星白石在天邊。

後緩聲歌

澤藏之山，必有陸沈之波。物或反其常，君將奈之何。雌驍難爲雄，斧小不勝柯，心之憂矣歌且訛。復思入淮之爵，必有飛海之鰩。披枝且害心，繁實多隕條。吐珠誰不含，曼睩能無招，心之憂矣歌且謡。

笠澤弄三解爲潘參藩父壽

蜀城東望笠澤雲，輪囷摇曳青氤氲，萬里從龍持獻君。將獻君，先過里，攢鳳笙，歌燕喜。

五津東下仙舟輕，三泖凉波秋水平，景丁南極中宵明。中宵明，玄景焕，展國容，拜家宴。

鶯湖小雪梅照天，鱸羮蓴豉酒如泉，錦袍起舞白華篇。白華篇，丹桂曲，祝千齡，綏百禄。

青海引

長白山前嗢黑風，桔槔火照甘泉紅。五千貂錦血邊草，單于夜帳移湟中。華林酒艷長庚醉，沈香春濃海棠睡。金馬門如萬里遥，那知青海城頭事。

田家喜晴謡

玉女投壺玉皇側，海童拖霖海天黑。風花閃日日笑雲，俗以雲氣班駁，謂之風花。古詩：明（月）〔日〕揚帆應復駛，蒸雲散亂作風花。○俗諺以雨乍落乍止，日光穿漏謂之天笑。雲氣烘爲雀頭色。須臾變作樓梯天，黄綿襖出曬破甎。諺云：樓梯天，曬破甎。又田叟冬晴見日，喜曰：天上黄綿襖子出。茅簷夜望黎星没，蘆絮飛殘水生骨。諺云：黎星没，水生骨。

扶南曲三首

愁窺緑綺琴，絃澀不成音。鏡裏春春貌，牕前夜夜心。臨卬人去遠，離夢遶花陰。

遊賞上春時，踟躕望所思。花嬌初學臉，柳淺未成眉。問訊溝頭水，微波可致辭。

淇上輕盈侶，巫陽縹緲仙。晚歸因鬬草，春困爲秋千。羅帳含雙笑，燈昏尚未眠。

烏栖曲四首

金蓮作杵瓊瑰砧，蛟龍艷錦鴛鴦衾。并刀未翦燕霜落，何日征衣到沙漠。

晝漏迢迢春灩灩，草如柔罽花如焰。白日紅牕恨轉多，箇儂無計奈春何。汝南鳴雞烏臼鳥，强言鐃舌催天曉。殘粧相送淚闌干，月帳雲屏生曉寒。月華二八星三五，丁丁漏水鼕鼕鼓。相思相憶阻河橋，可憐人度可憐宵。

桂湖曲送胡孝思

君來桂湖上，湖水生清風。清風如君懷，灑然秋期同。君去桂湖上，湖水映明月。明月如懷君，悵然何時輟。湖風向客清，湖月照人明。别離俱有憶，風月重含情。含情重含情，攀留桂之樹。珍重一枝才，留連千里句。明年桂花開，君在雨花臺。隴禽傳語去，江鯉寄書來。

大堤曲

大堤二三月，垂楊千萬把。上枝堪藏鴉，下根堪繫馬。藏鴉繫馬晚樓邊，沈水香焚清酒傳。紅霞宛宛歌聲外，漢水團團明鏡前。夜飲朝眠歡不足，秋去春來芳草緑。只知郎槖盡黄金，不道妾顔銷白玉。江有方洲岸有沙，牙檣絲纜各天涯。釵横花困驚殘夢，不信行人不憶家。

冬晴三首

冬晴連月歲欲闌，北屋修影迴南巒，行人喜舞農人歡。負耒杖策各自返，過涉不愁溪水寒。

岸梅春動江不波，玉顔粲粲回鋏柯，橘洲霜晚繁香多。吁嗟二物堪贈遠，如此萬里關山何。

岷山白日多光輝，清江澂霧雪霰稀，魚龍不蟄鴻鴈飛。塞上將軍未解甲，城南思婦夜縫衣。

阻風曲鑵子磯作三首

峭石驚磯横浦口，朔風半夜蛟龍吼。一枕波濤萬里心，江水客愁誰淺深。

行人夜唱江南曲，巴歈楚些遥相續。聲聲怨暝復愁更，訴盡離情天未明。

啼猿峽口江流遠，回鴈峯前沙磧晚。水驛梅花開未開，緘情千里寄陽臺。

休洗紅 憫山東流賊之亂也

休洗紅，紅顔薄命恨難窮。峩眉傾國誰家女，十五纖腰媒未通。金屋盈盈嬌白日，錦牕的的玩春風。戎馬一朝生冀北，黄巾萬騎滿山東。金繒賤棄如泥土，絶色争擒獻鏑鋒。火燒野田飛墅鴨，雲暎東方生蝃蝀。飄零自分身如葉，憔悴誰甘首似蓬。當時不識門前路，今日能彎馬上弓。婦女何能堅節操，丈夫本自不英雄。

古艷曲二首

皎皎復盈盈，傾國更傾城。珊瑚絲結網，苕華玉篆名。宫女多相妬，非關君薄情。

掩顰來玉塞，顧影戀金門。翠燭勞光彩，銀屏役夢魂。羅衣香未歇，猶是漢宫恩。

盤江行貴州

可憐盤江河，年年瘴癘多。青草二三月，緑煙生碧波，行人好經過。

七盤勞歌

一盤谿谷低，仰首愁攀躋。蠶崖白雲上，鳥道金天西。二盤行漸難，谷口野風寒。石磴愁旋馬，行人各解鞍。三盤雲霧堆，側逕轉迂回。前旌正延佇，駿騎莫相催。四盤連翠微，峯日隱晴輝。石齒嚙人足，樹枝罥人衣。五盤勢更高，俯見棲鳥巢。巖巒暫相倚，人馬同時勞。六盤窮攀緣，真似上青天。下瞰已峻絶，上望更巍然。七盤險棧平，眺望倚分明。西征通蜀道，北望指秦城。

朝天嶺

落日半山坳，掩暎栗葉赤。行客早知休，前溪多虎跡。

將進酒

清醅如濟，濁醪如河。君子有酒旨且多，我當起舞君當歌。歌烏烏，舞傞傞，歌舞未終良夜過。將進酒，杯行遲，主人且勿喧，君子有所思。堯置中衢尊，文王法酒旗。共此融融歡，無愆抑抑儀。令汝年壽等喬松，名與金石期。

蘆笙吟

宋乾德中，牂牱入貢，召見詢問地里風俗，令作本國歌舞，一人吹瓢笙，名曰水曲，即今蘆笙也。予在大理見之，嘗作蘆笙吟五解，其辭云：

蘆笙吟，蘆笙吟，可憐一寸匏，能括四海音。一胤

蘆笙吟，蘆笙吟，可憐一節蘆，能通四海心。二胤

昔我聞蘆笙，乃在盤江河。河邊跳月歌，令人玄鬢皤。三胤

今我聞蘆笙，乃在關南橋。短歌和長謡，從夕至清朝。四胤

悲亦不在聲，歡亦不在聲。昔聲與今聲，不是兩蘆笙。五胤

五言古詩

元謀縣歌

遥望元謀縣，塚墓何纍纍。借問何人墓，官屍與吏骸。山川多瘴癘，仕宦少生回。三月春草青，元謀不可行。九月草交頭，元謀不可遊。嗟爾營營子，何爲欻來此。九州幸自寬，何爲此遊盤。

書李前渠藩伯公便面

望塵斗以北，傾蓋江之陽。命駕慰遲暮，倚樓訊行藏。下榻沉痾失，擁篲端憂忘。玉藻敷温麗，金薤披琳瑯。淪詩綴四始，逸籒括三蒼。荒經詢夏后，汲冢懷周王。賡皐既旦旦，聆摯何洋洋。維時首朱夏，迅晷改青陽。欸言移日稷，彦會屬辰良。蒲癸聊短詠，木桃愧申章。

九月三日見新月時有悼亡之戚

纖纖初生月，掛我高樓傍。常時照歡影，今夕流悲光。悲光正徘徊，悵望相思臺。凉霑露襟溼，爽透風闈開。絲蟲繞階緝，火螢穿箔來。更添漏水咽，膏減缸花催。莊休歌不發，潘仁心已摧。商陵别鵠怨，梁樹棲烏哀。未抵此時恨，長歔獨難裁。

恩遣戍滇紀行

商秋凉風發，吹我出京華。赭衣裹病體，紅塵蔽行車。弱姪當門啼，怪我不過家。行行日已夕，扁舟斂潞沙。揚舲天津口，回瞻見牛斗。風吹紫荆樹，月照青楊柳。逆流泝漕河，相顧慎風波。荒村聚豺虎，夾岸鳴蛟鼉。僕夫困牽挽，防吏苦嗔呵。徐沛洪流溢，滄溟浴白日。聚落雞犬空，銜艫羽毛疾。暗灘持楫防，洄溜揚帆慄。維纜依鸛巢，搴蓬邇鮫室。乘月下吕梁，侵星過白楊。漫岸憬失道，孤舟鬱相忘。喧歷見疊浪，極眺無連岡。陰霞互興没，凍雨倏淋浪。濕薪戒傳火，空囊愁絶糧。信宿萬籟平，隣舟動歡聲。聞雞共起舞，買魚賀兼程。夕泊秦淮岸，朝逗維揚城。愁聽玉簫曲，懶問瓊花名。畏途險已出，勝地心猶驚。真州對瓜步，分岐當去住。翘思銕甕雲，悵望金陵樹。江浮懼濤瀾，陸走淹霜露。移船鷺洲來，弭榜龍江隈。故人同載酒，一醉雨花臺。高臺多古今，百慮盈疎襟。琴彈別鶴調，笛唱飛鴻吟。臨風惜南鶩，揆景恨西沉。江程始挂席，江月照采石。招摇西北明，水霧東南碧。銅陵夢裏過，赭圻望中隔。潯陽見市廛，湓浦異潮夕。馬口歌獨漉，魚山俟風宿。西塞漁父磯，東陵道士洑。估客歎浮萍，放臣悲落木。秋鷺赤岸楓，霜謝黄州菊。龜山漢陽縣，鵲磯遥可見。披襟倚山閣，開圖對離晏。鮮飈蘋末來，餘霞波外絢。枕底鳴飛湍，舷際失江干。仙子駐鶴嶠，王孫鬬鴨闌。雲開君山出，壑歸洞庭寬。乾鵲噪危檣，連連一何迅。試叩巴峽船，果得家鄉信。時序感孤懷，風煙集雙鬢。江陵初解帆，倉皇理征衫。家人從此別，客淚不可緘。騰裝首滇路，問愁程楚巖。楚水縈沅澧，楚岸秀蘭芷。（言）〔古〕墓識昭丘，遺芳號珠履。珠坊青蕪繁，昭丘白雲屯。傷心楓樹林，回首桃花源。天寒行旅少，歲晏霜霰煩。界停四十渡，羸馬不成步。幽篁詎見天，密箐才分路。砦窟半卉裳，人煙盡槃瓠。戾蟲嘯落景，暴客當官戍。驅車先發昫，投驛遲暝霧。溆浦涔陽連，龍摽夜郎天。遠遊吊屈子，長流悲謫仙。我行更迢遞，千載同潸然。一葉崇安渡，千波竹箭急。鬼方昔云遐，羅甸今初入。陰霾喧凝交，瘴嵐昏曉集。長亭此驛遥，只尺如棘澀。石行蹶昆蹄，沙（吹）〔炊〕煙蒸粒。斷腸盤江河，銷魂巃嵸坡。軍堡鳴笳近，蠻營荷戟多。三辰晦光彩，七旬瀝滂沱。罽衣行風舞，蘆笙跳月歌。可憐異方樂，令人玄鬢皤。煙霜窮瑣旅，茝若開芳序。迎睫平原來，還顧殘山去。喜見青松林，卻辭黄茅嶼。滔滔歲已周，望望且夷猶。衣塵何暇拂，足繭不能休。碧雞儷金馬，滇海昆池瀉。五尺常頞道，萬里唐蒙野。隋將仆碑川，漢相連營下。我行更向西，綿力倦攀躋。硪碌穿危磴，蜻蛉控絕谿。點蒼明霽雪，抱珥飲晴霓。蒲塞重關峻，蘭津毒草低。枝寒鳺鳥下，花煖杜鵑迷。溯環蜮射渚，畷入象耕畦。瑩角氂牛門，斑文筰馬嘶。緬書塗貝葉，僰照燧松梯。風景他鄉別，天倪吾道拙。雲山已亂心，風塵仍結舌。出門各自媚，失路爲誰悅。桑落豈忘憂，芄觿詎申結。龍吼雄劒鳴，驥歌唾壺缺。蒼蒼七星關，幾時却東還。瀰瀰三峽水，奚啻隔中沚。黃犬代書郵，青龍借歸舟。鴈翼翔廖廓，猿聲遞阻修。何由一縮地，暫作錦江遊。

行旅

行旅苦日短，勞人知路遥。忽忽歲云莫，客心中摇摇。曠野饒寒氣，四望但寂寥。嚴霜下豐草，朔風鳴枯條。浮雲起爲蓋，堅冰結爲橋。白日隱餘照，玄陰晦層霄。鳴轂無停輪，嘶馬不解鑣。飛鳥夕知還，征途何迢迢。

晨發高嶢東丘月渚楊墨池

荒雞嗥西隣，海霞射東壁。又攜孤劒征，去作點蒼客。高嶢亦吾廬，安寧亦予宅。屏居三十年，宛如故鄉陌。飛屐頻登臨，披衣數晨夕。別離今幾時，重到感疇昔。兒童已長成，賓從盡衰白。聯榻情綢繆，晤語慰衰瘠。此行擬何爲，筋力疲疆場。少城雲思紛，江陽春夢積。一身四處家，浮生百齡迫。請爲勞者歌，歌罷轉愁劇。

西征夜

寒重旅衾單，默對燈花謝。亂山荒壘間，獨客孤眠夜。寂寞與誰同，尋思似夢中。勞勞無止極，去去忘

西東。故鄉孟冬別，有約仲冬返。人願天不從，長征日以遠。異縣多相知，樽酒話心期。含悲不能語，淚爲
生別滋。

南竄始發京

秋風蕭蕭發，驅車出郭東。問我今何適，竄身向南中。南中萬餘里，去去與誰同。親交滿京國，只尺難（傷心）
相通。且喜脱幽縶，未遐悲道窮。

江陵別内

同泛洞庭波，獨上西陵渡。孤棹泝寒流，天涯歲將暮。此際話離情，羈心忽自驚。佳期在何許，別恨轉難平。

離思行

飛蓬無根株，飄飄隨風起。游子辭家鄉，流落在萬里。當歌有苦調，對酒無欣喜。閉門愁緒集，出門多
荆杞。徬徨安所之，斷腸分流水。水流何潺湲，遠遊幾時還。

擬青青河畔草

河水清且漣，河上多荒草。春風二月時，千里交河道。交河漢家營，荒莽少人行。日暮凄風起，黄沙與
雲平。雲間有孤鴈，附書自鄉縣。翩翩欲下來，聞弦却驚散。草青鴈北飛，草枯鴈南歸。鴈飛有歸時，征人

無還期。

庭中有奇樹

奇樹生南國，孤根來遠方。佳名誰不愛，植近君子堂。春風一披拂，花葉何煒煌。上有寄生枝，亦得沾恩光。桂枝陵寒山，梧桐在高岡。草木非自獻，信美非所將。

送終安人王氏葬恩波阡

石流何湔湔，湟潦增其波。天陰日易晚，曠野悲風多。嚴霜下喬木，零雨泫柔柯。蕭條我行野，傷心悲如何。中道失嘉耦，葬此山之阿。凜凜歲方晏，誰與同歗歌。君看彼鳥雀，各自安其窠。

七言古詩

辛卯除夕飲潘郎金斗歌

主人新得黄金斗，好客尊前爲予壽。招摇揭柄轉春星，沆薤騰波挹仙酒。天涯今夕歲云徂，痛飲狂歌夜良久。乍可用爾爲鴟夷，萬事盡付持杯手。君不見，商彝周鼎徒聞名，見之不識人不取。

南枝曲

會川五里坡玀玀哨邊，有古梅一株，婆娑蔭映，形如曲蓋，封蘚斑駮，文如篆籀，蓋數百年物也。予平生所見梅樹，此爲冠絶。惜乎生於窮山絶域，而不得高人韻士之賞也。玩歎之餘，作此曲焉。

我渡煙江來瘴國，毒草嵐叢愁箐黑。忽見新梅粲路傍，幽秀古艷空林色。絶世獨立誰相憐，解鞍藉草坐梅邊。芬藹香韻風能遞，綽約仙姿月與傳。根地錦苔迷蟻縫，樹杪黄昏摇鳥夢。飄英點綴似留人，顧影徘徊若相送。焦桐椽竹亦何心，中郎一見兩知音。誰謂南枝無北道，願譜金徽播玉琴。

李卓吾曰：余見吴氏移置古梅一株于山中讀書房，得地矣。而枝條横蔓，惡其礙牆撑瓦，時時砍削，幾於無梅。又見曾氏移置古梅一株於庭之東，亦得地矣。而築土牆以隔之，剪多株以瘦之。其初，蓋古幹盤結，有甚於楊太史所稱者，故余每見輒恨。偶讀此，遂效嚬。

會川五里坡，古梅正婆娑。根連貴陽竹，影落盤江河。封蘚任斑駮，寧期太史過。太史而今休怨歎，我愁正愁俗人看。假饒置我大都中，冤哉剪伐仍（途）〔涂〕炭。君不聞，曾與吴，殷勤亦各移置梅一株。上條棲雞下聚溷，視我今者又何如。君今傾蓋來相結，曾似山房坐磨滅。更聞月下吹南枝，東庭玉女恨難歇。

五言律詩

層臺驛

陟坡千百磴，破店兩三家。濕竈薪無焰，磽田飯有沙。瘦兵宵泣血，猛虎晝磨牙。行路難如此，羈愁一倍加。

箐口關

箐口關何險，山頭路更賒。凌兢磨旋蟻，屈曲陣蟠蛇。官舍惟孤舍，人家無一家。客心何處切，夕照閃歸鴉。

寒夕 七十行戌稿

東西垂老別，前後苦寒行。旅鬢年年禿，羈魂夜夜驚。春鉏胸内貯，石闕口中生。讀書有今日，曷不早躬耕。

畢節簡蔡席二廣文

鶉衣裹凍身，荒館夜難晨。冷榻誰相伴，寒爐獨可親。塗窮千慮失，天遠四愁新。夢裏兒童戲，醒來倍愴神。

臘八日與墨池野酌遲丘月渚

散步謫仙橋，嚴寒酒易消。雲容將變朔，風信已鳴條。只爲朋從好，渾忘旅寓遥。清吟遲月渚，剪燭永今宵。

烏撒喜晴

易見黄河清，難逢烏撒晴。陰霾既已豁，險道況復平。蜀日杳千里，滇雲惟十程。江花與江草，異國看春生。

北橋離席留别趙州諸子

漂泊猶戎旅，羈棲且歲年。又傷南浦别，重醉北橋邊。煙樹環江滸，風花簇野筵。鄉心那可問，愁思繞離絃。

答馬敬臣二首

北闕承恩譴，南荒作旅人。可堪同瘴癘，猶自隔音塵。鶴嶺霏煙外，螳川積水濱。三年不相見，兩地各傷神。

空宇澄新霽，殊方報早秋。涼風天末樹，明月海邊樓。塞草封歸望，湘蘭唤别愁。來章三復罷，對酒不能詶。

次張大理文柔別後見寄韻

垂老雲南戍，逢君海上州。桂招非小隱，萍泛是同流。江漢詢幽側，關山慰阻修。欲酬平子贈，空有畔牢愁。

竹户

竹户少塵埃，濃陰鬱不開。静聞清露墜，凉送好風來。鳥下彈瓊粉，蟲行篆紫苔。無人共欣賞，坐嘯獨悠哉。

折楊柳

白雪新年盡，東風昨夜驚。芳匪隨處滿，楊柳最多情。染作春衣色，吹爲玉笛聲。如何千里别，只贈一枝行。

雨

蟬咽枝頭露，鳩搏樹杪風。䗶䗶凉意足，葉葉雨聲雄。案對燈花喜，宵分簟色融。不知何水部，吟斷滴階中。

青橋驛

鐵壁千秋雪，冰崖萬壑雷。人家比星散，鳥道入雲回。旅寓山河隔，鄉心日夜催。客行春又夏，不見捷書來。

渡黑龍江時，連雨水漲，竟日乃濟

飛鷁朝暾霽，停驂午漏分。客心隨水急，人語隔江聞。雨過添清氣，風生愛縠紋。中流歸棹穩，跂望有來羣。

候朝簡王舜王卿

文華接武英，鳳吹應雞鳴。月晃牙牌字，風傳玉珮聲。天香飄左掖，宮漏隔西清。不是班行迴，焉知夙夜情。

重過華清宮

繡嶺仙人閣，華清玉女湯。山川猶氣象，臺殿久荒凉。煖水生煙霧，寒松受雪霜。碑文無歲月，螭首卧牛羊。

舟曉

羈心厭漏遲，未曉命舟師。樹過如人立，帆開覺岸移。天梭星落織，霞錦日舒絲。漸喜漁村近，炊煙出竹籬。

十二月朔旦南郊扈從省牲

天仗雲門外，宵衣曉漏前。蒼龍旂影動，朱鷺鼓聲傳。星爛甘泉燭，霜清泰畤煙。南郊新警蹕，重覩孝皇年。

夜泊

夜泊中岩下，扁舟對萬峯。一星高岸火，幾杵上方鐘。水落灘聲急，雲低雨意濃。何人吹鐵笛，潭下惱魚龍。

秋日枕疾四首

陋巷本寂寞，病來人更稀。氣候倏忽變，陰晴頃刻非。量移寒燠榻，調停單夾衣。餘生付泡影，焉知衡氣機。

其二

風前黄葉樹，雨後紫苔牆。肺病知秋早，身閒覺日長。杵聲頻擣藥，煙縷漸消香。遮眼聊舒卷，雕蟲久已忘。

其三

病叟茅亭卧，頑童竹杖隨。半人嘲鑿齒，一足笑虞夔。夢境虚傳蝶，支床底用龜。古方渾不效，無乃僞軒岐。

其四

殘燈光翳壁，斜月影穿帷。衰鬢難禁日，幽憂不寐時。棘籬嘷夜犬，茅棟笑寒鴟。展轉那堪説，呻吟强作詩。

春月卧病至夏首

愁心冷不春，病眼夜難晨。蝴蝶成虚夢，芭蕉喻幻身。枕乾垂老淚，門絶問奇人。惟藥添無量，呻吟似飲醇。

新秋悼亡

清商不堪聽，白露自生愁。孤枕寒先入，空堦雨未休。夢魂回永夜，悲怨集新秋。奇樹中庭色，傷心不再遊。

七言律詩

廣心樓夜宿病中作七十行戌稿

落穽重逢下石人，七旬衰病命逡巡。藤蘿深箐猿猱穴，瘴癘窮山虎豹隣。枯木幾時霑雨露，戴盆何地見星辰。元夫幸遇暌孤日，寂寞寒灰也望春。

五言絶句

陽橋彎

澗壑浮白雲，俯瞰低於馬。雲開見青松，又在澗壑下。

西路雜述二首

虎穴猶能入，猿梯亦可臨。把關苗子面，開店主人心。

其二

哨名一碗水，坡號半邊山。疲人倚石磴，渴馬飲冰湍。

四月五日夜與叙菴末菴樂菴得菴話別集句

鼎鼎百年内，一别一回老。欲知萬里情，坐對青燈曉。

嘉州登舟

馬上風塵倦，登舟似到家。雨晴凉意足，含笑對江花。

渝江登陸

來往舟如屋，相隨一月期。登途不忍去，翻似别家時。

普魯基曉發

霜華重於雪，星光明似月。喔喔荒雞鳴，蕭蕭征馬發。

自安寧之高嶢李葵之走馬相迎

遥岑昨夜別，獨樹今朝迎。高嶢連榻處，清話到三更。

月夕獨酌

夜沽東橋酒，醉聽僰童歌。羈人不作樂，其如鄉思何。

鐵鸚武歌蜀中名鴽鶊，雲南號鐵鸚武，即伯勞也。

可憐鐵鸚武，常鳴五更前。愁人抱瞑卧，聲聲到耳邊。

寶印寺

曲徑餘榛路，穹碑剥蘚痕。空廊僧不住，隣媪爲開門。

圓照寺

横枕山牕裹，月明林影動。禪心炯不眠，寧有巴山夢。

妙高寺

絶頂愁飛鳥，丹霞隱林杪。孤僧早閉門，熒熒佛燈小。

白龍寺

詩人張禺山，喜用白龍字。何事獨無詩，留題白龍寺。

積翠巖

翠巖隱玄龕，苔徑無鳥跡。不見煑茶煙，那知有禪客。

七言絶句

竹枝詞七首

夔州府城白帝西，家家樓閣層層梯。冬雪下來不到地，春水生時與樹齊。

日照峯頭紫霧開，雪消江面緑波來。魚腹浦邊曬網去，麝香山上打柴回。

江頭秋色换春風，江上楓林青又紅。下水上風來往慣，一年長在馬船中。

最高峰頂有人家，冬種蔓菁春采茶。長笑江頭來往客，冷風寒雨宿天涯。

紅粧女伴碧江濆，蓮草花簪茜草裙。西舍東隣同夜燭，吹笙打鼓賽朝雲。

上峽舟航風浪多，送郎行去爲郎歌。白鹽紅錦多多載，危石高灘穩穩過。

無義灘頭風浪收，黄雲開處見黄牛。白波一道青峯裏，聽盡猿聲是峽州。

焦弱侯曰：似雅似俗，最得竹枝之體。劉禹錫後，獨此公耳。

寄遠曲

濯錦江頭煙水緑，相思萬里人如玉。瑶琴別後不曾彈，今朝才理將歸曲。

詠箐底香花

滇海花名箐底香，山礬風味水仙粧。瓊枝本是天邊種，零落遐荒四拾霜。

有寄

寶刀截冰恨難裁，玉筯啼春濕未開。昨夜陽臺添暮雨，夢魂飛過曲江來。

楊柳枝詞二首張禺山云：此紀彭幸菴平藍鄢二賊事也。

漢東門外柳新栽，拂曉長堤露眼開。野老攀條相向語，去年曾被賊燒來。

臨水臨風漾碧漪，含煙含霧一枝枝。戰塵收後無離別，又見長條到地時。

長短句

黄栢行行戍稿

寧食苦黄栢，莫作貴州客。寧食頭七醋，莫行貴州路。少年輕壯心遠遊，早歲從軍今白頭。只今行年七十二，猶作羈纍滇海陬。

惡氛行

金碧山前惡氛起，虜馬來飲滇海水。城西放火銀漢紅，炎焰塵頭高十里。兩重日暈圍白虹，萬家仰首呼蒼穹。相顧慘然無顏色，嗚呼寄命須臾中。賊徒渾幾箇，枕戈臨水卧。我軍屯北門，分明不敢過。土酋脅盟來索官，城上無言騎堞看。父老倉忙雙涕泗，細説去冬尋甸事。紘急柱促柄倒持，首禍今朝竟何自。堂堂之陣誰主兵，喁喁公等皆儒生。賊來不肯令出哨，賊去但解擡空營。豈無雄武士，奮身思一決。只尺轅門不肯前，怒髮衝冠氣填咽。况聞千金逐日費，連月公儲已傾竭。土兵抄掠盡村園，升天無梯地無穴。熙皡閭閻踰百年，太平官府真神仙。紫薇迢迢華蓋遠，虚將敲朴威窮邊。邊隅一旦紛解瓦，暗嗚變作孳拳者。暗嗚孳拳兩奈何，君不見建武年中任校尉，又不見開元年中張乾陀。

三岔驛

三岔驛，十字路，北去南來幾朝暮。朝見揚揚擁蓋來，暮看寂寂回車去。今古銷沉名利中，短亭流水長亭樹。

佛現鳥名，峩眉山有之，聲呼類「佛現」，每叫必有金光。

佛現，佛現，鳥語易隨人意變。山川發晶熒，草木呈葱蒨，坐使遊人心目亂。佛現，佛現。

伏枕行贈嚴應階

慎也投荒今五年，朅來卧病左足偏。臨床伏枕與子別，心斷神傷魂黯然。憶昔去國行戍邊，弔影纍纍入瘴煙。永昌試問在何處，都門相違萬三千。虎豹晝横林箐側，魑魅夕度關山顛。肝腸欲絶隴頭水，夢寐忽到夜郎天。肉黄皮皺形半脱，喜一見子日周旋。除館西河客樂土，傾壺北道賓初筵。悲歌慷慨悲壯士，風流儒稚追先賢。解鞍清華洞，褰裳碧玉泉。抽子瓊敷藻，枉我瑶華篇。衰遲遠尋留藥價，寂寞時共買山錢。同年意氣同兄弟，異鄉會合情尤異。貧交豈歎雲雨翻，急難實在風波地。昂昂嚴夫子，矯矯人中龍。長才抱經濟，大雅含春容。叩之清廟絙朱瑟，縣之東序鏗金鏞。我今甘心憔悴窮山中，子亦胡爲淹留簿書叢！朱輪五馬人生貴，青翰雙魚海若宫。七澤霜風鳴五兩，白蘋丹楓渺予望。分手遥指大江西，愁心已掛匡廬上。嚴夫子，交誼非凡流，往時傾蓋今白頭。子行高步隘九州，我病崔隤思一丘。水蛩草駏那忍棄，云鵬籬鷃難相求。待子功成採藥去，期子共結逍遥遊。

六言絶句

寄張愈光二首

斛律光，敕勒詠，劉越石，扶風歌。曲高從來和寡，妙處正不在多。

詩須有爲而作，文至無心乃傳。蘇武何梁四首，劉伶酒頌一篇。

周儀晚晴

剡溪無心泛雪，衡山有意開雲。天借黄綿襖子，憐吾七十從軍。

感懷四首

玉皇香案仙吏，金馬碧雞老兵。我自甘爲于役，衆怪胡爲此行。

楊子登科之歲，周郎破敵之年。屈指于今二倍，不成一事華顛。

黄昏忽見山店，倦客歡情倍增。茆柴(情)〔清〕於桂醑，松明紅似仙燈。

征途九十方半，記里二千有零。夢攪離心夜夜，愁添旅鬢星星。

敵唐

艢道穹隆龜背，折坂詰屈羊腸。惡溪四十八渡，怪松百千萬行。

霑益

古跡碧雞金馬，畏途水菁雲關。春迎滇陽勝境，雪送貴竹殘山。

正月六日温泉晚歸

月似銀船勸酒，星如玉彈圍棋。幾杵林鐘敲後，兩行松火歸時。温泉晚舟歸，漏已下三鼓，新月將沉，望之比初出甚大，形如銀船。衆以爲異，予曰：「非異也，古之詩人，亦未嘗玩新月至三更耳。」李文饒云：「日月終古常見，而光景常新。」信夫。昔人詠月「金波」自司馬相如始，「玉塔」自東坡始，「銀船」自予始也。

李卓吾先生讀升菴集卷三終

李卓吾先生讀升菴集卷四

經籍

季文子三思 以下《論語》

文子相三君，其卒也，無衣帛之妾，食粟之馬，無藏金玉，無重器備，左氏侈然稱之。黃東發曰：「行父怨歸父之謀去三家，至掃四大夫之兵以攻齊。方公子遂弒君立宣公，行父不能討，反爲之再如齊納賂焉。又帥師城莒之諸、鄆二邑以自封殖，其爲妾馬金玉也多矣，是即王莽之謙恭也。時人皆信之，故曰：『季文子三思後而行。』夫子不然之，則曰：『再思可以。』若曰：『再尚未能，何以云三思也？』使能再思，不黨簒而納賂，專權而興兵，封殖以肥己矣。文公不得其辭，乃云：『思至于三，則私意起而反惑。』誠如其言，則《中庸》所謂『思之不得弗措也』，管子所謂『思之思之又重思之，思之不通，鬼神將通之』，吴臣勸諸葛恪十思者，皆非矣。」

卓吾子曰：周公之聖，唯在於思兼。思而不合，則夜以日繼。一夜一日，思又何止三也？朱子蓋惑於聖人慎思之說，遂以三思爲戒。唯其戒三思，是以終身不知聖人之慎思也。我願學者千思萬思，以思此「慎思」二字。苟能得「慎思」之旨於千思萬思之中，則可以語思誠之道矣。區區一季文子，何足以煩思慮乎。

去喪無所不佩

王逸曰：「行清潔者佩芳，德光明者佩玉，能解結者佩觿，能決疑者佩玦，故孔子無所不佩也。」

卓吾子曰：道學原重外飾，蓋自古然矣。而豈知聖人之不然乎？古者男子出行不離劍佩，遠行不離弓矢，日逐不離觿玦、佩玉。名爲隨身之用，事親之物，其實思患預防，文武兼設，可使由而不可使知之道也，與（丘）〔井〕田寓兵同括矣。意不在文飾，特假名爲飾耳。後人昧其實也，以是爲美飾而矜之，務内者從而生厭曰：「是皆欲爲侈觀者，何益之有！」故於今竝不設備，而文武遂判。非但文士不知武備，至於武人居常走謁，亦效文裝矣：寬衣博帶，雍雍如也，肅肅如也。一旦有儆，豈特文人束手，武人亦寧可用耶？

陳恒弑君

孔子沐浴而朝，於義盡矣。胡氏乃云：「仲尼此舉，先發後聞可也。」是病聖人之未盡也。果如胡氏之言，則不告於君而擅興甲兵，是孔子先叛矣，何以討人哉？胡氏釋之於《春秋》，朱子引之於《論語》，皆未知此理也。岳飛金牌之召，或勸飛勿班師，飛曰：「此乃飛反，非檜反也。」始爲當於義矣。

卓吾子曰：世固有有激而爲者，不必問其爲之果當也；有激而言者，不必問其能踐言與否也。哀其志可也，原其心可也，留之以爲天下後世之亂臣賊子懼可也。何必說盡道理，以長養亂賊之心乎？若說非義，則孔子沐浴之請，亦非義矣，何也？齊人弒君，與魯何與也？魯人尚無與，又何與於家居不得與聞政事之孔子乎？不得與而與，是出位之僭也。明知哀公三子皆不可與言而言，是多言之窮也。總之爲非義矣。總之爲非義，然總之爲出於義之有所激也，總之爲能使亂臣賊子懼也，即孔子當日一大部《春秋》也，何待他日筆削《魯史》而後謂之《春秋》哉？先正蔡虚齋有《岳飛班師》一論，至今讀之，猶令人髮指冠，目洌眦，欲代岳侯殺秦檜、滅金虜而後快也，何可無此議論也？明知是做不得，説不得，然安可無此議論乎？安可無此議論乎？

無爲而治

子曰：「無爲而治者，其舜也與！」楊子《法言》或問「無爲」曰：「奚爲哉？在昔虞夏襲堯之爵，行堯之道，垂拱而視天民之阜也，無爲矣。紹桀之後，纂紂之餘，法度廢，禮樂虧，安坐而視天民之死，無爲乎？」《莊子》曰：「無爲也，則用天下而有餘；有爲也，則爲天下用而不足。故古之人貴夫無爲也。」

卓吾子曰：舜是一生兢兢業業到死者。處頑嚚，處傲象，以至歷試諸艱；處烈風迅雷，處大麓，初攝位後登庸；處殛鯀，處丹朱，處商均，直至陟方以死蒼梧之墟。憂勤惕厲，死而後已。而子曰「無爲」，旨哉！先生又引楊子《法言》，此楊子之無爲也，非大舜之無爲也。舜命九官，設十二牧，歲巡狩，祀方岳，舉八元，誅四凶，何曾襲堯道哉？先生又引《莊子》，此亦莊子之無爲也，非舜之無爲也。槁木其形，死灰其心，所謂居簡而行簡，難以臨民矣。而曰用天下而有餘，何哉？

吾爲東周

或曰：「傳者謂興周道於東方，是乎？」答曰：「是未喻『乎』字之微旨也。」其微旨若曰：「如有用我，吾其肯爲東周之微弱偏安而已乎？」言必欲挽東周爲西周也。孔子作《春秋》，托始于平王，傷東周之衰也。删《詩》，于《王風》首録《黍離》，曰：「悠悠蒼天，此何人哉？」傷興復之無人也。録變《風》于《鄶》下，曰：「誰將西歸，懷之好音。」其心未嘗一日而忘西周，故又曰：「彼美人兮，西方之人兮。」其在《雅》之詩也，曰：「大東小東，杼軸其空。」雪山王氏曰：「平王遷于王城，此大東也；敬王避子朝之難，又去王城而入成周，此小東也。」東而又東，澤爲東薪，而道爲茂草，西方益遠矣。故公山不狃以費叛，佛肸以中牟叛，孔子皆欲往。究而言之，不狃叛季氏，非叛魯也，子之欲往，安知其不欲因之以張公室乎？按《左傳》：吴將伐魯，叔孫輒助之。不狃曰：「非禮也。君子不以所惡廢鄉，今子以小惡而欲覆宗國，不亦難乎？」其不忘故國如此，則其以費叛也，正欲張公室也。佛肸之中牟，亦猶不狃之費矣。或曰，既如此，不狃、佛肸皆以「叛書」何也？答曰：《論語》之書，豈孔子自作哉？門弟子之筆也。魯人知有季氏而不知有魯公久矣，况知宗周乎？仲由、冉求，列在四科，而爲季氏聚斂，且助之伐顓臾，况其下乎？《左傳》之言曰「家臣」而欲張公室，罪莫大焉。是以黨惡滅君爲功，反以張公室爲罪矣。其書不狃佛肸之叛，曷怪乎？

卓吾子曰：説興周道于東方，便是欲挽東周爲西周矣，無異無别也。

改火

鑽燧改火，四時而五物焉。朱子謂夏火太盛，故再取。此意料之言耳。先王取火，法五行也。春行爲木，榆柳色青，以象木也。木生火，夏行爲火，棗杏色赤，以象火也。火生土，季夏行爲土，桑柘色黃，以象土也。土生金，秋行爲金，槐檀色白，以象金也。金生水，冬行爲水，柞楢色玄，象水也。四時平分，而夏乃有二焉。何也？土位在中宮，而寄王於四時。季夏者，土之中位，故《月令》於仲夏之後，列中央土，《素問》謂之「長夏」，是其説也。統之則爲四時，分之則爲五行。五行各七十二日，土分（王）〔旺〕於四時之末，各分十八日，合之亦七十二日。總五行之七十二日，合三百六十而成一歲也。

尹和靖對高宗《孟子》

宋高宗問尹焞曰：「紂亦君也，孟子何以謂之『一夫』？」焞對曰：「此非孟子之言，武王誓師之辭也，獨夫受洪惟作威。」高宗又問曰：「君視臣如土芥，臣便可視君如寇讎？」焞對曰：「此亦非孟子之言，《書》云：『撫我則后，虐我則讎。』」高宗大喜。嗚呼！儒者對君之言從容中道若此，近世道學，一趨宣召，自稱「學生」，何哉？

李卓吾先生讀升菴集卷四終

李卓吾先生讀升菴集卷五

經籍

羲皇心易以下《易》

陳希夷言：「學《易》者，當於羲皇心地上馳騁，無於周、孔注脚下盤旋。」陸象山「六經注脚」及「糟粕」之説，正出於此。周、孔且注脚，六經尚糟粕，况其餘乎？則知心矣。

卦爻名義

《易》者，廬蝘之名，守宮是矣。守宮，即蜥蜴也。與龍通氣，故可禱雨；與蚪同形，故能隕雹。身色無恒，日十二變，是則《易》者取其變也。彖者，茅犀之名，狶神是矣。彖亦曰茅犀，狀如犀而小角，善知吉凶，交廣有之。土人名曰「狶神」。犀形獨角，知幾知祥。是則彖者取於幾也。象，大荒之獸也。人希見生象也，按其圖以想其形，名之曰「像」，故其爲字，從人於象也。《木經》云：「爻者，交疏之牕也。」其字象牕形，今之象眼牕也。孔穎達曰：「卦者，掛也。掛之於壁也，蓋懸物之杙也。」諸儒皆用其説，予以爲非。杙則可掛於壁，易卦豈可掛於壁乎？卦者，圭也，古者造律制量，六十四黍爲一圭，則六十四象，總名爲卦可也。應劭曰：「圭者，自然之形，陰陽之始。卦者，亦自然之形，陰陽之象，其爲字也，從卜爲義，從圭爲聲，亦兼義也。」古文圭亦音卦，今挂字從手爲義，从圭爲聲，則圭即音卦可證矣。卦，古文圭字；爻，古字，象交㲉形。

天一生水

《易傳》曰：「天一生水，地六成之。」鮑景翔曰：「神爲氣主，神動則氣隨。氣爲水母，氣聚則水生。人之一身，貪心動則津生，哀心動則淚生，愧心動則汗生，欲心動則精生。可以爲『天一生水』之證。」地六成之，如上天同雲，而雨雪至地則六出。六爲陰，地數也。凡雨露之點亦皆六出，但碎而不可見耳。太陰玄精石皆六稜，是其證也。

易重一斤

十黍爲絫，十絫爲銖，八銖爲錙，二十四銖爲兩，十六兩爲一斤，一斤凡三百八十四銖。或問程子曰：「《易》重幾何？」程子曰：「《易》重一斤。」蓋言《易》有三百八十四爻也。

希夷易圖

陳希夷曰：「《易》學，意、言、象、數四者，不可闕一。」其理具見於聖人之經，不煩文字解説。止有一圖，謂《先天方圓圖》也，以寓陰陽消長之説。與卦之《生變圖》，亦非創意以作，孔子《繫辭》述之明矣。又作《易龍圖序》曰：「龍圖者，天散而示之，伏羲合而用之，仲尼默而形之。」希夷以授穆伯長，伯長以授李挺之，挺之，即邵康節師也。康節作《後天圖》，見於邵伯温之《序》。朱子因其出於希夷而諱之。

易圖考證

胡一桂云：「宋一代之《易》學，希夷《先天》一圖，開象數之門，至邵子《經世書》而碩大光明。周子《太極》一圖，洪理義之門，至程子《易傳》而浩博弘肆。」愚觀此言，易圖《先天》始于希夷，而《後天》續于康節。朱子所以不明言者，非爲康節，直以希夷，恐後人議其流於神仙也。藏頭露尾，亦何益哉？

大貞小貞

《易》：「屯其膏，小貞吉，大貞凶。」《注》云：「膏者，所以潤人肌膚，爵禄亦以養人。」顔師古云：「六經殘缺，學者異師，文義競馳，各守所見，故《漢書》所引經文，與近代儒家往往乖別。既自成義，即就而通之，庶免守株。」朱文公亦言：「顔監無近代專經之陋。」但以語人，恐多夏蟲之疑耳。

雲龍風虎

張璠：「從，音隨從之從，去聲。雲出則龍必從之，風出則虎必從之，猶曰『龍從雲，虎從風』也。」今按：此説甚異諸家，而理至。凡龍起必雲，而謂龍能致雲，非也；虎出必風，而謂虎能致風，非也。猶蟻徙必雨，乃雨氣感蟻；蜥蜴聚必雹，乃雹氣感蜥蜴。謂蟻能致雨、蜥蜴能作雹，可乎？

帝乙歸妹

帝乙，殷之賢君。《尚書》所謂自成湯至于帝乙，「罔不明德慎罰」是也。《史記》云：帝乙時，殷道益衰。後世注《易》者，因《史記》之言，遂以帝乙爲成湯，則《易》與《尚書》，又相矛盾矣。嗚呼！一代之君，聲迹豈微乎？其善惡之名，傳信傳疑，一彼一此，况史之紀録一人一事之得失，可盡信乎？

飛鳥遺音

《易・小過》卦：「飛鳥遺之音，不宜上，宜下。」此鳥亦斥鷃之（槍）〔搶〕榆數尺，鷦鷯之巢林一枝耳，非九成來儀而音中於律，九皋一鳴而聲聞於天也。唐子西詩：「二南廢後魯叟筆，七國横議鄒軻談。」何妨于宜上乎。

冶容誨淫

冶，銷也。遇熱則流，遇冷則合。與冰同志，故「冶」字從冰。女之艷媚，亦令人銷神流志，故美色曰冶。

君子有終

《謙》之卦曰：「君子有終。」「謙」之道，衆人不能終，而君子能終之也。夫少之事長，賤之事貴，不肖之事賢，燭至起，食至起，射則三揖，酒則百拜，磬折匐服，葉（拱）〔拱〕牆負，誰不知，又誰不能。一臨利害，巧爲趨避。語有之曰：「饑馬在廐，漠然無聲。投芻其傍，争心乃生。」由是言之，小人烏能謙哉？

卓吾子曰：先生真君子，真知小人心中物矣。

噬嗑

《易·噬嗑》：「九四，噬乾胏，得金矢。」王弼注：「金，剛也。矢，直也。」程子《傳》云：「金取剛，矢取直，以九四陽德也。」朱子《本義》乃引《周禮》：古之訟者，先「入鈞金束矢而後聽之」。黄東發云：「《周禮》出於王莽之世，未必盡皆周公之制。若先取出金而後聽其訟，周興、來俊臣之所不爲，况成周之世哉？蓋劉歆逢王莽之惡，爲聚財之囮，旋激天下之亂，而不果施行。」其説卓而正矣。慎按《淮南子》：「齊桓公將欲征伐，甲兵不足，乃令輕罪者贖以金刀，訟不勝者出一束箭。百姓皆悦，乃矯箭爲矢，鑄金爲刃，遂霸天下。」歆之附會《周禮》，實本於此。慎又以爲，此説乃六國陰謀，托之齊桓。今觀管仲内政，何等規模，决不爲此也。

利市

俗語「利市」，古亦有之。《易·説卦傳》：「爲近利市三倍。」《左傳·成公十六年》：「爾有利市寶賄，我勿與知。」

陽鳥攸居以下《書》

日之行，夏至漸南，冬至漸北。鴻鴈南北，與日進退。隨陽之鳥，故稱陽鳥也。

納于大麓

《孔叢子》：「宰我問：《書》云『納于大麓，烈風雷雨弗迷』，何謂也？孔子曰：『此言人之應乎天也。堯既得舜，歷試諸難，使大録萬機之政，是故陰清陽和，五星來備，風雨各以其應，不有迷錯愆伏，明舜之行合于天也。』此説與注、疏合。今以大麓爲山麓，是堯納舜于荒險之地，而以狂風霹靂試其命，何異于茅山道士之鬬法哉。

陟方

《尚書》：舜「陟方乃死」。《家語》作：「五十載陟方岳，死于蒼梧之野。」以方爲方岳，正與《國語》「舜勤民事而野死」之文合。今《注》以「升遐」訓之，又與下文「乃死」重復矣。

五玉

《書》「脩五禮五玉」，班《志》「五玉」作「五樂」，蓋已有「五瑞」即「五玉」也。「玉」當爲「樂」。注列「五樂」之目。

三江味别

蘇子瞻《志林》有「三江味别」之説，蔡《傳》深非之。然以《禹貢》本文論之：「揚江」言「三江既入」，而於「經」言「江漢朝宗於海」，則同流而自爲道可知矣。許敬宗謂：濟入河，洑地南出，亦以味别。以今揚子江心，有南零、北零之異，則知其入而不合，正不疑也。古有五行之官，水官得職，則能辯其性味。潛而復出，合而更分，皆可辯之，故師曠、易牙、俞兒、張華、王邵、陸羽、張又新、劉白芻、李季卿，品天下之水，性味不同，蓋古水官之遺法。愼嘗謂：山過山則分，雖分而性不分，如羅浮二碣，以風雨而合離；蓬萊兩山，隨波濤而上下。《玄中記》云：「名山有孔竅相通」是也。水過水則合，雖合而性不合。沈括云：「水以漳名者，從水於章。章者，別也，文也，謂兩物相合，有文章可別也。」白公問於孔子曰：「以水投水，何如？」孔子曰：「淄、澠之味，易牙能知之。」斯固味別之説也。蔡氏之譏蘇子，過矣。

禹貢彭蠡

《禹貢》：「東滙澤爲彭蠡」一條，《集傳》謂《經》誤，吳草廬已辨之矣。近又見邵二泉寶、魏莊渠校二説，尤足相發明。二泉云：江、漢水漲，彭蠡鬱不流，逆爲巨浸，無仰其入，而有賴其遏。彼不遏，則此不積，所謂「滙」也者如此，故曰「北會于滙」。「滙」言其外也，「蠡」言其内也。于滙，不于彭蠡，勢則然也，蓋實志也。江水濬發，最在上流，其次則漢自北入，其次則彭蠡自南北入，三水竝持而東，則江爲中江，漢爲北江，彭蠡所入爲南江，可知已。且江漢之合，茫然一水，難見其爲江也，爲漢也，然其勢則相敵也，故曰「江漢朝宗」。凡《集傳》謂《經》誤者，非是。江右山勢四盤，衆水同出，彭蠡爲口，形則高仰，非得江漢外水闌之，還能瀦而後泄耶？

帝賚良弼

傅説事，世疑之，曰：「夢而得賢可也，或否焉，亦將立相之與？且天下之貌相似亦多矣，使外象而内否，亦將寄以鹽梅舟楫之任與？審如是，則叔孫之夢豎牛，漢文之夢鄧通，卒爲身名之累。夢果可憑與？」或曰：「非也。武丁嘗遯于荒野，而後即位。彼在民間，已知説之賢矣，一旦欲舉而加之臣民之上，人未必帖然以聽也，故徵之於夢焉。且商俗信鬼，因民之所信而導之，是賢人所以成務之幾也。」劉禹錫之言曰：「在舜之庭，元凱舉焉，曰舜用之，不曰天授。在殷中宗，襲亂而興，心知説賢，乃曰帝賚。」《莊子》載太公之事云：文王見一丈夫釣，欲舉而授之政，恐大臣父兄之弗安也，於是旦而屬之大夫曰：「昔者寡人夢見良人，黑色而頓，號曰：『寓而政於臧丈人，庶幾乎民有瘳乎！』」遂迎臧丈人而授之政。顏淵問於仲尼曰：「文王其猶未邪？又何以夢爲乎？」仲尼曰：「默，女無言！夫文王盡之也，而又何論刺焉！彼直以循斯須也。」禹錫之言，蓋本《莊子》，彼以武丁、文王之用説與望，猶田單之用一男子爲軍師，吾恐不如是也。其所云夢賚者，實帝感其恭默之誠而賚之也。其性情治者，其夢寐不亂，乃可以孔子夢周公同觀。鄭(文)〔人〕夢鹿而得真鹿，心誠於得鹿者，尚可以得，況誠於求賢，而有不得者乎？

弗弔

《書·君奭》篇首曰：「君奭，弗弔，天降喪于殷。」自後世之私言之，殷之喪，周之福也，而曰「弗弔」。按《緯書》云：「武王克紂，前歌後舞。」至昭烈克劉璋，置酒宴樂，乃引「前歌後舞」之言，以拒龐統之諫，蓋信緯書也。高帝哭項羽，曹操哭袁紹，自得降喪之旨，寧信經，勿信緯也。

小序以下《詩經》

程伊川云：「《詩小序》是當時國史作。如不作，則孔子亦不能知。如《大序》，則非聖人不能作。」此言可謂公矣。朱晦菴起千載之下，一以意見，必欲力戰《小序》而勝之，亦可謂崛强者哉。故去《序》言《詩》，自文公始。文公因吕成公太尊《小序》，遂盡變其説，蓋矯枉過正，非平心折中之論也。馬端臨《文獻通考》辯之詳矣。

卷耳

予嘗愛荀子解《詩・卷耳》云：「卷耳，易得也；頃筐，易盈也：而不可貳以周行。」深得詩人之心矣。「陟彼崔嵬」下三章，后妃思文王之行役而云也。陟岡者，文王陟之也。馬玄黄者，文王之馬也。僕痡者，文王之僕也。金罍兕觥者，冀文王酌以消憂也。蓋身在閨門，而思在道途。若後世詩詞所謂「計程今日到梁州」、「計程應説到常山」之意耳。曾與何仲默説及此，仲默大稱賞，以爲千古之奇。又語予曰：「宋人尚不能解唐人詩，以之解三百篇，真是枉事。不若直從毛、鄭可也。」

夏屋

古注：「屋，具也。」《字書》：「夏屋，大俎也。」今以爲屋居，非矣。《禮》：「周人房俎。」❶《魯頌》「籩豆大房」。注：「大房，玉飾俎也。其制，足間有横，下有跗，似乎堂後有房然。」故曰「房俎」也。以夏屋爲居，以房俎爲房室，可乎？又《禮》：「童子幘無屋」，亦謂童子戴屋而行，可乎？

❶「周人房俎」，「人」應爲「以」。《禮記・明堂位》：「俎，有虞氏以梡……周以房俎。」周以房俎，意爲周代用房俎祭祀。房俎，周時祭器，上下兩層。

間關車之牽兮

「間關車之牽兮」，《詩傳》以爲燕樂新婚之詩。按《禮》：「婚禮不賀人之序也」。又曰：「娶婦之家，三日不舉樂，思嗣親也。」新婚安得有燕？《小序》云：「幽王無道，詩人思得賢女以配君子。」此義爲長。此《序》説所以不可輕變也。

洵美且都

《詩》：「有女同車，顔如舜華。將翺將翔，佩玉瓊琚。彼美孟姜，洵美且都。」孟姜，世族貴女也。美，質之佳麗也。都，飾之閑雅也。「顔如舜華」，可以言美矣。「佩玉瓊琚」，可以言都矣。蓋冶容艷態，多出於膏腴甲族薫醲含浸之下，彼山姬野婦雖美而不都。縱有舜華之顔，加以瓊琚之佩，所謂婢作夫人，鼠披荷葉。故曰：「三代仕宦，方會穿衣喫飯。」苟非習慣，則舉止羞澁，烏有閑雅乎？漢宫尹夫人之見邢夫人，賈充家郭氏之見李氏，亦可證也。若夫采薪之女，教之容止，七日而傾吳宫；釣渭之夫，立之尚父，三年而集周統。豈理之常也哉？

爾公爾侯

宋人《經義》云：「以爾爲公，則夙夜在公；以爾爲侯，則謹爾侯度。勞於王事，逸無期矣。職思其憂，豫無期矣。何如怡然處順？慎哉！爾之優游，確乎不拔。勉哉！爾之遁思乎！蓋爲國家計，則深惜賢者之去；爲賢者計，則又深體其情之不容不去也。」此深得詩人之旨，可補《詩傳》之未備，故特録之。

不日成之

古注：「不設期日也。」愚按：「不設期日」，既見文王之仁，亦於事理爲協。若曰「不終日」，豈有一日可成一臺者？此古注所以不可輕易也。

泮宫辟雍

予按：《通典》言魯國有泗水縣，泮水出焉。然後知泮乃魯水名，僖公建宫于上，因水以名宫。如楚之渚宫，晉之虒祈。泮水、泮宫、泮林，一也。以泮水爲半水，泮林亦爲半林乎？又求之《莊子》，言歷代樂名，黄帝有《咸池》，堯有《大章》，禹有《夏》，湯有《濩》，文王有《辟雍》。以「辟雍」爲天子學，亦非也。《詩》言「於論鼓鐘，於樂辟雍。」亦無養才之意。又按《左氏》：「晉侯濟自泮」，泮，果水名，足證矣。近世曲爲説者，曰：「《春秋》，經也，《魯頌》亦經也。《魯頌》既載，《春秋》可略。」此説又滯矣。高克一事，《詩》詠《清人》，《春秋》書「鄭棄其師。」他如廬漕、城楚丘，《木瓜》、《碩人》、《無衣》，《詩》與《春秋》互見，不厭其復。泮宫已成之迹，《春秋》豈容不書哉？愚嘗總《春秋》與《詩》而論之，信《魯頌》之文，則僖公爲魯之賢君，伯禽以下無其匹者也。以《春秋》所書考之，則僖公、齊襄、衛靈之流，烏得爲賢哉？蓋《頌》乃臣子頌禱之辭，例多溢美，如今人之親知賀壽軸文也。《春秋》所書，則其實跡素行，如今官府之考語也。今稱人之賢，可例信賀軸而略考語哉？觀其滅項伐邾，取須句，取訾婁，取濟西田，以楚伐齊，皆其惡之大者也。至其閨門不肅，及夫人姜氏會齊侯于陽穀，夫人會齊侯于卞，其女季姬始遇鄫子于防而公不制，中使鄫子來而公不恥，終歸于鄫而公不拒，淫風流行如此。《桑中》、《大車》不作于魯，而《駉》與《有駜》，猶以爲頌。吾誰欺？欺天乎？

夫子存《魯頌》，見當時上下相蒙，好諛説諂，而非以爲美也。

小東大東

周自平王遭父子之變，去豐而遷洛，周始東也，故曰「大東」。自敬王遭兄弟之争，子朝居王城曰西王，敬王居狄泉曰東王，周又東也，故曰「小東」。

《大雅》《小雅》

《詩·大序》曰：「政有大小，故有《小雅》焉，有《大雅》焉。」此説未安。《大雅》所言，皆受命配天，繼代守成，固大矣。《小雅》所言，《天保》以上治内，《采薇》以下治外，亦豈小哉？華谷嚴坦叔云：「《雅》之小大，特以體之不同爾。蓋優柔委曲，意在言外，《風》之體也。明白正大，直言其事，《雅》之體也。純乎《雅》之體者，爲《雅》之大。雜乎《風》之體者，爲《雅》之小。」今考《小雅》正經十六篇，大抵寂寥短章，其篇首多寄興之辭，蓋兼有《風》之體。《大雅》正經十八篇，皆舂容大篇，其辭旨正大，氣象開濶，與《國風》夐然不同。至于變《雅》亦然，變《小雅》中，固有雅體多而風體小者，然終不得爲《大雅》也。《離騷》出於《國風》，言多比興，意亦微婉。世以《風》、《騷》竝稱，謂其體之同也。太史公稱《離騷》曰：「《國風》好色而不淫，《小雅》怨誹而不亂。若《離騷》者，可謂兼之矣。」言《離騷》兼《國風》、《小雅》，而不言其兼《大雅》，見《小雅》與《風》、《騷》相類，而《大雅》不可與《風》、《騷》竝言也。詠「呦呦鹿鳴，食野之苹」，便識得《小雅》興趣，誦「文王在上，於昭于天」，便識得《大雅》氣象。

熠燿

《東山》詩，熠燿之訓爲螢火，久矣。今《詩》疑他章有「倉庚於飛，熠燿其羽」，遂以熠燿爲明貌，而以宵行爲螢火，不知用字有虚實。熠燿之爲螢火，實也；熠燿爲倉庚之羽，虚也。《小雅》「交交桑扈，有鶯其領」，與此句法相似。蓋言桑扈之領，如鶯之文，非謂鶯即桑扈也。然則倉庚之羽，如熠熠之明，亦豈謂熠燿即倉庚乎？《詩》無達詁，《易》無達象，《春秋》無達例，可與知者道耳。

觱發

《豳風》：「一之日觱發，二之日凓冽。」注：「觱發，風寒也。凓冽，氣寒也。」今按：凓冽，乃氣寒結而爲冰。《月令》十一月「水澤腹堅」是也。故凓冽，字从冰。觱，羌人吹角也，其聲悲慘。冬日寒風驟發，其聲似之。《莊子》所謂「地籟」，宋玉所謂「上囊」，殷仲文詩「爽籟驚幽律，哀壑叩虚牝」是也。諺云：「三九二十七，籬頭吹觱栗。」正謂風吹籬落，其聲似觱栗。然今觱發，俗名「頭管」，樂書又名「風管」。林肅翁云：「萬象惟風難畫，《莊子》『地籟』一段，筆端能畫風，掩卷而坐，猶覺翏翏之在耳。」今觀周公《七月》之詩，「觱發」二字，簡妙含蓄，實《莊子》畫風之祖也。

隱公元年以下《春秋》

「元年」，魯隱公元年也。《春秋》大一統，所謂一統天下，咸奉元朔也。自共和以來，諸侯如蜂房蟻穴，不用天子之元矣。晉曲沃莊伯改建夏正，不奉天子之朔矣。《春秋》所以托始於隱，與隱公「不書即位」，《左氏》曰「攝也」。劉道原曰：「惠公愛少子，立爲太子，國人不與而立隱。隱曰，『吾將讓焉』。太子桓公徯望十年不獲，而羽父弒隱立桓。桓曰：『隱，攝也。吾取之。』《左氏》信桓之欺，故曰『攝』，《公》、《穀》信隱之詐，故曰『讓』，皆失之。」

恒星不見

慎曰：「《左傳》以爲『夜明』，是也。《汲冢紀年》書，『天再旦』，是也。《五行志》所云『晝晦宵光』，是也。」《漢書·武帝紀》書「有如日夜出」。《通鑑綱目》不達班氏之意，增一字，云「有月如日夜出」，謬矣。

筮短龜長

杜預注曰：「筮數龜象，象長數短。」此瞽説也。孔穎達云：「神以知來，智以藏往，是爲極妙。雖龜之長，無以加此。以至理言，卜、筮實無長短。」蓋亦知杜之謬矣。今按：獻公卜驪姬，卜吉而筮凶。卜人曰：筮之辭所言理短，龜之辭所言理長，故下文遂引龜辭。蓋即立驪姬一事，而非謂筮龜有長短也。杜之紕繆，類如此。

穆姜特謚

婦人皆從夫謚，而穆姜乃特謚。觀其致女論《詩》之言，蓋有才智之哲婦也。文姜亦特謚。

寶玉大弓

陽虎將殺季孫，不克，説甲如公宫，取寶玉大弓，入讙、陽關以叛。明年，乃得之堤下。《穀梁》曰：「陽虎以解衆也。」得其情矣。虎初竊時，本知無用。以魯寶之，必追之。與之，則釋已也。西方有狗國，中華人入之，竊其筋而逃，狗追嚙之，人以筋投之，必銜而返。數返，則追無及矣。陽虎蓋欲狗國魯也。

繞朝贈策

策，如布在方策之策，蓋書也。其下云云，即策文也。蓋士會將歸，繞朝諫止之，而秦君不聽。及其行也，又難顯言，故贈以策書云云。見秦之有人，使歸晉而不敢謀秦也。劉勰《文心雕龍》曰：「繞朝贈士會以策，子家與趙宣以書，巫臣之遺子反，子産之諫范宣。詳觀四書，辭若對面也。」若李白詩「臨行將贈繞朝鞭」，詩人趁韻之誤耳。

九丘八索

《左傳》九丘，即九州，《八索》，即八澤，見《淮南子》。《通鑑外紀》云：人皇氏「依山川土地之勢，財度爲九州，謂之九囿。各居其一，而爲之長。人皇居中州，以制八輔。」此引《春秋命歷叙》文也。囿，亦作「有」，古字省文。《書》：「以有九有之師」，《詩》：「九有有截」，又「奄有九有」，作「九囿」解，尤明暢。《左傳》又謂之「九藪」。總而言之，九有也，九囿也，九州也，九藪也，一也。有與囿，以字相近；藪、州，以音相近。其實一義耳。

皐陶有後

《左傳》：「皐陶、庭堅不祀，忽諸！」蓋設監戒之言，如云「若敖氏之鬼，不其餒而」之比也。後人遂謂皐陶真不祀。而蔓説者，又言「刑官無後」，豈不謬哉？按張平子《思玄賦》云：「咎繇邁而種德兮，樹德懋於英六。」注：「英六，國名，楚末乃滅。」《抱朴子》云：「秦乃伯益之後。」益即皐陶子也。以是參考之，皐陶何嘗無後乎？

疆場

《左傳》：「疆場之地，一彼一此。」注：音易，言疆土至此而易也。作場誤甚。

九國

《公羊傳》云：「葵丘之會，桓公震而矜之，叛者九國。」九國，謂叛者多，非實有九國也。猶《漢紀》云「叛者九起」云爾。古人言數之多止于九。《逸周書》云：「左儒九諫於王。」《孫武子》：「善攻者，動于九天之上。」《楚辭·九歌》乃十一篇，《九辯》亦十篇。宋人不曉古人虛用九字之義，强合《九辯》二章爲一章，以協九數，兹大可笑！

明月

《左傳》：「齊、燕平之月，注：此年正月。公孫段卒，國人愈懼。其明月，注：此年二月。子産立公孫洩。」古書傳及俗稱謂曰：「明年」、「明日」則有之；「明月」，僅見此爾。

揖瞚朵躡

何休《公羊》注：「以手通指曰揖。」謂揖以敬人也。又「以目通指曰瞚」。瞚與瞬同。以頤通指曰朵，「觀我朵頤」也。以足通指曰躡，「躡足附耳」也。

《儀禮逸經》以下《禮》

《一統志》載，劉有年，沅州人，洪武中，爲監察御史，永樂中，上《儀禮逸經》十有八篇。若然，則《儀禮》之亡者全矣。不知有年何從得之。意者聖經在世，如日月，終不可掩耶！然當時廟堂諸公，不聞有表章傳布之請，今求之内閣，亦不見其書。出非其時，亦此書之不幸也。今之大言，動笑漢唐，漢唐求逸書，賞之以官，購之以金，焉有見此奇書，而付之漠然者乎？噫！

卓吾子曰：先生愛書，則喜書；亦猶士人愛官，則喜官；俗人愛錢，則喜錢；一也。先生奈何以愛書之心，律愛官、愛錢之心乎？亦可謂以君子之心，度小人之腹矣！

條狼氏

劉歆逢王莽之惡，欲以威劫羣臣，遂僞作《周禮》云：「誓大夫曰鞭」，附于「條狼氏」。夫刑不上大夫，焉有周公制禮鞭撻大夫者？此金元之所不爲，而謂周公爲之，歆其可勝誅乎！

《周禮》《素問》

程子曰：「必有《關雎》、《麟趾》之意，然後可以行《周官》之法度。」朱子從而衍之，曰：「須是自閨門衽席之微，積之至薰蒸洋溢，無一民一物之不被其化，然後《周官》法度可行。」丘文莊曰：「如此，竊恐天地混沌，終無可行之日矣。」慎又觀程子曰：「《素問》『五運』、『六氣』須是堯舜時，風雨調和，陰陽燮理，始可用。」噫！《素問》亦如《周禮》矣，必待上有堯舜之化，下之人體實(氛)〔氣〕平如童子，而後施劑焉，則闔棺無用《素問》之日矣。

卓吾子曰：文莊亦甚通。

三農

《周禮·天官》：「以九職任萬民。一日三農，生九穀。」鄭司農衆曰：「三農，平地農、山農、澤農也。」鄭玄曰：「三農，原農、隰農、平地農也。」孔穎達曰：「積石曰山，鍾水曰澤，不生九穀，故鄭玄不從。」慎觀《地官·司徒》：「掌葛，掌以時徵絺綌之材于山農，徵草貢之材于澤農。」是山農、澤農，《周禮》本有，非鄭司農杜撰。而鄭玄原農、隰農，何所本乎？大抵宋以前解經者，專門守陋。作《左傳正義》，力附杜預，而巧排服虔、劉歆；作《周禮疏》者，專取鄭玄，而攻擊杜子春與鄭興、鄭衆。宋以後，則學者知有朱子，而漢唐諸儒皆廢。雖朱子所尊之周及程、張，亦不知從矣。是可歎也！

卓吾子曰：二鄭俱是，何必有本。

屋誅

《周禮·秋官》有「屋誅」之文。鄭玄注曰：「夷三族也。」古者罪人不孥，豈有夷三族，著之令典？蓋漢人下蠶室之類耳。鄭玄瞀儒，誤天下而陷人主大矣！

質劑

《周禮·司市》云：「以質劑結信而止訟。」鄭康成云：「長曰質，短曰劑。若今下手書。」賈公彦云：「漢時下手書，若今畫指券。」黄山谷云：「今婢券不能書者，畫指節。」

夜覺

《周禮》：「司寤氏，主夜覺者。」疏云：「人之寐卧恒在寢。人有夜寐，忽覺而漫出門者，故謂爲夜覺也。」近正德庚辰，寧邸宸濠將亂，南昌城中街巷軍民，夜發夢顛，或至江棹船，行數十里，知爲夢也而後返。宸濠舉事，次夜一軍皆然。宸濠亦自知不祥矣。南昌人謂之「陣亡發」。其事既異，其名又異，史傳所未有也。獨《周官》有之，乃知聖人預防而禁之，恐行軍出師，驚衆敗事。其慮豈不遠哉！

旦明

古文晨字作旦。日出一上爲旦，日入一下爲百。百，古昏字也。故旦明即辰明。

姑息

《檀弓》曰：「細人之愛人也，以姑息。」《尸子》云：「紂棄黎老之言，而用姑息之語。」注：「姑，婦女也；息，小兒也。」

五祀

《禮記·月令》：「冬祀行。」《淮南·時則訓》：「冬祀井。」《白虎通》曰：「春祭户，夏祭竈，秋祭門，冬祭井，六月祭中霤。户以羊，竈以雉，中霤以豚，門以犬，井以豕。」愚按：井，即行也。古者八家同井，由家而至井，井有八道，八家所行也。故井之爲字，有八口角，井甃亦八角。祭井，即祭行。《月令》與《時訓》互言之，非有異也。

水澤腹堅月令十二月候東風解凍月令正月候

七十二候，終於水堅，始於凍解，皆水也。一歲之運，其可知也。始於水，終於水，天地一元之運，其可知也。故曰：水含太一之中精，五行之始也，浮天而載地。

鴻鴈四候

《月令》：「鴻鴈有四候。」鴻鴈之鳥，木落南翔，冰泮北徂，知時之鳥也。然其行有先後。八月，鴻鴈來，乃大鴈也，鴈之父母。九月，鴻鴈來賓，小鴈也，鴈之子也。十二月，鴈北鄉，亦大鴈。正月，候鴈北，亦小鴈。此説出晉干寶。

伐蛟取鼉

《月令》：「伐蛟取鼉。」聖王之世，禁蠅去夭鳥。大禹驅蛇、龍，周公驅虎、豹、犀、象，必自有法，非以人命僥倖者。後世若荊佽飛、澹臺滅明、周處斬蛟事，皆見於史。(未)〔末〕世但謬爲大言，崇尚虚文，而許真君之事，反取疑于拘拘者矣。

姦色

《礼》注：「紅，南方之姦色；紫，北方之姦色。」蓋正色之外，雜互而成者曰姦色，猶正聲之外，繁手而淫者曰姦聲也。姦色即間色。

浮筠

《禮記》言：玉之德曰「孚尹旁達」。古注：「孚尹者，浮筠也。」言玉之澤如竹膜之膩，如女膚之滑也。元稹《出門行》詠商人採玉事云：「求之果如言，剖則浮筠膩。」「騏騄千里變，鴛鴦七十二。」❶浮筠，用古注義也。古注今廢不用，故罕知之。

❶「千里變」，《楊升菴集》爲「千萬雙」。

須臾

《儀禮·聘禮》速賓辭曰：「寡君有不腆之酒，請吾子與寡君須臾焉。」古者樂不踰辰，燕不移漏，故少頃之間，皆稱「須臾」。須，待也。《左傳》「寡君須矣」是也。臾字，從申乙。乙，屈也。如今人請客云：「恭俟屈降」之義。今之所云「俟屈」，古之所云「須臾」也。

玉者猶玉

《大戴禮》論夏商之季，失政而未亡。其辭曰：「疆蔞未虧，人民未變，鬼神未亡，水土未氤，糟者猶糟，實者猶實，玉者猶玉，血者猶血，酒者猶酒。」《周禮》疏云：「雖土崩而不瓦解，雖板蕩而不瓜分。」亦此意。但《大戴禮》之文，必老於文墨之處士也。

跬步

《説文》引《司馬法》：「一舉足曰跬，跬三尺；兩舉足曰步，步六尺。」今文無之，知非全書也。

樂論以下《樂》

《淮南子》曰：「《雅》、《頌》之聲，皆本於情，故君臣以睦，父子以親。今取怨思之聲，施之管弦，聞其音者，不淫則悲。淫則亂男女之別，悲則感怨思之氣，豈所謂樂哉？趙王遷房陵，思故鄉，作《山水》之謳，聞者莫不隕涕；荆軻西刺秦王，高漸離擊筑易水之上，聞者莫不瞋目裂眥，髮植穿冠。因以此聲入宗廟，豈古之所謂樂哉！」

卓吾子曰：樂由心生，此二人皆真樂也。不隕涕，不瞋目，更又何待？

阮嗣宗論樂曰：「《雅》、《頌》之音不講，而妖淫之曲是尋，故延年造新聲之歌，而漢武思靡曼之色。桓帝聞楚琴，悽愴傷心，倚房而悲，慷慨嘆息曰：『善矣乎！爲琴若此，一而足矣。』順帝上恭陵，過樊衢，聞鳥鳴而悲，泣下横流，曰：『善哉！鳥聲。』使左右吟之，曰：『使絲聲若是，豈不樂哉？』是以悲爲樂也。故墨子之非樂也。」

卓吾子曰：今不造新聲矣，而思靡曼者，又何其不少也？又曰：非以悲爲樂，蓋樂極生悲耳。墨子非樂，不爲此故。

五音

宋白曰：合口通音謂之宫，其音雄雄洪洪然；開口吐聲謂之商，其音鏘鏘倉倉然；張牙湧脣謂之角，其音喔喔確確然；齒合脣開謂之徵，其音倚倚廄廄然；齒開脣聚謂之羽，其音詡詡吁吁然。

變聲

樂律五音之外有二變聲，曰變宫、變徵，史謂之閏宫、閏徵。

淫聲

「鄭聲淫」者，鄭國作樂之聲過於淫，非謂鄭詩皆淫也。後世失之，解《鄭風》皆爲淫詩，謬矣。《樂記》

云：「流辟、邪散、狄成、滌濫之音作，而民淫亂。」狄與逖同。逖成，言樂之一終甚長，淫泆之意也。逖成者，若古之曼聲，後世之花字，今俗所謂勞病腔之類耳。未然《考工記》：善坊者水淫。《左傳》：星在歲紀，而淫于玄枵。

鼓刀中音

《莊子》說「庖丁解牛」處云：「奏刀騞然，莫不中音。」中音者，鼓刀之音節合拍也。刀聲亦合樂府之板眼，俗諺所謂「打出個令兒來」也。乃知天地間物，無非樂也，賈人之鐸，諧黃鍾之律；庖丁之刀，中《桑林》之舞。至於牧童之吹葉，閨婦之鳴砧，無不比於音者，樂何曾亡也哉！

卓吾子曰：先生真聰明，先生真蓋世聰明者。

絲不如竹，竹不如肉

晉孟嘉論樂云：「絲不如竹，竹不如肉。」或問其故，曰：「漸近自然。」馬融《長笛賦》云：「庖羲作琴，神農造瑟，女媧制簧，暴辛爲塤，(重)〔垂〕之和鍾❶，叔之離磬，或鑠(人)〔金〕礱石❷，華睆切錯，九梃彫琢，刻鏤鑽笮，然後成器。惟笛因其天姿，不變其材，蓋亦簡易之義，賢人之業也。」晉人「絲不如竹」之說本此。

❶「重之」應爲「垂之」。「垂之和鍾，叔之離磬。」見《禮記·明堂位》。孔穎達正義：「垂之和鍾者，垂之所作調和之鍾。叔之離磬者，叔之所作編離之磬。」

❷「人」應爲「金」。《文選·長笛賦》李善注：「《樂汁圖征》曰：『鑠金爲鍾，四時九乳。』鑠金雖出樂緯，此金爲黃金，總飾衆器，非止鍾也。」

《禮記》曰：「登歌在上，貴人聲也。」古者清聲在上，謂之登歌；匏竹在下，謂之下管。「竹不如肉」之説本此。

卓吾子曰：絲者，絲之聲也，出乎手；竹者，竹之聲也，出乎口；歌者，口也，心之聲也，肉之爲也，豈假竹而有乎？可以知自然之道矣。若夫馬賦《長笛》，自然贊笛，亦如嵇康賦《琴》，自然贊琴耳，無差别也。噫！伯牙之琴，王子之簫，孫登之嘯，亦可謂之不自然，亦可謂之不如肉乎？

散

《散》，琴曲名，如操、弄、序、引之類，故潘岳《笙賦》云：「輟《張女》之哀彈，音但。流廣陵之名散。」散，平聲，在「寒」字韻。元稹詩：「酒户年年減，山行漸漸難。欲終心懶慢，轉覺興闌散」是也。

師開師曠

師開鼓琴，以東方西方之聲而知室之朝夕。師曠吹律，以南風北風之聲而知軍之勝敗。師開事見《晏子》。

京沈衍律

漢京房衍十二律爲六十律，有「法滅執始」之名。梁沈重又衍六十律爲三百六十律，有「阿衡歸仁」之目，可謂續鳧之脛、畫蛇之足矣。

鉦鐃

玄女兵法以授黄帝，云：「制旌旗以象雲物，鑄鉦鐃以擬雹聲，鞞鼓鼙以象雷霆。」鉦鐃，今之銅鑼也。

空侯

《樂書》云：「師延爲空國之侯所製。」其字正當作空侯。今作「箜篌」，加竹，贅矣。其器只絲木二物，與竹(了)〔子〕無相干。《大樂部》：「空侯二十三絃，在樂器中，最大且高，凡琴、瑟、筝、筝、琵琶、阮咸之屬，絲木相去，皆未寸許，惟空侯絲與木相去遠，聲自空出。」空侯之名或因此。

擊缶

古者西戎用缶以爲樂，即古之土音也，黨項國亦擊缶。然則缶本中國之樂，夷人竊而用之耳。李斯曰：「擊瓮叩缶，真秦之聲。」澠池之會，藺相如請秦王擊缶。《淮南子》云：「君子有酒，小人鼓缶。」是其證也。後世水盞之樂，原於擊缶。

清溪五曲

《琴曆》云：「琴曲有《蔡氏五弄》，《遊春》、《淥水》、《幽居》、《坐愁》、《秋思》，竝宮調也。」蔡邕雅好琴道，嘉平初，入清溪，訪鬼谷先生所居。山有五曲，一曲製一弄：山之東曲，常有仙人遊，故作《遊春弄》；南曲有澗，冬夏常淥，故作《淥水弄》；中曲，即鬼谷子所居，深邃岑寂，故作《幽居弄》；北曲高巖，猿鳥所集，故作《愁坐弄》；西曲，灌木吟秋，故作《秋思弄》。曲成，出示馬融、王子師輩，甚異之。

段善本琵琶

唐貞元中，長安大旱，詔移兩地祈雨。街東有康崑崙，琵琶號爲第一手，自謂街西無己敵也。登樓彈新翻調《緑腰》及《度曲》。街西亦出一女郎，抱樂器，登樓彈之，移在《楓香調》中，妙技入神。崑崙大驚，請與相見，欲拜之爲師。女郎更衣出，乃裝嚴寺段師善本也。德宗聞知，召加獎賞，即令崑崙彈一曲。段師曰：「本領何雜耶！兼帶邪聲。」崑崙拜曰：「段師神人也。」德宗詔授康崑崙。段師奏曰：「請崑崙不近樂器十數年，忘其本領，然後可授。」

卓吾子曰：至哉言乎！學道亦若此矣，凡百皆若此也。讀書不若此，則不如不讀；作文不若此，則不如不作；功業不若此，則未可言功業；人品不若此，亦安得謂之人品乎？總之，鼠竊狗偷云耳。無佛處稱尊，康崑崙之流也，何足道！何足道！

鳳臺鋪

唐學士元庭堅左遷遂州參軍，讀書郊居，忽見有人身而鳥首來造者，曰：「吾，衆鳥之主也，聞君好音律，故來見君。」因留數朝，教以音律、清濁，庭堅遂著《韻英》。今遂寧鳳臺鋪，其遺跡也。

宋人改樂

宋神宗元豐中，楊傑詳定《大樂》。傑欲銷王朴舊鍾，意新樂成，雖不善，更無舊鍾可校。詔不得銷毁。後輔臣按試，傑乃陳朴鍾已弊者縣之。樂工不平，夜易之而傑不知。明日輔臣至，傑厲聲云：「朴鍾甚不叶。」使樂工叩之，韻更佳，傑大沮。按宋樂至此屢變矣。景祐之樂，李照主之。太常歌工病其太濁，私賂鑄工，使減銅劑，而聲稍清，歌乃叶，照卒不知。崇寧之樂，魏漢津主之，欲請帝中指寸爲律，制器不成，劑量工人，但隨律調之，漢津亦不知，是樂名雖變而實未嘗變也。訂正雖詳，而鏗鏘不成韻；辯析可聽，而考擊不成聲。則三人者，其暗悟神解，豈足以希荀勗、阮咸、萬寶常、信都芳之萬一哉。愚謂宋人多言而妬前，倔強而無本，類如此。其説理也，解經也，論文也，評詩也，一一皆然，不獨樂律而已。

李卓吾先生讀升菴集卷五終

李卓吾先生讀升菴集卷六

諸子

老子

「明道若昧，夷道若類，進道若退。上德若谷，太白若辱，廣德若不足。建德若偷，質直若渝，大方無隅。大器晚成，大音希聲，大象無形。」文皆用韻，三句一易。李斯《泰山刻文》，其祖此乎？

「服文采，帶利劍，厭飲食，而資貨有餘，此之謂盜竽。」韓非解云：「竽也者，五聲之長也。竽唱，則衆樂皆和。大姦唱，則小盜和，故曰盜竽。」今本誤作「盜夸」。

嚴君平注《老子》，其文奇，世多未見。如云：「肝膽爲胡越，眉目爲齊楚。」又云：「生不枉神，死不幽志。」又云：「天地億萬，而道王之；衆靈赫赫，而天王之；倮者穴處，而聖人王之；羽者翔虛，而神鳳王之；毛者蹠實，而麒麟王之；鱗者水居，而神龍王之；介者澤處，而靈龜王之；百川竝流，而江海王之。」又云：「言爲禍匠，默爲害工。進爲妖式，退爲孽容。」嘗鼎一臠，可知其味也。

《文子》引《老子》曰：「人生而靜，天之性也；感物而動，性之欲也。」漢儒取入《禮記》，遂爲經矣。若知其出於老氏，宋儒必曲爲譏評，但知其出於經，是以護持而交贊也。又如「澹泊明志」本出《淮南子》，若儒者知其爲劉安語，又肯取乎？

卓吾曰：深中其病。

淮南子

「非澹泊無以明志，非寧静無以致遠。」一連五語，俱出《淮南子·主術訓下篇》，蓋古之格言而淮南述之，孔明又獨舉此二語以教子也。又：「心欲小而志欲大，知欲圓而行欲方，能欲多而事欲鮮。」亦出《淮南子》，而孫思邈引之。然「膽欲大」之語有病，不若「志欲大」之善也。「能欲多而事欲鮮」，此句不可少。

卓吾子曰：「膽欲大」之語，又勝「志欲大」語也。「能欲多而事欲鮮」，此語甚有病，「能」即「事」也，「多能」即是「多事」了，而一欲「多」，一欲「鮮」，分而爲兩，得乎？

《淮南子》：「畫西施之面，美而不可悦；規孟賁之目，大而不可畏。君形者亡焉。」「君形者亡」，猶《莊子》云：「尊足者存」也。

《莊子》云：「凍者假衣於春，暍者反冬乎冷風。」其言錯綜成文，妙矣。《淮南》述之曰：「凍者，假兼衣於春；暍者，望冷風乎秋。」又較明白。

莊子

《莊子》「野馬」注云「日光」，尚未詳。按内典龍樹大士曰：「日光著塵，微風吹之，曠野中轉，名之爲陽燄。愚夫見之，謂之野馬；渴人見之，以爲流水。」

《莊子》曰：「百世之下，必有以《詩》、《禮》發冢者矣。」《詩》、《禮》發冢，談性理而釣名利者以之，其流莫盛于宋之晚世，今猶未殄。使一世之人吞聲而暗服之，非心服也。

卓吾子曰：莊子不管這閒事。

《莊子》謂耕之不善曰「鹵莽」，芸之不善曰「滅裂」。鹵，剛鹵之地也。耕剛鹵之地，必加功。《吕覽·耕道篇》所謂「强土而弱之」也。莽，草莽之地。《詩》所謂「載芟載(祚)〔柞〕」，乃善耕也。不治其剛鹵，不芟其草莽，是曰鹵莽之耕。芸以去草，古有「鳥芸」之説，如鳥俯而啄食，乃善芸也。《吕覽》：善芸者，「長其兄而去其弟」。兄，嘉禾也；弟，荼蓼也。不善芸者，長其弟而去其兄，是滅也。裂者，并其土而拍之。

關尹子

關尹子曰：「狡勝賊能捕賊，勇勝虎能捕虎。能克己，乃能成己；能勝物，乃能成物。」

鬻子

鬻子，文王時人，著書二十二篇，子書莫先焉。按：賈誼《新書》所引《鬻子》七條，如云：「聖王在上位，則天下不死軍兵，民免於死，而得一生矣；聖王在上位，則民無凍餒，民免於二死，而得二生矣；聖王在上位，則民無夭閼，民免於三死，而得三生矣；聖王在上位，則民無厲疾，民免於四死，而得四生矣。」

管子

《管子》之文，多用韻語，如云：「當冬三月，天地閉藏。晝日恒短，而夜日益長。利以作室，不利作堂。」

作室者，《詩》所謂「上入執宮功」也。又言堤坊之利曰：「民得其饒，是謂流膏。」又言五粟美土之狀云：「淖而不(蚛)〔肕〕，剛而不觳，不濘車輪，不汙手足。」其造語之妙，秦漢以後人豈能及也。

管子曰：「攻堅則軔，乘瑕則神。」唐憲宗欲平藩鎮，張弘靖以爲先淮、蔡而後恒、冀；周世宗欲平天下，王朴以爲先江南而後河東。

管商

管子曰：「野與市争民」，「金與粟争貴。」又曰：「狄，諸侯，畝鍾之國也，故粟十鍾而錙金；程，諸侯，山東之國也，故粟五釜而錙金。」商子曰：「金生而粟死，粟死而金生。」「金一兩生於境内，粟十二石死於境外；粟十二石生於境内，金一兩死於境外。好生金於境内，則金粟兩死，倉府兩虚，國弱；好生粟於境内，則金粟兩生，倉府兩盈，國强。」管、商之術，先後若合符，其文亦不易及也。

商君曰：「以强去强者弱，以强去弱者强。」管子云：「攻瑕則堅者瑕」，「攻堅則瑕者堅」。

開塞書

鞅《開塞書》《索隱》曰：「開謂刑嚴峻，則政化開；塞謂布恩惠，則政化塞。」今考其書，司馬承禎蓋未嘗見，妄爲之説耳。《開塞》乃其第七篇，謂道塞久矣，今欲開之，必刑九而賞一。刑用于將過，則大邪不生；賞施于告姦，(則)則細過不失。

卓吾子曰：《索隱》所言，是「開塞」之綱；先生發明，是「開塞」之目，一也。商君以此帝秦，亦以此殺身，苟能令秦帝，殺身不顧矣。幸莫輕議商君也。

喬宇嵬瑣

嘉靖初，給事中張翀上疏言時政。中論學術不正一條，有「喬宇嵬瑣」之語。上以此四字問内閣。值慎在史館，即取《荀子・非十二子》篇以復。近日之學，謂不必讀書考古，正荀子所謂「喬宇嵬瑣」者也。

晏子

「君子獨立不慙於影，獨寢不慙於魂。」此晏子語。

天鬬天總

韓非子云：「寄于天聰以聽」，「乘于天明以視」。《潛夫論》：「世主欲無功之人而强富之，則是與天鬬也。况使無德之人與皇天鬬，而欲久立，自古以來未之嘗有也。」又曰：「民安樂，則天心總；聚也。天心總，則陰陽和。」此皆格言也。天鬬、天總，文字尤奇。

老萊子

可食以酒肉者，可加以鞭捶；可授以官禄者，可隨以斧鉞。

老萊謂子思曰：「子性情剛而傲，不肖，不可以事君。子不見夫齒乎？惟堅固，是以相磨。舌柔順，是以不敝。」子思曰：「吾不能爲舌，故不能事君。」

符子

《符子》曰：「周人有愛裘而好珍羞，欲爲千金之裘，而與狐謀其皮。欲爲少牢之膳，而與羊謀其羞。言未卒，狐相率逃於重丘之下，羊相呼藏於深林之中。故周人十年不制一裘，五年不具一牢。何則？周人之謀失之矣。古諺有之：『築舍道旁，三年不成。』雖則不成，遲猶有望也。若夫休官而謀於子，納妾而謀於妻，用孔子而謀於晏嬰與子西，欲成其謀，得乎？」

矛盾

今人謂言不相副，曰自相矛盾，然用之不差，而問之不知也。按《尸子》云：「楚人有鬻矛與盾者，譽之曰：『吾盾之堅，莫能陷也。』又譽其矛曰：『吾矛之利，於物無不陷也。』或曰：『以子之矛，陷子之盾何如？』其人弗能應也。」今之稱自相矛盾本此。

破老破舌

《汲冢周書》云：「美男破老，美女破舌。」蓋頑童昵比，則黎老播棄；艷妻煽處，則忠臣結舌。

陸子

三皇垂策，五帝拱手；唐虞按轡，禹湯馳轅；五伯耍駕，六國摧輈。

鷸蚌

《春秋後語》：齊、趙將伐燕，蘇代爲燕説趙王曰：「今者自來，過小水，見小蚌方暴，而鷸啄其肉，蚌合而挾其喙。曰：『今日不雨，明日不雨，必見蚌脯。』蚌亦謂鷸曰：『今日不出，明日不出，必見死鷸。』兩不相捨，漁人得而并擒之。今趙且伐燕，燕、趙相支以斃其衆，臣恐秦之爲漁父也。」以雨叶脯，妙出自然，古人之文，奇儁如此。按《春秋後語》，陸賈所著。賈有文藻，自《新語》外，有《春秋後語》、《南中行紀》。又著《感春賦》，盛引典誥。今雖不傳，而《文心雕龍》載其目，實爲《上林》、《子虛》之先鞭。延篤答高義方書：「今兹以五經爲鼎簋，書傳爲籩俎，祖述堯舜，憲章文武，未暇蚌脯也」。

賈子

「君子重襲，小人無由入；正人十倍，邪僻無由來。」來叶音曆。又曰：「見祥而爲不可，則祥反爲禍」，「見妖而迎以德，則妖反爲福」。福叶音逼。皆極文字之妙。

青史子

《青史子》，《漢志》五十二篇，今存者《胎教》一篇而已。其首曰：「古者胎教之道，王后有身瑞，七月而就蔞室。太師持銅而御户左，太宰持斤而御户右，此三月者。王后所求聲音，非禮樂，則太師撫樂緼瑟而稱不習；所求滋味，非正味，則太宰荷斗倚升而不敢煎調」云云。其文義古雅。嗚呼！古書之不傳者何限，惜哉！

雉噫

楊子言孔子之去魯，曰：「不聽政，諫而不用，雉噫者。」注：雉噫，猶歌歎聲。梁鴻「五噫」之類也。按《家語》，孔子去魯，歌曰：「彼婦之口，可以出走；彼婦之謁，可以死敗。優哉游哉，聊以卒歲。」此即「雉噫」之歌也。唐文「聆鳳衰於接輿，歌『雉噫』於桓子」。

文中子

《文中子》一書，其中拆洗《論語》之文，描畫孔門之像，若吴楚僭王者名號，兒童學長者拜揖，皆其門人之爲也。如云「陳叔達行令郡縣而盜不止，聞文中子門人心化之言，退而静居三月，而盜賊出境」。此段明是粧點。使盜賊三月入境，餔資饇牽亦竭矣，不出何待。

新論

劉晝《新論》云：「微子感牽牛星，顏淵感中台星，張良感弧星，樊噲感狼星。」其説皆出讖緯。

杜伯射王（下）〔于〕鄗

按顏之推《冤魂志》引《周春秋》云：「周杜國之伯，名爲恒，爲周大夫。宣王之妾曰女鳩，欲通之，杜伯不可。女鳩訴之宣王曰：『恒竊與妾交。』宣王信之，囚杜伯於焦。其友左儒争之。王不許，曰：『汝別君而異友也。』儒曰：『君道友逆，則順君以誅友；友道君逆，則順友以違君。』王怒曰：『易而言則生，不易而言則死。』儒曰：『士不枉義以從死，不易言以求生。臣能明君之過，以正杜伯之無罪。』九諫而王不聽，王使薛甫與司工錡殺杜伯，左儒死之。杜伯既死，即爲人見王曰：『恒之罪何哉？』召祝，而以杜伯語告之。祝曰：『始殺杜伯，誰與王謀之？』王曰：『司工錡也。』祝曰：『何不殺錡以謝之？』宣王乃殺錡，使祝以謝杜伯。司工錡爲人而至，曰：『臣何罪之有？』宣王告皇甫曰：『祝也與我謀而殺人。吾所殺者，又皆爲人而見，奈何？』皇甫曰：『殺祝以兼謝焉。』又無益也，皆爲人而至。祝亦曰：『我焉知之，奈何以爲罪而殺臣也？』後三年，遊於圃田，從人滿野。日中，杜伯乘白馬素衣，司工錡爲左，祝爲右，朱衣朱冠，起于道左，執朱弓、朱矢，射宣王中心折脊，伏於弓矢而死。」

先鄭後鄭

注疏家所稱先鄭者，鄭衆也；後鄭者，鄭玄也。觀《周禮》之注，則先鄭與後鄭，十異其五。劉向治《春秋》，主《公羊》，劉歆主《左氏》，故有父子異同之論。由是觀之，漢人説經，雖天親父子，不苟同也。孔子以一貫傳道，而曾子以忠恕説一貫；曾子受業孔子，作《大學》，而子思受業曾子，作《中庸》。由是觀之，聖賢師弟子，亦不苟同也。今之學者，吾惑之，摭拾宋人之緒言，不究古昔之妙論，盡掃百家而歸之宋人，又盡掃宋人而歸之朱子。嗚呼！曾子、子思，吾不得而見之矣。安得二鄭、二劉而與之論經術哉！

卓吾曰：至言！至言！

文公著書

朱文公談道著書，百世宗之。然觀其評論古今人品，誠有違公是而遠人情者。王安石引用姦邪，傾覆宗社也，乃列之《名臣録》，而稱其道德文章；蘇文忠公道德文章古今所共仰也，乃力詆之，謂得行其志，其禍又甚于安石。夫以安石之姦，則未减其已著之罪；以蘇子之賢，則巧索其未形之短。此何心哉！黄鄮山答蜀人黄制參有大書曰：「考亭於介甫，愛而不知其惡；於東坡，憎而不知其善。迹則誠有之，然特激於汪玉山一時往復之書。然爾玉山極口稱譽東坡，考亭力辨之，玉山再護東坡，則考亭遂深求東坡之短，遂有寧可取介甫之説。考亭有性氣，此一時有激之言，非議論之正也。然其苗脉亦從爲伊川護法中來。」鄮山，朱子門人之門人，其言如此，可謂朱子之忠臣矣。

卓吾子曰：文公非不知坡公也。坡公好笑道學也，文公恨之，欲爲洛黨出氣耳。不然，豈其無人心至此乎！若安石，自宜取之。

秦檜之姦，人欲食其肉者也，文公乃稱其有骨力；岳飛之死，今古人心何如也，文公乃譏其横，譏其直向前厮殺。漢儒如董如賈，皆一一議其言之疵。諸葛孔明，名之爲盜，又譏其爲申、韓。韓文公則文致其大顛。往來之書，亹亹千餘言，必使之不爲全人而後已。蓋自周、孔而下，無一人得逃其議者。噫！文公注《毁譽章》云：「聖人善善速，而惡惡則已緩矣。」又曰：「但有先褒之善，而無預詆之惡。」信斯言也。文公於此惡得爲緩乎？無乃自蹈於預詆人之惡也。

卓吾子曰：此俱不妨，但要説得是耳。一蘇文忠尚不知，而何以議論天下之士乎？文忠困阨一生，盡心盡力，幹辦國家事一生。據其生平，了無不幹之事，亦了不見其有幹事之名。但見有嬉笑游戲，翰墨滿人間耳。而文公不識，則文公亦不必論人矣。

李卓吾先生讀升菴集卷六終

李卓吾先生讀升菴集卷七

史類

經史相表裏

蘇老泉曰：「經以道法勝，史以事辭勝。經不得史，無以證其褒貶；史不得經，無以要其歸宿。」言經史之相表裏也。元儒張紳云：「史之爲體，不本乎經，不足以成一家之言。故太史公之《史》，其體本乎《尚書》；司馬公之《通鑑》，其體本乎《周禮》。惟《易》、《詩》之體，未有得之者。而韓嬰之《韓詩外傳》，邵雍之《皇極演易》，可謂傑出。」此論甚新。

卓吾曰：經史一物也。史而不經，則爲穢史矣，何以垂戒鑑乎？經而不史，則爲説白話矣，何以彰事實乎？故《春秋》一經，春秋一時之史也；《詩經》、《書經》，二帝三王以來之史也。而《易經》，則又示人以經之所自出，史之所從來，爲道屢遷，變易匪常，不可以一定執也。故謂六經皆史，可也。

古史考

譙周《古史考》，以炎帝與神農各爲一人，羅泌《路史》以軒轅與黄帝非是一帝。楊朱云：「三皇之事，若存若亡；五帝之事，若覺若夢。三王之事，或隱或顯，億不識一；當身之事，或見或聞，萬不識一；目前之事，或存或廢，千不識一。」至哉言乎！

湯文

牛僧孺曰：不得已而有天下曰仁，得已而有天下曰利。善畏其利、善決其仁，皆聖人也。聖人視斯民猶襁褓在焚溺，無不挈者。然則挈而授其家乎？將遂挈而有之乎？彼家無人而有之，不得已而仁矣；家有人而有之，則得已而利矣。夏無人也，謂無微子，湯有以決其仁；殷有人也，文王則深畏其利。前賢明湯意，故無伯夷；後聖明文王之意，故曰周可謂至德。

李卓吾曰：此絶妙之文也，牛氏亦可也。

太王翦商

胡庭芳曰：「太王當祖甲之時，去高宗、中宗未遠也。後二百有六年，商始亡。且武王十三年以前，尚臣事商，則翦商之云，太王不但不出之於口，亦決不萌之於心。持以其有賢子聖孫，有傳立之志，於以望其國祚之緜洪耳。議者乃謂太王有是心，泰伯不從，遂逃荆蠻。是大王固已形之言矣。」余按：《説文》引《詩》作「實始戩商」。解云「福也」。蓋謂太王始受福於商而大其國爾，不知後世何以改「戩」作「翦」？且《説文》

别有「翦」字，解云「滅也」。以事言之，太王何嘗滅商乎？改此者，必漢儒以口相授，音同而訛耳。許氏曾見古篆文，當得其實。但知「翦」之爲「戬」，則紛紛之説自息。若作「翦」，雖滄海之辨，不能洗千古之惑矣！

裴氏父子

裴松之，字世期，注《三國志》。其子駰，字龍駒，注《史記》，博洽雅麗，可謂父子繼美。

史通

老泉評劉子玄《史通》云：「世稱其詳且博，然多俚辭。唯子餗爲差愈。」餗作《史例》三卷。其言當矣。然子玄《史通》妙處實中前人之膏肓，取節焉可也。黄山谷嘗云：「論文則《文心雕龍》；評史，則《史通》。二書不可不觀。」

司馬相如

《史通》云：「《史記·相如傳》具在《相如集》中，子長因録斯篇，即爲《列傳》。」知幾蓋及見《相如集》也。然文君夜奔事，亦不自諱，何哉？

卓吾子曰：先生甚不妙，何不改「何哉」爲「妙哉」也。因爲之歌曰：二司馬，兩具眼；兩地生，竝時産；千百年，説長短；更有誰，爲左袒？

秋胡妻

劉子玄曰：「《列女傳》載秋胡妻者，尋其始末，了無才行可稱，直以怨懟厥夫，投川而死，輕生同於古冶，狥節異於曹娥。」予按：小説載劉伯玉妻，聞其夫誦《洛神賦》，遂投洛水而死，名「妬婦津」，事與秋胡相類。秋胡妻可爲貞烈，則當祠於「妬婦津」，以劉伯玉妻配享，可也。

卓吾子曰：自與伯玉妻不同，貶之，非也。

史評

太史公《年表》，于帝王則叙其子孫，于公侯則紀其年月。列行索以相屬，編字戢而相排。雖燕、越萬里，而于徑寸之内，犬牙可接；雖昭、穆九代，而于方寸之中，鴈行有序。使讀者簡便舉目可詳，此其所以爲快也！

微子面縛

《史記·宋世家》：武王克商，微子「肉袒面縛，左牽羊，右把茅」。亡弟恒讀《史》至此，謂予曰：「微子有四手，兄知之乎？」予曰：「書傳未聞。」乃笑曰：「使無四手，何以既面縛，而又有左手牽羊、右手把茅也？且《史》云：『微子抱祭器入周』，既入周矣，又豈待周師至而後面縛乎？究言之，皆必無之事。」

九鼎入秦

昭襄之世，既書「九鼎入秦矣」，始皇二十八年，曷又書「使千人没泗，求周鼎不獲」乎？ 吁！ 此太史公深意也。秦有并吞天下之心，非得鼎無以自解於天下。「九鼎入秦」之説，虚言以欺天下也，秦史矇書以欺後世也。太史公從其文而不改，又于《始皇紀》言鼎没泗水，以見其妄。鼎果在秦，曷爲又入水以求之乎？又於《新垣平傳》言九鼎淪於泗，其事益白矣。然則鼎曷能没於泗？舒雅云：「威烈王時，九鼎震。震之者，淪之兆也。既震矣，曷爲不能没哉？宋太丘社亡，自亡也。社能自亡，鼎之自没亦理也。且秦之金人十二，靈爽劣矣，魏人徙之，則潸然下泣，况神禹之鼎乎？龍泉之劍入平津，湛盧之劍去楚國，彼固非鼎匹也。」宋子虚言：「事有若實而妄者，秦得周鼎也；有若誣而實者，鼎入泗水也。」楊子曰：「予觀關羽《上玉璽牋》云：『璽潛漢水，伏于淵泉，暉景燭曜，靈光徹天。』歎曰：璽者，楚璞秦刻爾，何光怪若是，况夫鼎者？鬬苞著之乾象，羲文垂之易卦，創于禹，歷三聖之神聖乎？」

伯夷傳

真西山云：「此傳姑以文取。」此言甚謬。若道理有戾，即不成文。文與道，豈二事乎？益見其不知文也。本朝又有人補訂《伯夷傳》者，異哉！

朱晦翁謂：「孔子言伯夷求仁得仁，又何怨，今太史公作《伯夷傳》，滿腹是怨。」此言殊不公也。

卓吾子曰：「何怨」，是夫子説；「是怨」，是太史説。翻不怨以爲怨，又爲至精至妙也。何以怨？怨以暴之易暴，怨虞夏之不作，怨適歸之無從，怨周土之薇之不可食，遂含怨而餓死。此怨曷可少也？今學者唯不敢怨，故不成事。

滑稽傳

《滑稽傳》：優孟「爲孫叔敖衣冠，抵掌談語，歲餘，像孫叔敖，左右不能别也。莊王置酒，優孟爲壽，王大驚，以爲叔敖復生，欲以爲相」。劉子玄譏之曰：「人心不同，有如其面，非由倣效，俾有遷革。又况叔敖之殁，時日已久，豈有一見無疑，遽欲加於寵榮，復其禄位者哉？」予按：此傳以「滑稽」名，乃優孟自爲寓言，云欲復以爲相，亦優孟自言，（極是）如今人下盡發科打諢之類，豈可真以爲王欲復相之事乎？

青雲

《史記》「青雲之士」，謂聖賢立言傳世者。後世謂登仕路爲青雲，謬矣。試引數條證之。京房《易占》「青雲所覆，其下有賢人隱。」《續逸民傳》：「嵇康早有青雲之志。」《南史》：陶弘景「年四五歲，見葛洪方書，便有養生之志。曰：仰青雲，覩白日，不爲遠矣。」梁孔稚圭隱居，多構山泉。衡陽王鈞往遊之，珪曰：「殿下處朱門，遊紫闥，詎得與山人交耶？」鈞曰：「身處朱門而情遊滄海，形入紫闥而意在青雲。」又袁彖贈隱士庾易詩曰：「白日清明，青雲遼亮。昔聞巢、許，今覩臺、尚。」阮籍詩：「抗身青雲中，網羅孰能施。」李太白詩：「獵客張兔罝，不能挂龍虎。所以青雲人，高歌在岩户。」合而觀之，「青雲」豈仕進之謂乎！王勃文：「窮且益堅，不墜青雲之志。」即《論語》視富貴如浮雲之旨。自宋人用「青雲」字于登科詩中，遂誤至今不改。

食貨志

馬廷鸞曰：「桑大夫均輸之法，大概驅農民以效商賈之爲。〔胡說〕太史公《平準》：『令遠方各以其物貴時商賈所轉販者爲賦，而相灌輸。』此說未明。班固採其語云：『令遠方各以其物，如異時商賈所轉販者，而相灌輸。』此說渙然矣。蓋添『如異時』三字，是謂驅農民以效商之爲也。〔胡說〕」

卓吾子曰：「爲賦」二字甚明，何說未明也？蓋爲賦而相灌輸，非爲商而相灌輸也。爲賦而相灌輸，即如今計户納糧運租之類；爲商而相灌輸，乃是驅農民以效商賈之爲。夫既驅農民以效商矣，又將驅何民以事農乎？若農盡爲商，則田盡不闢，又將以何物爲賦而相輸灌也？曷不若令商自爲之，而征其稅之爲便乎？農有租賦之入，商有征稅之益，兩利兼收，愚人亦知，而謂武帝不知耶？蓋當時霍子孟輩，已不曉桑大夫均輸之法之善矣，何況班孟堅。俗士不可以語於政，信哉。

漢待宗室

河間獻王，漢之賢維城也。其子禮，遂以恐喝取雞失侯；其次子，又以酎金失侯。曷不以其父之賢而原之？意者景帝先有意立獻王，而武帝憾之歟？

卓吾子曰：未必專以此故也，獻王亦有以取之也，因嘆曰：「賢維城。」後世稱：天子在，貴滅名。昔人不云乎：饑寒常在生前，聲名常在身後。要得後世名，禍患亦顧不得了也。其獻王之謂歟？

四皓廟碑

四皓有羽翼太子之功，其没也，惠帝爲之製文立碑。此乃上世人主賜葬人臣恤典之始。《通典》、《文獻通考》皆不之載，而四皓碑目，《集古録》、《金石録》、鄭樵《金石略》皆遺之，獨見于任昉《文章緣起》，故特表出之。

冰泮冰合

漢光武渡呼沱河，俄頃冰合，真有神助矣。其後帝命其處爲「危渡口」，示天幸不可恃，以戒子孫。此其大度何如也。石勒擊劉曜，濟自大堨，以河冰泮爲神靈助，號爲「靈昌津」。此其去光武遠矣。代王什翼犍擊劉辰❶，河冰未合，乃以葦絙約流澌，而冰合。復恐未堅，又散葦於上，冰草相結，有如浮梁。出其不意，遂大破之。此以人力，亦天助也。

李密陳情

李密《陳情表》有「少仕僞朝」之句。責備者，謂其篤於孝，而妨於忠。嘗見佛書引此文，「僞朝」作「荒朝」，蓋密之初文也。「僞朝」字，蓋晉改之以入史耳。劉静修詩：「若將文字論心術，恐有無邊受屈人。」蓋指此類乎。

❶「劉辰」應爲「劉衛辰」。劉衛辰，十六國時匈奴鐵弗部首領。《魏書》卷九五、《北史》卷九三等有傳。

卓吾子曰：好箇静修先生。

牛繼馬

《晉書》云：初，《玄石圖》有「牛繼馬後」，故宣帝深忌牛氏，遂爲二榼共一口，以貯酒。帝先飲其佳者，而以毒酒鴆其將牛金。而恭王妃夏侯氏，竟通小吏牛氏而生元帝。今《通鑑》省其文，竟云「通小吏牛金，而生元帝」。牛金可謂枉着一死，又負穢名也。

官蛙給廩

《中州記》載：「惠帝聞蛙鳴，問之侍臣曰：『此鳴者，爲官乎？爲私乎？』賈胤對曰：『在官爲官蛙，在私爲私蛙。』帝曰：『若是官蛙，可給廩。』」比《晉史》所載爲詳。

荀彧裴樞

荀彧爲曹操謀主，一旦受九錫，彧乃以爲不宜，竟爲曹所害。唐裴樞既受朱全忠之薦爲相，又劫遷昭宗于洛陽，全忠除一太常卿，樞乃持之不與，全忠殺之白馬驛。二事正相類。文中子猶以彧及其子攸，比殷之三仁。歐陽永叔以樞一卿尚惜，其肯以社稷與人？嗚呼！荀、裴二人，與曹操、全忠同爲逆謀，非一日矣。操與其靳九錫，惜一卿，欲微示異同以掩時人之耳目，其心必曰：吾已許其大，其細者不許，彼未必怒也。全忠之意，必疑曰：彧與樞之意中變矣，細者如此，况大者乎？遂殺之不恤。昔有孀婦，私一惡少，許其竊貲以逃。一夕惡少賭博，欲薄取以償戲債，婦堅不與。惡少曰：「是些少尚吝，其肯以全貲畀我乎？」乘醉夜半殺之。或與樞類之矣。若以彧爲仁、樞爲忠，則此婦亦可爲貞烈乎？

武后生牙

《唐類表》載：李近仁賀武后《新牙更生表》云：「《易》有四營，金牙爲壽考之象；《詩》具六義，玉齒載神仙之謡。還年而輔車不虧，郤老而瓠犀仍出。堅而不脆，聞於導養之方；落而更生，得自靈飛之散。乞宣示海内，仍録付史官。」史稱：「武后年七十，盛自拂拭，不覺衰耗」。始信夏姬之年踰七十，而雞皮三少，猶與巫臣生女，後嫁叔向。《北史》：胡后，年踰不惑，而妖蠱若二八。是三人者，花鴇梨姏，天乃祐之以誨淫之具也，亦理之不可曉者。

石有赤心

武后時，明堂災。姚璹云：「成周宣榭火，卜世愈隆；漢武建章炎，盛德彌永。」其諂而曲如此，史乃以之與狄仁傑、王方慶同傳，異哉！張唐英云：「求璹其侣，乃與洛水進赤石者，可爲同等。」按《唐語林》：「武后時，争獻祥瑞。洛濱居民有得石而剖之中赤者，獻于后，曰：『是石有赤心。』后欲賞之，李日知曰：『此石固有赤心，其餘豈皆謀反耶？』」唐英所引蓋此。

詒謀未孫

《通鑑》：「韓建殺唐宗室通王滋十一人。」胡致堂《管見》云：「唐室至此，祖宗詒謀，有未孫歟。」謂未能遠謀及孫也。《左傳》引《詩》云：「叶比其鄰，昏姻孔云。」而申之曰：「晉不鄰矣，其誰云之？」正文人引經之例。陳濟《正誤》乃云：「孫，音遜。」可謂説夢。

伐國之女

李德裕云：「自古得伐國之女以爲妃后，未嘗不致危亡，何也？亡國之餘，能無怨氣？其開基之先，皆一時之傑。瀆鬼嶽祇，愛其血食，忿其滅亡，必生妖美之色，以蠱惑其君。晉之驪姬，楚之夏姬、息嬀，符堅之清河公主，侯景之溧陽公主，隋文帝之陳夫人，皆是物也。」史蘇所謂「我以男戎勝彼，彼必以女戎勝我」；《隋書》曰：「興門之男，衰門之女。」信矣！《杜牧集》載陳希烈、桂娘事，尤異。

史傳屈筆

漢末之董承、耿紀，晉初之諸葛、毌丘，齊興，有劉康、袁粲，周滅，有王謙、尉迥，斯皆破家狥國、視死猶生，而歷代諸史皆書曰逆將。何以激揚名教，以勸事君者乎？古之書事也，令賊臣逆子懼；今之書事也，使忠臣義士羞。若使南董有靈，必切齒于九泉之下矣。

《綱目》減字

司馬温公《資治通鑑》云：「補闕喬知之，有婢名碧玉，美色善歌舞，知之爲之不昏。」「昏」與「婚」，古字通用。《綱目》去「不」字，而云「知之爲之昏」，蓋誤以「婚姻」之「昏」，爲「昏惑」之「昏」也。字義不明，文理不通矣。《綱目》似此類極多。蓋朱子門人趙師淵奉師命所編，朱子固無與也。今人以爲出於朱子，合于《春秋》，殆魏子牟所謂「承餘竅之鄙夫」，誠可笑也。

唐有盧鴻一，隱於嵩山。其名「鴻一」者，引《尸子》「鴻常一」之云爾。《通鑑綱目》書：「徵嵩山處士盧鴻爲諫議大夫，不受。」「鴻」下脱「一」字，蓋誤以「鴻」爲單名，而削去「一」字也。亦猶蕭方等注《三十國春秋》，而胡三省注《通鑑》，却於「方」下，去一「等」字，爲蕭方也。方等佛氏有《方等經》，故蕭氏取爲名。有弟名方諸、方知❶。

五代史

「嗚呼！自唐失其政，天下乘時，黥髡盜販，衮冕峩巍。吴暨南唐，姦豪竊攘。蜀險而富，漢險而貧。閩陋荆蹙，楚開蠻服。剥剽弗堪，吴越其尤。牢牲視人，嶺(蛋)〔蜑〕遭劉。百年之間，并起争雄。山川亦絶，風氣不通。語曰：清風興，羣陰伏。日月出，爝火息。故真人作，天下同。右六一公《五代十國世家序》也。其文豐約中程，精彩溢目，歐文第一篇也。李耆卿謂公之《五代史》，比《順宗實録》有出藍之色，似矣。然不知《五代史》本學《史記》，非學韓也。古云：「學乎其上，僅得其中。」俗云：「榯高一丈，牆打八尺。」信其然乎。

宋史

《宋史表》首，稱相阿魯圖，其實歐陽玄之筆也。其爲卷六百，文百萬言，自有史册以來，未有若是多者。其自謂「辭之煩簡以事，文之今古以時。」蓋欲自成一代書，而不强附昔人，是矣。其可憾者，有紀一事，而先

❶「方知」：應爲「方矩」。蕭方矩，南朝梁元帝第四子，蕭方諸之弟。《梁書》卷八、《南史》卷五四等有傳。

後不同，一人，而彼此不同。由修之者非一手也。愚觀古史，始於《尚書》、《春秋》，大抵皆一人之筆。《尚書》雖雜出，然而紀一事，自一篇；一篇自一人。《春秋》則孔子特筆，而門人一辭不能贊者矣。《春秋》三傳，各以其意釋經，而其事傳焉。若《國語》，若《世本》，若《戰國策》，皆一家言。自《史記》下十七代之書，亦皆一人成之。《唐書》雖文忠與景文共，然而卷帙互分，兩美相合。至元修宋、遼、金三史，而此法壞矣。雖然，豈始於宋哉！後漢東觀，大集羣儒，著述無主，條章靡立。由是伯度譏其不實，公理以爲可焚。張、蔡二子，糾之於當代；傅、范兩家，嗤之於後葉。其傳卒亦不廣。唐中宗世，史司取士，每記一事、載一言，皆閣筆相視，含毫不斷；義禀監修，辭從指授。由是劉知幾謂「頭白可期，汗青無日。」卒不能成。若《宋史》一書，羯胡相聚，其形跡之拘忌、義例之蒙昧，又不特如漢唐所譏已也。嗚呼！元所壞者，宋一代史，猶之可也，而其法遂使嗣代襲用之。今曰一代之史，可以一人成，不以爲駭，則以爲狂矣。

卓吾子曰：宋公作《列傳》，歐公以前輩而不敢譏。宋公又以歐公爲聞望作諸《志》，而不敢視。三百年人情之史美又安在也？又曰：一代之史，可以一人成，此正論也。

宋統似晉

世之説者曰：三代而下，天下一統者，漢、唐、宋而已。秦、晉及隋，合而復分，祚又不久，不得比之矣。余謂漢、唐可稱一統，宋僅與晉比爾，不得并漢、唐也。宋自太祖開基，僅得五代之土宇，而河東、江南、閩、蜀、嶺南十國未平，史氏未嘗以一統例書之。至數年諸國始平，至真宗而納幣於契丹矣。四傳至神宗，而王安石割七百里以獻遼矣。至徽宗入虜，而高宗稱臣矣。河西、河北之地，終宋之代未嘗得其土之一毫。漢、唐疆域不如是之隘，而一統之日曾不得如西晉之久。及南渡以後，享國差長於典午，而氣息奄奄不啻倍焉。

當時有人問邵堯夫國祚，不答，架上取《晉紀》示之。是宋之擬晉，邵子固有説矣。

卓吾子曰：先生謂宋統似晉，似矣。但宋多賢君，晉無一主。即宋藝祖以比司馬炎，何如也？大抵仁柔之基，其勢必弱。然愛民好士之報，天亦不爽矣。徽、欽雖北轅，與懷、愍青衣行酒、跣足執蓋，實大逕庭。天之厚宋，亦可知也。唐雖稍得，然無主不亂，箇箇出走。自五丁開道以來，巴蜀遂爲唐帝逃竄後户，與漢已大不侔矣。故謂宋比漢不得則可，謂比唐不得則不可，况比晉乎？晉之司馬懿，一名柔奸家奴也，况加以司馬師之强悍，司馬昭之弑奪乎？而何可以比藝祖？司馬炎，一名得志狹邪也，况濟以賈南風之淫妬，問公私之蝦蟆乎？而何可以比太宗？况仁宗四十年恭儉哉，神宗勵精有爲哉！高宗雖弱，比瑯琊亦自十倍。所恨者，無一剛耳。故予謂唐、宋一也，比之晉則已甚。若康節不答國祚之問，唯取架上《晉紀》以示，見徽、欽事，符懷、愍；南渡事，似江東耳。非以是遂爲晉比也。

宋主勤身

宋太祖内訓，步自内庭，出御前殿，欲其涉歷廣庭，稍冒寒暑，勤身之法也。予謂人主宫闕深遠，輿輦不爲過。今之官府，自廳事送客至中門，多乘轎而迴。數十步之間何必乃爾？况皆起自徒步寒儒乎？

鐐子

宋仁宗游後苑，還宫，索漿甚急。宫嬪曰：「大家何不於外宣索？」仁宗曰：「吾屢顧不見鐐子，恐問之則所司有得罪者。」嗚呼！仁矣！近世有達官，因庖丁治葱不如法，笞之立死。復有烹羊胃欠熟，斃之於獄。噫！一介書生，僥倖一官，而視人命如草芥。不有人禍，必有天刑。按《爾雅》：「銀之美者，謂之鐐。」

鐐子，亦庖人之别稱，力弔切。

卓吾子曰：此天心仁愛，自然非道學依倣古本行事也。

宋禮儒臣

宋之君崇禮儒臣。其一，真宗臨楊礪之喪，降輦步弔，重其清介也。其二，富弼母卒，仁宗爲罷春宴。二事雖三代令主不能過。其後徽宗之待蔡京、王黼，南宋之待秦檜、侂胄、似道，恩禮倍此。然前之則如蕩子之交狎客，後之則如弱主之畏豪奴，豈曰榮遇美事乎？書之祇辱。

陳張二寇

高廟云：「陳友諒剽而輕，其志驕；張士誠狡而懦，其器小。」其後二寇之敗，卒如聖料。

李卓吾先生讀升菴集卷七終

李卓吾先生讀升菴集卷八

史類

荀卿李斯吴公

以荀卿大儒，而弟子有焚書坑儒之李斯；以李斯爲師，而弟子有治行第一之吴公。人之賢否，信在自立，不係師友也。

卓吾子曰：能自立者，必有骨也。有骨，則可藉以行立。苟無骨，雖百師友，左提右挈，其奈之何？一刻無人，一刻站不得矣。然既能行立，則自能奔走求師，如顔、曾輩之於孔子。然謂其不係師友，亦非也。

宋人譏荀卿

宋人謂卿之學不醇，故一傳於李斯，即有坑儒焚書之禍。夫弟子爲惡而罪及師，有是理乎？若李斯可以累荀卿，則吴起亦可以累曾子矣。《鹽鐵論》曰：「李斯與苞丘子同事荀卿，而苞丘子修道白屋之下。」

卓吾子曰：使李斯可以累荀卿，則苞丘子亦嘗請封荀子矣。

鴻溝之諫

項羽兵少食盡，乃約中分天下。漢王欲西歸，張良諫曰：「今釋弗擊，是養虎自遺患也。」程子曰：「張良才識高遠，有儒者氣象，而亦以此説漢王，不義甚矣。」

卓吾子曰：此正其才識高遠處。

孔明炊釜

平谷縣耕民得一釜，以涼水沃之，忽自沸，以之炊飯即熟。釜下有「諸葛行鍋」字。鄉民以爲中有寶物，乃碎之。其釜複層中，復有「水火」二字。《瑞應圖》曰：「丹甑不炊而自熟，玉皋不汲而常滿。」近此類乎？孔明之才藝，後世之神禹、周公也。世所傳划車弩、鷄鳴枕，不一而已。

傅玄稱孔明

傅子云：「孔明誠一時之異也。入無遺刃，出有餘糧。」

豎子

阮籍登廣武而歎曰：「時無英雄，使豎子成名。」豈謂沛公爲豎子乎？傷時無劉、項也。豎子，指晉魏間人耳。

逸少經濟

王逸少在東晉時，蓋溫太真、蔡謨、謝安石一等人也。公卿愛其才器，頻召不就。及殷侯將北伐，以爲必敗，貽書止之。其識慮精深如是，恨不見於用耳，而爲書名所蓋。後世但以翰墨稱之，藝之爲累大哉。

卓吾子曰：藝又安能累人？凡藝之極精者，皆神人也，況翰墨之爲藝哉？先生偏矣。或曰先生蓋自寓也。

孔北海

北海大志直節，東漢名流，而與建安七子并稱；駱賓王勁辭忠憤，唐之義士，而與垂拱四傑爲列。以文章之末技而掩其立身之大閑，可惜也。

卓吾子曰：文章非末技，大閑豈容掩？先生差矣。或曰先生皆自況也。

九州被

孔融評邊讓，爲九州之被則不足，爲單衣襜褕則有餘。九州被，蓋錦文織九州也。

卓吾子曰：取覆被九州之義有何不妙，而乃謂錦文織耶？

懸榻

陳蕃初爲青州太守。郡人周璆，字孟玉，高潔之士，郡守召命莫肯至。惟蕃能致焉。特爲一榻，去則懸之。後爲豫章太守，不接賓客，惟徐稺來特設一榻，去則懸之。右二事相類。蕃平生所接賓客，亦罕矣。愚謂蕃亦癡矣。爲郡守，採一郡之風謠；爲宰相，以天下爲耳目。若閉閣懸榻，乃干木、泄柳之所爲，豈郡守、宰相之事乎？宦官之禍，其及宜矣。

卓吾子曰：至言，至言。雖然，曹參只舍一蓋公耳。

楊軻

晉有楊軻者，石虎遣使徵之，不應。親駕往視，亦高卧不起。石虎謂沙門道集曰：「朕乘輿所向，天沸地湧，何匹夫而長傲耶？」道集對曰：「昔舜優蒲衣，禹造伯成，魏式干木，漢美莊光。管寧不應曹氏，皇甫不屈晉代。豈可令史無隱遁傳耶？」虎悦其言而止。

妙妙

卓吾曰：道集好和尚，虎亦妙哉。

游俠處士

《南史》：何點不入城府，而性率到，好狎人物，時人號曰「游俠處士」。然豫章王嶷命駕造點，點從後門遁去。竟陵王子良曰：「豫章王尚望塵不及，吾當望岫息心矣。」

劉琨

晉金谷二十四友有劉琨，唐八關十六子有劉栖楚。

粥飯僧

五代李愚爲相，誠非經濟才。廢帝謂之粥飯僧，宜矣。然其貧至無屋。

王朴

五代人才，王朴爲冠。其《平邊策》，攻取先後，宋興之初，先平江南，晚定河東，次第不能易也。外事征伐，内修文治，其《論星曆》，宋定《欽天曆》不能易也。其《論樂律》，宋作《大晟樂》不能易也。其言有曰：「彼民與此民之心同，是與天意同契。天人意同，則無不成之功。」五季之世，有若人邪？

制策入等

宋之制策，虚第一等以待伊、吕之流。其入等者，惟蘇氏軾、轍兄弟，吴育，范百禄，李垕。終宋世，僅五人而蜀居其四。二蘇、范、李，皆蜀人也。

蜀之隱逸

譙定，字天授，其學得於蜀曩氏夷挨。袁溉，字道潔，其學得於富順監賣香薛翁。程子遇青城箍桶翁，乃知「未濟」三陽失位，爲「男窮」之義。又渡涪江，舟將危，正襟端坐。人問之，曰：「心存誠敬爾。」有一樵夫同舟，登岸，乃問伊川曰：「公是達後如此，舍後如此？」伊川欲與之言，已去，而不可追矣。

火迫酇侯

唐原休受朱泚僞官，自比蕭何之功。入長安日，首收圖籍。時人笑之，目曰：「火迫酇侯。」宋南渡，有郭某爲將，自比諸葛。酒後，輒詠「三顧頻繁」、「兩朝開濟」之句，而屏風便面，一一皆書。未幾，敗于江上，倉皇涕泣而匿。時謂之「尿汁諸葛」，正可作對也。

軒軒霞舉

李白見玄宗於便殿，神氣高朗，軒軒然若霞舉。相如奏賦黄門，飄飄有凌雲氣，正可相對。

雙鳳二龍

蔡邕、崔（實）〔寔〕號雙鳳，崔晏、許受號二龍。

飛兔龍文

田巴奇魯連曰：「魯連乃飛兔也，豈直千里駒哉！」楊津目楊愔曰：「此兒駒齒未落，已是我家龍文。更長，當求之千里外。」駒齒未落，已是龍文，騄褭之中，更齊飛兔。

猪兒豹子

李猪兒，安禄山臣。皮豹子。元魏之臣。

慕藺比荀

司馬長卿慕藺相如，故名相如；元(任)〔仕〕明自比荀文若，故名曰彧。

王安石

王安石行新法，引用小人，一時賢者，皆遭貶斥。其弟安禮，安國，及姪旊，字元鈞，斿，字元龍。元祐中，安國貶死，旊及斿亦坐貶遠方。所謂爲法自敝，以不愛而及其所愛乎？又曰：真小人不足以亂國，其亂國者必僞君子也。蓋真小人，其名不美，其肆惡有限；僞君子則既竊美名，而其流惡無窮矣。或曰：「子何以恕真小人？」予曰：子不觀白樂天詩乎？「狐假女妖害猶淺，一朝一夕迷人眼。女爲狐媚害即深，朝朝夕夕迷人心。」樂天豈恕狐哉？

卓吾曰：説出僞君子之禍，千古如見。但安石，非僞也。僞君子，尚怕事，尚護名。若真君子一偏，則無如之何矣。

趙師羼音擇

趙師羼，字從善，號牆東，趙千里姪也。尹京有政聲，戮杭州姦僧尤奇。嘗學犬吠以媚侂胄。其後韓侂胄敗，有贈之謔詞：「侍郎自號東牆，曾學犬吠村莊。今日不須摇尾，且尋土洞深藏。」❶

❶ 楊升菴原文此句後有：「羼即古擇字。觀其字曰從善，蓋取擇其善者而從之義也。俗士多訛其音。」

秦檜詐作瑞

《宋史長編》云：「紹興中，秦檜擅朝，喜飾太平，郡國多上草木禽鳥之瑞。」胡致堂所謂「花卉可以染植，增其態；毛羽可以餵飼，變其色。上之人苟欲之，則四面而至矣。」蓋指此也。然觀小説所載，紹興七年，建康府寓旅家盆水，有文如畫，佳卉茂木，華葉敷芬。數日易以他水，愈出愈奇，盡春暄乃止。又秀州吕氏家，水瓦有文，樓觀車馬人物，并蒂芙蓉，重夾牡丹，長春萱草藤蘿，經日不釋。

慕容德

慕容德，乘高享燕，顧謂尚書魯邃曰：「齊魯固多君子，當昔全盛之世，梓慎、巴生、淳于、二鄒之徒，蔭修檜，臨清沼。恣飛馬之雄辭，奮談天之逸辯。指撝則紅紫成章，俛仰則丘陵生韻。至于今日，荒草頹墓，氣消煙滅。永言千載，能不依然？」德本北裔戎馬之梟，其言若兹，或是史臣飾辭乎？

韋孝寬薛仁貴

後周韋孝寬，參麟趾殿學士，考校圖籍。唐薛仁貴，著《周易新生本義》四卷。二子皆勇將，而精意經術如此。

卓吾子曰：吴起之文，孫武子之文，尉繚子之文，文人能爲之乎？先生小矣。

楊素

楊素作《柳弘誄》云：「山陽王弼，風流長逝；潁川荀爽，零落無時。修竹夾池，永絶梁園之賦；長楊應詔，無復洛川之文。」又嘗以五言詩七百字，贈播州刺史薛道衡，詞氣穎拔，風韻秀出，爲一時盛作。見《文苑英華》。素本以武功顯，而文藻若此。

忠簡忠武

宗、岳二公，以忠節戰功，冠於南宋。余嘗見宗忠簡石刻《華陰道》二絶云：「煙遮晃白初疑雪，日映斕斑卻是花。馬渡急流行小崦，柳絲如織映人家。」又云：「菅茅作屋幾家居，雲碓風帘路不紆。坡側杏花溪畔柳，分明摩詰輞川圖。」岳公《湖南僧寺》詩，有「潭水寒生月，松風夜帶秋」之句。唐之名家，不過如此。

劉表

劉景升爲書家祖，鍾繇、胡昭皆受其學。然昭肥繇瘦，各得其一體。景升，即劉表也。表初在黨人中顧、厨、俊、及之列，其人品之高可知。《藝文志》有《劉表集》，今不可見。

張飛

涪陵有張飛刁斗，其銘文字甚工，飛所書也。張士環詩云：「天下英雄只豫州，阿瞞不共戴天仇。山河割劇三分國，宇宙威名丈八矛。江上祠堂嚴劍珮，人間刁斗見銀鈎。空餘諸葛秦州表，左袒何人復爲劉？」

沐繼軒

國朝武將能詩者，洪武中孫炎。其後湯東谷胤(績)〔勣〕、廣帥王一清、定襄郭登，人皆知之。雲南都督繼軒沐璘，字學皇象，畫學米元章，詩學六朝盛唐。以僻遠，人罕知。余嘗選其數絶句于《皇明詩抄》矣。

卓吾子曰：先生唯恐(理)〔埋〕没古人姓名，先生聖賢豪傑之心也。何可當，何可當！

岳忠武施全 要緊

宋贈鄂王岳飛謚忠武，其文曰：「李將軍口不出辭，聞者流涕；藺相如身雖已死，凛然猶生。」又曰：「易名之典雖行，議禮之言未一。始爲忠愍之號，旋更武穆之稱。獲覩中興之舊章，灼知皇祖之本意。爰取危身奉上之實，仍采戡定禍亂之文。合此兩言，節其一惠。昔孔明之志興漢室，子儀之光復唐都。雖計效以或殊，在秉心而弗異。垂之典册，何嫌古今之同辭；賴及子孫，將與山河而并久。」然今天下岳祠皆稱武穆，此未定之謚也，當稱忠武爲宜。

朱文公云：「舉世無忠義，這些正氣，忽自施全身上發出來。」故《續綱目》書：「施全刺秦檜，不克而死。」亦文公遺意也。近有人云：「今之岳祠，多鑄賊檜像，跪縛門外。當更鑄施全像在傍，持刀砍檜乃得。」

李卓吾曰：此論甚當，甚有益風教。倘禮官、言官肯上一疏，則忠武之謚，曉然於百世，施全之忠，暴白于聖朝矣。不然，人人未得知也。所望於執事者不淺也。

華岳

宋寧宗時，武學生華岳，池州人，上疏極數韓侂胄之惡。其略云：「程松之以納妾求知，倪、僎以售妹入府，蘇師旦以獻妻入閣。黜陟之權，不出於陛下，而出於侂胄，是吾有二中國也。命又不出於侂胄，而出於蘇師旦、周筠，是吾有三中國也。」書奏，侂胄大怒，下之大理，貶建寧圜。工部郡守傅伯成憐之，命獄卒使出入無縶。伯成去郡，岳遂庾死獄中。岳之忠節，灼灼如此。近觀歷代名臣奏議及宋諸臣奏議，可謂詳備，而岳之奏不在其中，乃知古忠臣義士，湮没不聞者多矣。

李卓吾曰：不難有華岳，而難有傅伯成也。又曰：與其收而入之名臣奏議之中，孰若表而出之於名臣奏議之外也。在奏議中，而人不聞，孰若先生聞之而使人人莫不聞乎？有先生，吾何憂！

張千載

廬陵張千載，字毅甫，文山之友也。文山貴時，屢辟不出。及文山自廣敗，還至吉州城下，千載潛出相見，曰：「丞相往燕，千載亦往。」往，即寓文山囚所近側，三年供送飲食無缺。又密造一櫝，文山受命日，即藏其首。訪知夫人歐陽氏在俘虜中，使火其屍，然後拾骨寘囊，并櫝南歸，付其家安葬。是日，文山之子夢其父怒曰：「繩鉅未斷。」其子驚覺，遽啓視之，果有繩束其髮。

李卓吾：既書其事，遂爲之贊曰：不食其禄，肯受其縛？一繩未斷，如錐刺腹。生當指冠，死當怒目。張氏何人，寘囊并櫝。生死交情，千載一鵠。

趙天澤

趙天澤最善括蒼劉伯温。一日，行省大臣論江左人物，天澤首以伯温對，衆愕然。趙退而贈劉曰：「蕭何拔韓信，玄德師孔明，非信任之篤，則泜水之奇、八陣之妙，何由照耀後世？」方劉之未遇也，授之以卜法者魯義山，而深奇預識者趙。趙有《吴江月下汎舟》詩云：「餘霞斂遥岑，微靄生近浦。江行得良夜，月出鳴柔櫓。茫茫天欲流，歷歷星可數。水螢明乍滅，沙禽或翔舞。此意誰與同，三高渺千古。」

錦車夫人

《漢書·西域傳》：「馮夫人名嫽，漢宫人也。善史書。乘錦車，持節和戎而歸。」此事可畫可歌。

浣花夫人

成都浣花谿，有石刻浣花夫人像。三月三日，爲浣花夫人生辰，傾城出遊。《地志》云：「夫人姓任氏，崔寧之妾。」按《通鑑》：成都節度使崔旰入朝，楊子琳乘虚突入成都。寧妾任氏出家財，募兵得數千人，自帥以擊之。子琳敗走，朝廷加旰尚書，賜名寧任氏，封夫人。

錦傘夫人

馮寶妻冼氏封石龍夫人，戰則錦傘寶幰，至老未嘗敗，年八十而終。智、勇、福三者全矣，古今女將第一人也。繡旗女將，與李全戰者，見《金史》，可對錦傘夫人。

宋子虛詠史

詠宋宮人王婉容。王婉容隨徽、欽北去，粘罕見之，求爲子婦。婉容自刎車中，虜葬之道旁，可謂烈矣。

諡號

蘇老泉云：「婦人有謚，自周景王之穆后始；匹夫有謚，自東海漢隱者始；宦官有謚，自東漢之孫程始；蠻夷有謚，自東漢之莎車始。」然黔婁之謚即匹夫之謚也，不始於東漢矣。

李姓非一

《姓氏譜》：李氏凡十三望，以隴西爲第一。唐時重族系，雖帝系之貴，亦自屈居第三，而讓隴西爲一。而李氏妄稱隴西者，往往冒爲唐宗室，曰天潢仙派。唐帝亦樂其族姓之繁，不暇考其真僞。如令狐綯入相後，天下姓胡者改胡爲狐，而上加令字以附之。嗚呼！宰相之勢不過十年，而人競改姓以附，況堂堂一統天子，三百年之久，其冒附不知幾百千萬矣。小説云：「隴西李氏高自標榜，有女，人不敢求婚。及年長，父母以囊裝，昏夜潛送於少年無妻者。」是其自高者，乃所以自辱也。我太祖高皇帝有天下後，建安有朱氏者以譜牒進，欲附國姓。聖祖曰：「朕起農家，所知者，德、懿、僖、仁四代而已。」聖人之見高出萬古，而百九十年族姓之敝亦少革，豈非類族辨物之大義乎？

羊楊陽

晉有羊舌氏。叔向之子伯石，食邑於楊，曰楊食我。晉既滅羊舌氏，分羊舌氏之田爲三縣，曰平陽，曰楊氏。則羊也，楊也，陽也，同出一姓。

百姓

唐明皇問張說曰：「今之姓氏皆云出自帝王後，古者無民邪？」說對曰：「古者民無姓，有姓者，皆有土、有爵者也。故《左傳》云：『天子命德，因生以賜姓，胙之土而命之氏。』黄帝之子二十五人，得姓者十四而已。其後居諸侯之國土者，其民以諸侯之姓爲姓；居大夫之采地者，以大夫之姓爲姓。莫可分辯，故云皆出自帝王也。」說此言考古證今，不刊之論。

蓋姓

蓋姓有二。漢蓋寬饒、蓋勳，音盍。唐蓋文達、蓋蘇文、蓋嘉運，音踏。

昝姓

蕭何封於酇，其後因以爲姓。而「酇」訛爲「昝」，「酇」本作「贊」。

郡姓

河北以崔、盧爲首，比江東之王、謝。薛宗起不得入郡姓，至碎戟争於帝前。是時韓顯宗上疏有云：「門望者，乃其父祖之遺烈，亦何益於皇家？苟有才，雖屠釣可相，奴虜可將；苟非其才，雖三后之胤，墜于皂隸矣。」又曰：「陛下豈可以貴襲貴、賤襲賤？」真名言哉！

蘭氏

《周禮·𩊚人》注：「鰒，魚字。」《大戴禮》：「蘭氏之根，蘹氏之苞。」王褒《洞簫賦》：「幸得謚爲洞簫。」夫魚名而稱字，草名而稱氏，簫名而稱謚，皆奇之又奇。

刺史太守

漢制，自三輔之外，分九州，九州控郡國。州部有刺史，郡國有太守。如豫州刺史部，則潁川、汝南六郡國。冀州刺史部，則魏郡而下九郡國。畿内則河南尹、京兆尹，而以司隸校尉部之。外則刺史部之，自河南、京兆兩尹，至豫、冀、兖、徐、青、荆、益、梁、并、幽、交爲尹二，刺史十一。而郡國，則自河南至日南，凡一百十有二，太守亦百十有二。嚴能鷹揚，有督察之才，刺史之職也；安静寬仁，有愷悌之德，太守之職也。

長流

古呼治獄參軍爲長流。《帝王世紀》云：「少昊崩，其神降於長流之山，於祀主秋。」秋官司寇，主刑罰也，故取秋帝所居爲嘉名，亦猶今稱刑官曰「白雲司」也。

舟鮫

舟鮫，官名，掌澤。小説有「鮫泣珠賣綃」事，蓋舟鮫之官死而爲澤神，若伐木之匠，變爲木客也。

虎爪板❶

小鳳

率更

秀才

白簡

李卓吾先生讀升菴集卷八終

❶ 以下五篇缺文。

李卓吾先生讀升菴集卷九

文類

論文

論文，或尚繁，或尚簡。予曰：繁非也，簡非也，不繁不簡亦非也。或尚難，或尚易。予曰：難非也，易非也，不難不易亦非也。故博者能繁，命之曰該贍，左氏、相如是也。精者能簡，命之曰要約，《公羊》、《穀梁》是也。奇者工於難，命之曰複奧，莊周、禦寇是也。辨者工於易，張儀、蘇秦是也，命之曰江河。

陸機《文賦》云：「謝朝華於已披，啓夕秀於未振。」韓昌黎云：「惟陳言之務去，戛戛乎其難哉。」李文饒曰：「文章如日月，終古常見，而光景常新。」此古人論文之要也。近世以道學自詭，其文不過抄節宋人語録，而號於人曰：「吾布帛菽粟也。」予常戲之曰：「菽粟則誠菽粟矣，但恐陳陳相因，紅腐而不可食耳。」

文思遲（遲）〔速〕

「相如（舍）〔含〕筆而腐毫，枚臯應詔而奏賦。」言文思遲速之異也。唐人云：「潘緯十年吟古鏡，何涓一夕賦瀟湘。」畫家亦云：「思訓經年之力，道玄一日之功。」

目學之弊

一傳未終，恍已迷其姓氏；片文屢過，幾不辨其偏旁。李昭玘。

迓鼓

元人樂府有「村里迓鼓」之名，謂以村里而效官衙，其衣裝聲節，自然可笑。宋儒亦謂今之古文，如舞迓鼓，謂無古人之學，而徒效古人之言，如村人學官衙鼓節。然「衙」訛爲迓。

翻着襪法

知梵志翻着襪法，則可以作文；知九方皐相馬法，則可以觀文。

古文之奥

孔子出，使子路齎雨具。有頃，果雨。子路問其故，孔子曰：「《詩》不云乎：『月離于畢，俾滂沱矣。』昨莫月正離畢也。」他日，月離畢，孔子出，子路請齎雨具，孔子不聽，果無雨。子路問其故，孔子曰：「昔日月離其陰，故雨；昨莫月離其陽，故不雨。」《史記·仲尼弟子傳》有子事，載此文，而删月離陽、離陰末節，不説盡而文益藴藉。如《莊子》「九淵」而止説其三，又「夔憐蚿，蚿憐風，風憐目，目憐心」，止解夔、蚿、風三句，而憐目、憐心之義缺焉。蓋説盡則無味矣。

萬歲夜

《楚策》：「楚王遊雲夢，謂安陵君曰：『樂矣，今日之遊！寡人千秋萬歲後，誰與樂此矣？』安陵君泣下數行曰：『萬歲夜，願以身試黄泉，蓐螻蟻。』」「夜」，如《左傳》注：「窀穸，厚夜」之「夜」，最見人臣不敢斥言之意。今本改「夜」作「後」，不見古人立言之妙矣。

白頭而新

《漢書》「白頭如新，傾蓋如故」。《説苑》作「白頭而新，傾蓋而故」。而、如，古字通用。白頭而新，雖至老而交猶新；傾蓋而故，謂一見而交已故也。作「而」字解，尤有意味。

卓吾子曰：「而」字真勝。

小説

説者云：宋人小説不及唐人，是也，殊不知唐人小説不及漢人。如華嶠《明妃傳》云：「豐容靚飾，光明漢宫。顧影徘徊，聳動左右。」伶玄《飛燕外傳》云：「以輔屬體，無所不靡。」郭子横《麗娟傳》云：「玉膚柔軟，吹氣勝蘭。不欲衣纓拂之，恐體痕也。」此豈唐人可及。

二盧

韓文公誌盧殷墓：言殷於書無不讀，平生爲詩，可誦者千餘篇。至今一篇不傳，非托於韓文，則名姓亦湮矣。又會昌中進士盧獻卿，作《愍征賦》，司空圖爲之注釋，且序之曰：「氣凌鄴下，體變《江南》。間生冠五百年，在握照十二乘。」又言其「才情旖旎，雅調清越。寓詞哀怨，變態無窮」。稱之可謂極至矣，而此賦亦不傳。

文選

梁昭明太子統，聚文士劉孝威、庾肩吾、徐防、江伯（操）〔搖〕、孔敬通、（惠）〔申〕子悅、徐陵、王囿、孔爍、鮑至十人，謂之高齋十學士，集《文選》。

金海

梁武帝撰《金海》，王應麟撰《玉海》，周興嗣撰《千字文》，隋（滿）〔潘〕徽撰《萬字文》。

卓吾曰：《金海》、《玉海》、《千字》、《萬字》，同出無字大海也。

何法盛

何法盛竊郗紹《晉中興書》，郭象竊向秀《莊子注》。

相貝經

《相貝經》，嚴助作，馬總《意林》引之。《博物記》，唐蒙作，《後漢書》注之。《水經》引《南中行紀》，是陸賈作，而稽含《南方草木狀》述之。

晉釋子語

晉世，不惟士人語清標玄致，而釋子輩語，亦復可聽。如鳩摩羅什偈云：「哀鸞孤桐上，清音徹九天。」道慧濟謔寶淵曰：「昔謝氏青箱不至不作文章，今卿白簏未到判無講理。」淵曰：「殊不然，此乃打狗杖耳。」道賁聞蟋蟀曰：「時聞此聲，足代簫管。」薛道衡稱則公之文曰：「屢發新彩，英英獨照。」慧常聞梵唄曰：「亹亹溜滴，似伏流之吐波。」又曰：「却轉弄響，飛揚長引。聲發喉中，脣口不動。」又曰：「以哀婉爲入神，用騰擲爲清舉。」文句則如端夏多隙，無事忽景。」❶又云：「當爲心師，不師於心。」又曰：「簏餐詎貴，鈞耳難嘗。」又云：「沙漠織寒，長風負雪。」又云：「莊衿老帶，彈沐叙埃。」又云：「早帳風首，春席雲阿。」又云：「雖淚至之有端，固憂來之無兆。」使入《世説》，固不能辨也。

劉裕

唐文人張謂評劉裕云：「劉裕近希曹、馬，遠棄桓公，禍徒及於兩朝，福未盈於三載。八葉傳其世嗣，六君不以壽終，天之報施，其明驗乎？」此文簡嚴，可以誅姦雄於既死矣。

卓吾子曰：余謂曹、馬亦然，故曹之子孫盡於馬，馬之子孫又盡於胡羯。

❶「忽景」：應依《升菴集》卷七二作「息景」。「息景」，亦作「息影」。語本《莊子·雜篇·漁父》：「不知處陰以休影，處靜以息迹，愚之甚矣。」後因以指歸隱閑居。

王半山

王半山之文，愈短愈妙，如《書刺客傳後》云：「曹沫將而亡人之城，又劫天下盟主，管仲因勿倍以市信一時，可也。予獨怪智伯國士豫讓，豈顧不用其策耶？讓誠國士也，曾不能逆策三晉，救智伯之亡，一死區區，尚足校哉？其亦不欺其意者也。聶政售於嚴仲子，荆軻豢於燕太子丹，此兩人者，污隱困約之時，自貴其身，不妄願知，亦曰有待焉。彼挾道德以待世者，何如哉？」

卓吾子曰：王半山謂荆軻豢於燕，故爲燕太子丹報秦。信斯言也，亦謂吕尚豢於周，故爲周伐紂乎？相知在心，豈在豢也，半山之見醜矣。且荆卿亦何曾識燕丹哉？只無奈心相知。如田光者，薦之於先，又繼以刎頸送之于後耳。荆卿至是，雖欲不死，不可得矣。故余有《詠荆卿》一首云：「荆卿原不識燕丹，秖爲田光一死難。慷慨悲歌爲擊筑，蕭蕭易水至今寒。」又有《詠侯生》二首云：「夷門畫策却秦兵，公子奪符出魏城。上客功成心遂死，千秋萬歲有侯嬴。」又：「晉鄙合符果自疑，揮鎚運臂有屠兒。情知不是信陵客，刎頸迎風一送之。」蓋朱亥與公子相知不深，又值侯生功成名立之際，遂以死送公子耳。雖以死送公子，實以死送朱亥也。醜哉，宋儒之見，彼豈知英雄之心乎？蓋古人貴成事，必殺身以成之，捨不得身，成不得事矣，如之何敢望於今之人哉？

蔣之翰稱《離騷》

蔣之翰稱《離騷經》：「若驚瀾奮湍，鬱閉而不得流；若長鯨蒼虬，偃蹇而不得伸；若渾金璞玉，泥沙掩匿而不得用；若明星皓月，雲漢蒙蔽而不得出。」

卓吾曰：絶妙，絶妙。

楊烱稱王勃

楊烱序《王勃文集》云：「薛令（言）〔公〕，朝右文宗，託末契而推一變；盧照隣，人間才傑，覽清規而輟九知。」「九知」，蓋用《漢書》「九變弗貫，知言之選」之語也。其僻奥如此。

梓澤

《滕王閣序》：「蘭亭已矣，梓澤丘墟。」梓澤，石季倫别墅也。又《山亭序》云：「茂林脩竹，王右軍山陰之蘭亭；流水長堤，石季倫河陽之梓澤。」

崔雍

崔雍弔蕭至忠文曰：「上蔡之犬堪嗟，人生到此；華亭之鶴虚唳，天命如何？」

登三乘六

凉謝愛獻晉帝表：「登三緯地，乘六御天。」宋人「德奉三無，功安九有」，句法祖之。

傅一廖二

吾蜀解元王孝忠，鄉試《賀平西蜀表》中有云：「川四巴三，收彈丸黑子之地；傅一廖二，成大統函夏之天。」傅一廖二，乃太祖《御製平西蜀頌》中，謂傅友德之功第一，廖永忠之功第二也。人咸服其博洽。

古蜡祝

《禮記》蜡祝辭云：「土反其宅，水歸其壑，昆蟲無作，草木歸其澤。」澤音鐸，古韻皆然。而蔡邕《獨斷》又有「豐年若土，歲取千百」。增此二句，義始足。

丁零威歌

「城郭是，人民非，何不學仙，冢纍纍。」而《脩文御覽》所引云：「何不學仙去，空伴冢纍纍。」增此三字，文義始明。

卓吾曰：增此三字，何哉？

水經注

《水經注》所載事，多他書傳未有者。其叙山水奇勝，文藻駢麗，比之宋人《卧遊録》、今之《玉壺冰》，豈不天淵。又其中載古歌謡，如《三峽歌》云：「巴東三峽巫峽長，猿啼三聲淚沾裳。」又云：「朝見黄牛，暮見黄牛，三朝三暮，黄牛如故。」又云：「灘頭白勃堅相持，倏忽淪没别無期。」記《僰道謡》云：「楢溪赤（木）〔水〕，盤蛇七曲；盤羊烏櫳，勢與天通。」皆可以入詩材，勝俗子看《韻府羣玉》遠矣。

分沙漏石

酈道元《水經注》形容水之清澈云：「分沙漏石。」又曰：「淵無潛甲。」又曰：「魚若空懸。」又曰：「石子如樗蒲。」皆極造語之妙。

諸家地志

地志諸家，予獨愛常璩《華陽國志》，次之，則盛弘之《荆州記》。《荆州記》載鹿門事云：「龐德公居漢之陰，司馬德操(定)〔宅〕州之陽，望衡對宇，歡情自接。汎舟褰裳，率爾休暢。」記沮水幽勝云：「稠木傍生，凌空交合，危嶁傾岳，恒有落勢。風泉傳響於青林之下，巖猿流聲於白雲之上。遊者常苦目不周玩，情不給賞。」若此二段，讀之使人神遊八極，信奇筆也。記三峽水急云：「朝發白帝，暮宿江陵。凡一千二百餘里，雖飛雲迅鳥，不能過也。」

廬山記

慧遠有《廬山記》，文多奇語，唐以下文人，遠莫能望。如云：「風雲之所攄，江山之所帶，高厓仄宇，峭壁萬尋，幽岫穹崖，人獸兩絶。」又：「甘泉湧出，冷暖與寒暑而相變，盈減經水旱而不異。」造語尤奇。

釃河

賈誼《新書》：大禹「釃河而導之九牧」。《吕氏春秋》：「禹身執藁臿，以爲民先，剔河而導九岐，鑿江而通九路。」《説苑》：禹「釃五湖而定東海」。「鬟」本髮名，義取環曲。「剔」本梳剔，義取疏通。「釃」本漉酒，義取澄清。古人用字如此，亦甚工矣。臿即插字。

木寓

舟有溺，騎有墜，寢有魘，飲有醉，食有饐，行有蹷。其甚皆可以致斃，其可如土偶木寓耶？此權德輿奇語也。木寓龍，木寓馬是也，見《漢書》注。

易林

焦氏《易林》，西京文辭也。辭皆古韻，與《毛詩》、《楚辭》叶音相合。或似《詩》，或似樂府、童謡，觀者但以占卜書視之，過矣。如「夾河爲昏，期至無船。摇心失望，不見所歡」。如「三驪負衡，南取芝香。秋蘭芬馥，利我少姜」。如「齗齗齧齧，貧鬼相責。無有歡恰，一日九結」。如「三夫共妻，莫適爲雌。子無姓氏，父不可知」。其辭古雅，魏晉以後，詩人莫及。又如「憂思約帶」，「簪短帶長」，「解我胸春」，尤爲奥妙。「萬目睽睽」，「九鴈列陣」，「文山鴻豹，肥腯多脂」，古之文人亦多用之。鴇，名鴻豹，以鴇善食鴻，爲鴻之豹，猶言魚鷹也，亦僅見此，可補《爾雅》。

韻語

予嘗愛晉、宋人以韻語記物産，如郭璞《爾雅贊》，《山海經贊》，王微《藥草贊》之類，皆質而工。其原出于《逸周書》「火浣布」數語：「火澣之布，入火不滅。布則火色，垢則布色。出火而振之，皎然疑乎雪。」《周書》説火浣布也。

「日南有野女，群行不見夫。其狀皛且白，偏體無衣襦。」唐蒙《博物記》也。

「三廉大實，實不但三。雖名三廉，其實四五枝。食之多汁，味酸且甘。藏之尤好，與衆果相參。」陳祁暢《異物記》也。

「芊之依水，猶卉植地。靡見其布，漠而鱗被。物有常性，孰知所自。」郭子玄《芊贊》也。

「曰州留者，其實水牛。蒼毛豕身，角若檐矛。衛護其犢，與虎爲讎。」鬱林《異物志》也。

「象之爲獸，形體特詭。身倍數牛，目不逾狶。鼻爲口役，望頭若尾。馴良拳教，聽言則跪。素牙玉潔，載籍所美。服重致遠，行如丘徙。」萬震《象贊》也。

「烏鰂，集足在口，縮喙在腹。形類鞋囊，其名烏鰂。噏波噀墨，迷射水慝。」萬震《海物異名記》也。

「瓦瓏，鑛殼建瓴，狀如渾沌錢文，外眉而内渠。」萬震《海物異名記》瓦瓏贊注：「眉，爲高爲眉。渠，爲疏爲渠。此魁陸海蛤也。」

「合浦之人，習水善游。俛視層岩，如猿仰株。入如沉鼈，出如輕鳧。蹲泥剖蚌，潛竊明珠。」萬震《南州志》也。

「江瑶柱，厥甲美，如瑶玉。王音裕。三字一句，三句一韻，尤奇。肉柱膚寸，名江瑶柱。」萬震《海物異名〔記〕》也。

「獸曰玄犀，處自林麓。食惟棘刺，體兼五肉。或有神異，表露以角。音録含精吐烈，望如華燭。置之荒野，禽獸莫觸。」萬震《犀贊》也。

「神丘有火穴，光景照千里。崑崙有弱水，鴻毛不能起。」《玄中記》也。

「筰，複引一索，飛絙杙閣，其名曰筰。人縣半空，度彼絶壑。」李膺《筰橋贊》也。

「高山嵯峨，岩石磊落。傾側縈迴，下臨峭壑。行者攀緣，牽援帶索。」袁崧《山川記》也。

「蚺惟大蛇，既洪且長。采色駁映，其文錦章。食象吞鹿，腴成養瘡。賓饗嘉食，是豆是觴。」《南裔志》也。

「鮫之爲魚，其子既育。驚必歸母，還入其腹。小則如之，大則不復。」楊孚《交州異物志》也。

古人賦

《説苑》曰：「師經鼓琴，魏文侯起儛，賦曰：『使我言而無見違。』」知古人一話、一言皆曰賦，彼所謂「登高能賦」者，豈必盡如後世之麗淫者哉。

卓吾曰：一話一言皆曰賦，願我言而無見違。

文賦列十體

《文賦》：「詩緣情而綺靡，賦體物而瀏亮。碑披文以相質，誄纏綿而悽愴。銘博約而温潤，箴頓挫而清壯。頌優游以彬蔚，論精微而明暢。奏平徹以閑雅，説煒曄而譎誑。」分文之十體，各以四字盡之，可謂妙矣。往年鶴州蔡衡仲云：「束皙尚補笙詩，《文賦》奚傷？」余漫應曰：「序原始以要終，記制器而尚象。」

衡仲曰：「二語妥帖，兼是聖經，更無褒彈也。」

巧心妍耳

陸機《文賦》：「雖濬發於巧心，終受歗於拙目。」袁豢云：「有異巧心，終愧妍耳。」自謙之辭也。

鴈賦

劉尚賦鴈云❶：「順風而飛，以助氣力。銜蘆而翔，以避繒繳。」羊祜《鴈賦》云：「排雲墟以頡頏，汰弱波以容與。進凌厲乎太清，退嬉遊于玄渚。鳴則相和，行則接武。前不絶貫，後不越序。齊力不期而并至，同趣不要而自聚。當其赴節，則萬里不能足其路；苟汎一壑，則衆物不能易其所。浮若飄舟乎江之濤，色若委雪乎崖之阿。」辭旨超遠，出於詞人一等矣。

獵兔賦

夏侯湛《獵兔賦》：「息徒蘭圃，秣驥華田。目送歸鴻，手揮五絃。優哉優哉，聊以永年。」

❶「劉尚」：當爲淮南王「劉安」。

郭珍蜜賦❶

散似甘露，凝如割肪。冰鮮玉潤，髓滑蘭香。

黄滔律賦

黄滔律賦，如《明皇回駕經馬嵬》云：「日慘風悲，到玉顏之死處；花愁露泣，認朱臉之啼痕。」「褒雲萬疊，斷腸新出于啼猿；秦樹千層，比翼不如千飛鳥。」《景陽井》云：「理昧納隍，處窮泉而詎得；誠乖馭朽，攀素綆以胡顏。」又無名氏作《孟嘗君夜度函谷賦》：「嘆秦關之百二，難騁狼心；笑齊客之三千，不如鷄口。」亦可喜也。

白牛溪賦

王無功云：「吾往見薛收《白牛溪賦》，韻趣高奇，詞義曠遠，嵯峨蕭瑟，真不可言。壯哉，邈乎楊、班之儔也。高人姚義嘗語吾曰：『薛生此文不可多得。登太行，俯滄海，高深極矣。』吾近作《河渚獨居賦》，爲仲長先生所見，以爲可與《白牛》連類，令寫爲一本。」今此二賦俱不傳，惜哉。

真可惜

❶「郭珍」：應爲「郭璞」。《蜜賦》，通行本作《蜜蜂賦》。

粘天

庾闡《楊都賦》：「濤聲動地，浪勢粘天。」本自奇語。昌黎祖之曰：「洞庭漫汗，粘天無壁。」秦少游小詞：「山抹微雲，天粘衰草。」正用此爲奇。今本作「天連」，非矣。

浮生喻

東逝之長波，西乘之殘照。擊石之星火，驟隙之迅駒。風裏之微燈，草頭之懸露。臨崖之朽樹，灼目之電光。

芝泥蘭檢

「芝泥發彩，宣鳳藻而騰文；蘭檢浮香，潤龍縑而動色。」張鷟奏章云云。檢，文書草也。翰林學士。承明之有直廬，方步八磚之日；紫宸之夾香案，更依五朵之雲。學士。濡珥彤之毫，書九重之言動；繡汗青之筆，乘四海之輝光。學士。

巾几銘

無掘壑而附丘，無舍本而治末。日中必彗，操刀必割，執斧必伐。日中不彗，是謂失時；操刀不割，是謂失利；執斧不伐，賊人將來。涓涓不塞，將爲江河。熒熒不救，炎炎奈何。兩葉不去，將用斧柯。

鏡銘

漢有鑑銘二，見《博古圖》。其一云：「漢有善銅出丹陽，和以銀錫精且明。左龍右虎尚三光，朱雀玄武順陰陽。」其二云：「尚方作鑑真大好，上有仙人不知老，渴飲玉泉飢食棗。」又潁川頓氏一鏡銘云：「鳳皇雙，瓊瑶裝。陰陽合爲配，日月常相會。」此銘辭古雅。又有二首，一云：「有玉辭夏，唯金去秦。俱隨革故，其集鼎新。儀天寫質，象日開輪。率舞鸞鳳，奔走鬼神。長懸仁壽，天子萬春。」其二云：「練形神冶，瑩質良工。如珠出匣，似月停空。當眉寫翠，對臉傅紅。綺牕繡幄，俱照秦宮。」皆唐人作也。

書燈銘

晁無咎銘曰：「武子聚螢，孫生映雪。雪固易消，螢亦易滅。唯此銀缸，不疚其光。黄簾緑幕，永夕煌煌。經史在右，子集在左。如或不勤，負此燈火。」

燭銘

傅玄銘曰：「煌煌丹燭，焰焰飛光。取則龍景，擬象扶桑。照彼玄夜，炳若朝陽。」

茶夾銘

程宣子銘曰：「石筋山脉，鍾異於茶。馨含雪尺，秀啓雷車。采之擷之，收英斂華。蘇蘭薪桂，雲液露身。清風兩腋，玄圃盈涯。」按毛文錫《茶譜》云：「茶，樹如瓜蘆，葉如梔子，花如薔薇，實如栟櫚，枝如丁香，根如胡桃。」

李卓吾有《茶飲銘并序》云：「唐右補闕綦毋旻著《代茶飲序》云：『釋滯消壅，一日之利暫佳；瘠氣耗精，終身之害斯大。獲益則歸功茶力，貽害則不謂茶災。』讀而笑曰：『釋滯消壅，清苦之益實多；瘠氣耗精，情慾之害最大。獲益則不謂茶力，自害則反謂茶殃。』吁！是恕己責人之論也。乃銘曰：我老無朋，朝夕唯汝。世間清苦，誰能及子。逐日子飲，不辨幾鍾。每夕子酌，不問幾許。夙興夜寐，我願與子終始。子不姓湯，我不姓李，總之一味清苦到底。」

五色賦

右賦白

曉入梁王之苑，雪滿群山；夜登庾亮之樓，月明千里。

右賦黑

周庭之列畢、蘇，裳如蟻陣；陳閣之迎張、孔，鬢似鴉翎。

右賦青

帝子之望巫陽，遠山過雨；王孫之别南浦，芳草連天。

右賦黄

靈均之歎木葉，秋老洞庭；淵明之啜落英，霜清彭澤。

右賦赤

孫綽賦天台景：「高城霞起而建標。」杜牧詠江南春：「十里鶯啼而映緑。」

李卓吾先生讀升菴集卷九終

李卓吾先生讀升菴集卷十

詩類

胡唐論詩

胡子厚與余論詩曰：「人有恒言曰：唐以詩取士，故詩盛；今代以經義選舉，故詩衰。此論非也。詩之盛衰，係於人之才與學，不因上之所取也。漢以射策取士，而蘇、李之詩，班、馬之賦出焉，此豈係於上乎？屈原之騷，争光日月，楚豈以騷取人耶？況唐人所取五言(之)〔八〕韻之律，今所傳省題詩多不工，今傳世者，非省題詩也。二以畫論，晉有顧凱之，唐有吴道玄，晉、唐未嘗以畫取士也。至宋，則馬遠、夏珪不足爲顧、吴之衙官，近代吴小仙、林良又不足爲馬、夏之奴僕。畫既有之，詩亦宜然。」余深服其言。唐子元薦與余書，論本朝之詩：「洪武初，高季迪、袁可潛一變元風，首開大雅，卓乎冠矣。二公而下，又有林子羽、劉子高、孫炎、孫蕡、黄玄之、楊孟載輩羽翼之。近日好高論者，曰沿習元體，其失也瞽。」又曰：「國初無詩，其失也聾。一代之文，曷可誣哉！永樂之末，至成化之初，則微乎藐矣。弘治間，文明中天，古學焕日。藝苑，則李懷麓、張滄洲爲赤幟，而和之者多失於流易。山林，則陳白沙、莊定山稱白眉，而識者皆以爲傍門。至李、何二子一出，變而學杜，壯乎偉矣。然正變雲擾，而剽襲雷同；比興漸微，而風騷稍遠。唐子應德箴其偏焉，嘉靖初稍稍厭棄，更爲六朝之調、初唐之體，蔚乎盛矣。而纖艷不逞，闡緩無當，作非神解，傳同耳食，陳子約之議其後焉。」張子愈光，滇之詩人也，以二子之論爲的，故著之。

甘泉歌

秦始皇作驪山陵，周迴跨陰盤縣，界水背陵，障使東西流，運大石於渭北。諸民怨之，作《甘泉之歌》云：「運石甘泉口，渭水不敢流。千人唱，萬人謳，金陵餘石大如塸。」此歌見《三秦記》。

天馬歌

《天馬歌》：「天馬徠，歷無草。」「草」即「皂」字，草可染皂也。師古解爲水草之草。

白渠歌

田於何所？池陽、谷口。鄭國在前，白渠在後。舉鍤成雲，決渠爲雨。水流竈下，魚跳入釜。涇水一石，其泥數斗。且溉且糞，長我禾黍。衣食京師，百萬餘口。此《漢紀》所載，比《漢書》多「水流」二句。

蘇武詩四首❶

❶ 本條不見于《升菴集》。此四首詩見《文選》卷二十九，題爲「詩四首」。一般認爲是托名蘇武之作。

其一　出使時別弟作

骨肉緣枝葉，結交亦相因。四海皆兄弟，誰爲行路人。況我連枝樹，與子同一身。昔爲鴛與鴦，今爲參與辰。昔者常相近，邈若胡與秦。惟念當乖離❶，恩情日以新。鹿鳴思野草，可以喻嘉賓。我有一（尊）〔罇〕酒，欲以贈遠人。願子留斟酌，叙此平生親。

其二　出使時與妻別作

結髮爲夫妻，恩愛兩不疑。歡娱在今夕，燕婉及良時。征夫懷往路，起視夜何其。參辰皆已没，去去從此辭。行役在戰場，相見未有期。握手一長歎，淚爲生別滋。努力愛春華，莫忘歡樂時。生當復來歸，死當長相思。

其三　歸自匈奴與陵別作

黄鵠一遠別，千里顧徘徊。胡馬失其群，思心常依依。何況雙飛龍，羽翼臨當乖。幸有絃歌曲，可以喻中懷。請爲遊子吟，泠泠一何悲。絲竹厲清聲，慷慨有餘哀。長歌正激烈，中心愴以摧。欲展清商曲，念子不能歸。俛仰内傷心，淚下不可揮。願爲雙黄鵠，送子俱遠飛。

其四　遠遊與朋友別作

燭燭晨月明，馥馥秋蘭芳。芬馨良夜發，隨風聞我堂。征夫懷遠路，遊子戀故鄉。寒冬十二月，晨起踐嚴霜。俯觀江漢流，仰視浮雲翔。良友遠別離，各在天一方。山海隔中州，相去悠且長。嘉會難再遇，歡樂殊未央。願君崇令德，隨時愛景光。

❶「乖離」，《文選》中爲「離別」。

李陵詩

修文殿《御覽》載李陵詩云：「紅塵蔽天地，白日何冥冥。微陰盛殺氣，凄風從此興。招摇西北指，天漢東南傾。嗟爾窮廬子，獨行如履冰。短褐中無緒，帶斷續以繩。寫水置瓶中，焉辨淄與澠。巢父不洗耳，後世有何稱。」此詩《古文苑》止載首二句，注云：「下缺，當補入之，以傳好古者。」

曹子建遺詩

曹子建《棄婦篇》云：「石榴植前庭，緑葉摇縹青。丹華灼烈烈，璀彩有(先)〔光〕榮。光好曄流離，可以處淑靈。有鳥飛來集，拊翼以悲鳴。悲鳴夫何爲，丹華實不成。拊心長歎息，無(自)〔字〕當歸寧。有子月經天，無子若流星。天月相終始，流星没無精。栖遲失所宜，下與瓦石并。憂懷從中來，歎息通鷄鳴。反側不能寐，逍遥於前庭。踟躕還入房，肅肅帷幕聲。褰帷更攝帶，撫絃彈鳴箏。慷慨有餘音，要(眇)〔妙〕悲且清。收淚長歎息，何以負神靈。招摇待霜露，何必春夏成。晚穫爲良實，願君且安寧。」此詩郭茂倩《樂府》不載，近刻《子建集》亦遺焉，幸《玉臺新詠》有之，遂録以傳。

簡文楓葉詩

梁簡文帝《楓葉詩》云：「萎緑映葭青，疏紅分浪白。落葉洒行舟，仍持送遠客。」此詩情景婉麗，本集亦不載。

梁元帝陽雲館柳詩

「楊柳非花樹，依樓自覺春。枝邊通粉色，葉底映紅巾。帶日交牕影，因風掃隙塵。入簾應有意，偏宜桃李人。」此詩諸本所載不同，以定本正之。

隋後主詩

隋後主越王侗《楊叛兒歌》云：「青春正陽月，結伴戲京華。龍媒玉珂馬，鳳軫繡香車。水映臨橋柳，風吹夾路花。日昏歡宴罷，相將歸狹斜。」越王嗣位，史稱其眉目如畫，溫厚仁愛，風格儼然。後爲王充所弑，臨命禮佛曰：「願自今以往，不復生帝王家。」噫！亦可憐矣。觀其辭藻如此，若不生帝王家，豈不爲文人學士耶？

連綿（子）〔字〕

左太沖《招隱》詩：「峭蒨青葱間，竹柏得其真。」五言詩用四連綿字，前無古，後無今。

孔欣詩

南朝孔欣樂府云：「相逢狹路間，道狹正踟躕。輟步相與言，君行欲焉如？淳朴久已散，榮利迭相驅。流落尚風波，人情多遷渝。勢集堂必滿，運去庭亦虛。競趨嘗不暇，誰肯顧桑樞。未若及初九，攜手歸田廬。躬耕東山畔，樂道讀玄書。狹路安足遊，方外可寄娛。」欣早歲辭榮，不負其言矣。

蕭遇詩

蕭遇《春日》詩：「水堤煙報柳，山寺雪驚梅。」唐人賞之，謂不減庾子山。

八詠

沈約《八詠》詩云：「登臺望秋月，會圃臨春風。秋至愍衰草，寒來悲落桐。夕行聞夜鶴，晨征聽曉鴻。解佩去朝市，被褐守山東。」此詩乃唐五言律之祖也。「夕」、「夜」、「晨」、「曉」四字，似復非復，後人決難下。東坡詩：「朝與鳥雀朝，夕與牛羊夕。」二句尤妙。

切夢刀

施肩吾《閨情》詩云：「三更風作切夢刀，萬轉愁成係腸線。」

庾信詩

庾信詩爲梁之冠絶，啓唐之先鞭。史評其詩曰「綺艷」，杜子美稱之曰「清新」，又曰「老成」。綺艷清新，人皆知之，而其老成，獨子美能發其妙。予嘗合而衍之曰：「綺多傷質，艷多無骨，清易薄，新易尖。子山之詩，綺而有質，艷而有骨，清而不薄，新而不尖，所以爲老成也。」《詠杏花》云：「依稀映林塢，爛熳開山城。」《寄王琳》云：「玉關道路遠，金陵信使疏。獨下千行淚，開君萬里書。」《望滑水》云：「樹似新亭岸，沙如龍尾灣。猶言吟暝浦，應有落帆還。」此二絶，即一篇《哀江南賦》也。《詠桂》云：「南中有八桂，繁華無四時。

不識風霜苦，安知零落期。」唐人絶句，皆倣效之。

庾肩吾燭影詩

垂談垂花比芳樹，隨風隨水俱難駐。秦娥軟舞隙中來，李吾夜績光中度。燭龍潛曜城烏啼，陰陰疊鼓朝天去。

李冠詞

《草堂詩餘》：「朦朧澹月雲來去。」齊人李冠之詞，今傳其詞，而隱其名矣。冠又有《六州歌頭》，道劉項事，慷慨悲壯，今亦不傳。

隴西謡

「郎樞、女樞，十馬九駒。安陽、大角，十牛九犢。」四地名皆在隴西，言宜畜牧也。

上巳詩

王融上巳詩：「粤上斯巳，惟（莫）〔暮〕之春。」二句古雅。詩評：四言詩，《三百篇》之後，曹植、王融。

四言詩

公孫乘《月賦》：「月出皎兮，君子之光。君有禮樂，我有衣裳。」張平子《西京賦》：「豈伊不虔，思於天衢？豈伊不懷，歸于枌榆？天命不慆，疇敢以渝？」《隸釋》載漢碑《唐扶頌》：「如山如嶽，嵩如不傾；如江如河，澹如不盈。」其句法意味真可繼《三百篇》矣。又江淹《別賦》：「春草碧色，春水緑波。送君南浦，傷如之何。」可謂天然之句。他如梁元帝：「秋水文波，秋雲似羅。」唐羅昭諫《蟋蟀賦》：「美人在何，夜影流波。與子佇立，徘徊思多。」抑其次也。

幽州臺

陳子昂《登幽州臺歌》云：「前不見古人，後不見來者。念天地之悠悠，獨愴然而泣下。」其辭簡直，有漢魏之風，而文集不載。

羊叔子疏語

「高山尋雲霓，深谷肆無景。」絶似詩句。

樹如薺

《羅浮山記》云：「望平地，樹如薺。」自是俊語。梁戴暠詩：「長安樹如薺。」用其語也。後人翻之益工。薛道衡詩：「遥原樹如薺，遠水舟如葉。」孟浩然詩：「天邊樹若薺，江畔洲如月。」

羊腸熊耳

庾開府詩：「羊腸連九坂，熊耳對雙峰」。鮑照詩：「二崤虎口」、「九折羊腸」，可謂工矣。

謝詩

謝朓《酬王晉安》詩：「南中（有）〔榮〕橘柚，寧知鴻鴈飛。」後人不解此句之妙，「晉安」即閩泉州也。「南中榮橘柚」，即諺云「樹蠻不落葉」也。「寧知鴻鴈飛」，即諺云「鴈飛不到處」也。樹不凋，鴈不到，本是瘴鄉，乃以美言之。

謝靈運逸詩

謝靈運有集，今亡，其詩獨《文選》及《樂府》、《藝文類聚》所載數十首耳。予見《永嘉記》所引斷章，諸選不收者，今録於此。《温州栴溪》詩曰：「澹瀲結寒波，檀欒秀霜質。洞合水屢迷，林迴巖愈密。」《登石室飯僧》詩曰：「迎旭凌絶巘，映弦歸椒浦。結架非丹檻，藉田資宿莽。」又《泉山》詩〔曰〕：「清旦索幽異，方舟越坰郊。石室穿林陬，飛泉發樹梢。」《丹山》詩曰：「遨遊碧沙渚，坦蕩丹山峰。」

王摩詰遺詩

王摩詰詩，今所傳僅六卷。如：「輕陰閣小雨，深院晝慵開。坐看蒼苔色，欲上人衣來」一首，見於洪覺範《天厨禁臠》。「人家在仙掌，雲氣欲生衣」二句，見於董逌《畫跋》，而本集不載，則知其詩遺落多矣。

魏收贈裴伯茂詩

「臨風想玄度，對酒思公榮。」誠秀句也，惜不見全篇。

杜逸詩

《合璧事類》載杜工部詩云：「三月雪連夜，未應傷物華。只緣春欲盡，留著伴梨花。」此詩舊集不載。又：「寒食少天氣，春風多柳花。」又：「小桃知客意，春盡始開花。」則今之全集遺逸多矣。

杜詩野艇字

杜詩古本「野艇恰受兩三人」，乃妄改作「航」字，謬矣。古樂府云：「沿江有百丈，一濡多一艇。上水郎擔篙，何時至江陵。」「艇」音「廷」，杜詩蓋用此音也。

韋應物詩

《詩話》稱韋蘇州《郡齋燕集》首句：「兵衛森畫戟，燕寢凝清香。海上風雨至，逍遥池閣凉。」爲一代絶唱。余讀其全篇，每恨其結句云：「吴中盛文史，群彦今汪洋。方知大藩地，豈曰財賦疆。」深爲未稱。後見宋人《麗澤編》無後四句，三十年之疑，一旦釋之。是日中秋，與弘山楊從龍飲讀之，以爲千古一快，幾欲如貫休之撞鐘矣。

孟浩然詩句

孟集有：「到得重陽日，還來就菊花」之句，刻本脱「就」字，有擬補者，或作「醉」，或作「汎」，或作「對」。後得善本，是「就」字，乃知其妙。李郢詩：「聞説故園香稻熟，片帆歸去就鱸魚。」

賈島佳句

賈島詩：「長江風送客，孤館雨留人。」二句，爲平生之冠，而全集不載，僅見于坡詩注所引。

繇知一 繇音婆

繇知一，蜀之巫山人，贈白樂天詩云：「忠州刺史今才子，行過巫山必有詩。爲報高唐神女道，速排雲雨候清辭。」樂天見之，邀繇生同舟，且曰巫山有王無競、沈佺期、皇甫冉、李端四詩，竟不肯作。古人之服善如此。沈與皇甫、李端詩，人多知之，王無競一首罕傳，今録於此：「神女下高唐，巫山正夕陽。徘徊作行雨，婉孌逐襄王。電影江前落，雷聲峽外長。朝雲無處所，臺殿鬱蒼蒼。」樂天取此在佺期三子之上，信哉。

唐詩人鄭仲賢

余弟姚安太守未菴，〔名〕慥，字用能，酒邊誦一絶句云：「『亭亭畫舸繫春潭，只待行人酒半酣。不管煙波與風雨，載將離恨過江南。』兄以爲何人詩？」余曰：「按《宋文鑑》，則張文潛詩也。」未菴取《草堂詩餘》周美成、尉遲杯注云：「唐鄭仲賢詩」。余因歎唐之詩人，姓名隱而不傳者何限。或張文潛愛而書之，遂以爲文潛之作耳。

李益詩

《李益集》有樂府《雜體》一首云：「藍葉鬱重重，藍花石榴色。少女歸少年，光華自相得。愛如寒爐火，棄若秋風扇。山嶽起面前，相看不相見。春至草亦生，誰能無別情。殷勤展心素，見新莫忘故。遥望孟門山，殷勤報君子。既爲隨陽鴈，勿學西流水。」此詩比興有古樂府之風，唐人鮮及。尤延之詩話云：「《會真記》：『隔牆花影動，疑是玉人來』，本于李益『開門風動竹，疑是故人來。』」然古樂府「風吹牕簾動，疑是所歡來。」乃齊梁人語，又在益先矣。近世刻《李益集》不見此詩，惟曾慥《詩囿》載其全篇，今録於此：「微風驚莫坐，臨牖思悠哉。開門風動竹，疑是故人來。時滴枝上露，稍沾階下苔。幸當一入幌，爲拂緑琴埃。」題云：「竹牕聞風寄苗發、司空曙。」

顧況詩句

顧況詩：「遠寺吐珠閣，春潮浮緑煙」二句，情景絶妙，雖入《文選》可也。然況集不載，因知古人詩文，雖全集亦有遺者。

崔塗王維詩

崔塗《旅中》詩：「漸與骨肉遠，轉於僮僕親。」詩話亟稱之。然王維《鄭州》詩：「他鄉絶儔侶，孤客親僮僕。」已先道之矣。王語渾含勝崔。

卓吾曰：一樣一樣，惟我親切。

唐人傳奇小詩

詩盛於唐，其作者，往往托於傳奇小説、神仙幽怪以傳於後。而其詩，大有絶妙今古、一字千金者。試舉一二。「卜得上峽日，秋來風浪多。巴陵一夜雨，腸斷木蘭歌。」又：「雨滴空堦曉，無心换夕香。井梧花落盡，一半在銀牀。」又：「舊日聞簫處，高樓當月宫。梨花寒食夜，深閉翠微中。」又：「命笑無人笑，含嬌何處嬌。徘徊花上月，空度可憐宵。」

張旭詩

張旭以能書名，世人罕見其詩。近日吴中人有收其《春草帖》一詩，陸子淵爲予誦之，所謂：「春草青青萬里餘，邊城落日見離居。情知海上三年别，不寄雲間一紙書。」可謂絶唱。予又見崔鴻臚所藏，有旭書石刻三詩。其一，《桃花磯》云：「隱隱飛橋隔野煙，石磯西畔問漁船。桃花盡日隨流水，洞在青溪何處邊。」其二，《山行留客》云：「山光物態弄春輝，莫爲輕陰便擬歸。縱使晴明無雨色，入雲深處亦沾衣。」其三，《春遊值雨》云：「欲尋軒檻列清樽，江上煙雲向晚昏。須倩東風吹散雨，明朝却待入華園。」字畫奇怪，擺雲捩風，而詩亦清逸可愛，好事者模爲四首懸之。

唐詩近《三百篇》

唐人閨情詩云：「裊裊庭前柳，青青陌上桑。提籠忘采葉，昨夜夢漁陽。」又曰：「鶯啼緑樹深，燕語雕梁晚。不省出門行，沙場知近遠。」又曰：「漁陽千里道，近於中門限。中門踰有時，漁陽常在眼。」又云：「夢裏分明見關塞，不知何路向金微。」又云：「妾夢不離江上水，人傳郎在鳳凰山。」

門外猧兒

「門外猧兒吠，知是蕭郎至。剗襪下香堦，冤家今夜醉。扶得入羅幃，不肯脱羅衣。醉則從他醉，猶勝獨睡時。」此唐人小辭。前輩言觀此可知詩法，或以問予，（蒼）〔答〕曰：「只是轉摺多，蓋八句而四轉摺也。」

劉采春

唐劉采春詩：「那年離別日，只道往桐廬。桐廬人不見，今得廣州書。」此本《詩疏》「何斯違斯」一句。

太白用古樂府

古樂府：「暫出白門前，楊柳可藏烏。歡作沈水香，儂作博山鑪。」李白用其意，衍爲《楊叛兒歌》，曰：「君歌《楊叛兒》，妾勸新豐酒。何許最關情，烏啼白門柳。烏啼隱楊花，君醉留妾家。博山（鑪）〔鑪〕中沈香火，雙煙一氣淩紫霞。」古樂府「朝見黄牛，暮見黄牛。三朝三暮，黄牛如故。」李白則云：「三朝見黄牛，三暮行太遲。三朝又三暮，不覺鬢成絲。」古樂府云：「郎今欲渡畏風波。」李白云：「郎今欲渡緣何事，如此風波不可行。」古樂府云：「春風復多情，吹我羅裳開。」李反其意云：「春風復無情，吹我夢魂散。」其《楊叛兒》一篇，即「暫出白門前」之鄭箋也。如神僧拈佛祖語，信口無非妙道，豈生吞義山、拆洗杜詩者比乎？

太白用徐陵詩

徐陵詩：「竹密山齋冷，荷開水殿香。」太白詩：「風動荷花水殿香」，全用其語。

王無功詩

「石苔應可踐，叢枝幸易攀。清溪歸路直，乘月醉歌還。」蓋言石苔本難踐，幸有叢枝可攀援耳。謝靈運詩：「苔滑誰能步，葛弱豈可捫。」此反其意。唐杜審言詩：「攀崖踐苔易，迷路出花難。」又順用無功意。

陸魯望

陸魯望《寄江州司馬》詩：「湓浦嘗聞似衣帶，廬峰見説有香爐。」❶蓋用何遜詩：「湓城俯湓水，湓水縈如帶。日夕望高樓，耿耿青雲外。」

李卓吾先生讀升菴集卷十終

❶ 此處「有香爐」應爲「勝香爐」。見四庫全書本《升庵集》卷六十「湓浦衣帶」條。

李卓吾先生讀升菴集卷十一

論詩

袁徐張李詩

「玉墀滴清露，羅幌已依霜。逢春每先絶，争秋欲幾芳。」袁伯文《楚妃引》也。「風閨晚翻靄，月殿夜凝明。願君早流盻，無令春草生。」徐孝嗣《白雪曲》也。「淚滴珠難盡，容殘玉易消。倘隨明月去，莫道夢魂遥。」张文收《酺樂》也。「羅敷初總髻，蕙芳正嬌小。月落始歸船，春眠恒著曉。」又：「别前花照露，别後露垂葉。歌舞須及時，如何坐悲妾。」李（嘏）〔暇〕❶《怨詩》也。數詩少時愛而誦之，然諸選皆不收，何見耶？

驅鴈

鮑照詩：「秋霜曉驅鴈，春雨暗成虹。」佳句也。杜子美詩：「朔風驅胡鴈，慘淡帶沙礫」之句本此。又

❶ 參考郭茂倩《樂府詩集》卷四十二「怨詩」條。

陽休之《洛陽伽藍記》，有「北風驅鴈，千里飛雲」之語，庾信詩「秋風驅亂螢」句，亦奇甚。

薛逢《老去也》歌

徐山甫詩：「薛逢休歌《老去也》，陶潛已賦《歸來兮》。」薛逢詩「老去也，争奈何。擊酒盞，唱短歌。短歌未竟日已没，月映西南庭樹柯。」

陳子昂詩

陳子昂《送客》詩云：「故人洞庭去，楊柳春風生。相送河洲晚，蒼芒别思盈。白蘋已堪把，緑芷復含榮。江南多桂樹，歸客贈生平。」今本作「平生」，非，書所以貴舊本也。余見新本，疑其誤，而思之未得，一見舊本，釋然。

王適詩

適，唐初人。《陳子昂列傳》云：「幽人王適，見《感遇詩》曰：『是必爲海内文宗。』即其人也。」予見《蜀志》載王適《蜀中旅懷》一首云：「有時須問影，無事則書空。棄置如天外，平生似夢中。别離同夜月，愁思隔秋風。老少悲顔駟，盈虚悟翟公。」蓋因旅遊入蜀而見子昂也。

劉綺莊詩

《續南部烟花録》有劉綺莊《揚州送人》詩云：「桂楫木蘭舟，楓江竹箭流。故人從此去，遠望不勝愁。

落日低帆影，歸風引棹謳。思君折楊柳，淚盡武昌樓。」綺莊不知何許人，詳詩之聲調，必初唐也。

盧照隣芙蓉劍

「相邀侠客芙蓉劍，共宿娼家桃李蹊。」《越絶書》薛燭説劍云：「揚其華，如芙蓉始出；觀其（釽）〔鈲〕❶，如列星之行。」

周繇多景樓二首

「盤江上幾層，峭壁半垂藤。殿鎖南朝像，龕禪外國僧。海濤春砌檻，山雨洒窗燈。日暮疎鍾起，聲聲徹廣陵。」「每日憐晴眺，閒吟只自娱。山從平地有，水到遠天無。老樹多封楚，輕烟暗染吳。雖居此廊下，入户亦踟躕。」此二詩勝張祜《金山》詩，而人罕稱之。

水寺鍾

「夜入霜林火，寒生水寺鍾。」張祐詩也。「芳草漁家路，斜陽水寺鍾。」李（國）〔咸〕用❷句也。

❶「鈲」此處意爲「劍身出現的文采」。《越絶書·越絶外傳記寶劍》：「欲知泰阿，觀其鈲，巍巍翼翼，如流水之波。」

❷應爲「李咸用」，此二句出自《李推官披沙集》《送曹税》詩。

張說詩

江總《折楊柳》云：「塞北寒膠折，江南楊柳結。不悟倡園花，遥同葱嶺雪。春心既駘蕩，春樹聊攀折。共此依依情，無奈年年别。」唐張説詩亦云：「塞上綿應折，江南草可結。欲持梅嶺花，遠競榆關雪。」微變數字，不妨雙美。沈滿願詩：「征人久離别，故國音塵絶。夢裹洛陽花，覺來葱嶺雪。」張説又詩云：「樹坐參猿嘯，沙行入鷺羣。」又《送客》詩云：「同居洛陽陌，徑日懶相求。及爾江湖去，念别思悠悠。」又一首云：「常時好閒獨，朋舊少相過。及爾宣風去，方嗟别日多。」二首一意。予又記羽士吴筠《别章叟》一首云：「平昔同邑里，經年不相思。今日成遠别，相對心凄其。」能道人情也。

沈彬《入塞》詩

唐沈彬有詩二卷，舊藏有之。其《入塞》詩云：「年少辭鄉事冠軍，戍樓閒上望星文。生希沙漠擒驕虜，死奪河源答聖君。鳶覷敗兵眠血草，馬驚冤鬼哭愁雲。功多地遠無人紀，漢閣笙歌日又曛。」此言盡邊塞之苦。

柳公綽梓州牛頭寺詩

「纔出城西第一橋，兩邊山木晚蕭蕭。井花莫洗行人耳，留聽溪聲入夜潮。」此詩今刻於樂至縣湧泉寺。

劉文房詩

劉文房詩：「已是洞庭人，猶看灞陵月。」孟東野詩：「長安日下影，又落江湖中。」語意相似，然總不若王仲宣云：「南登灞陵岸，回首望長安。」涵蓄蘊藉，自然不可及也。

尹式詩

尹式《和宋之問》詩：「愁髮含霜白，衰顔寄酒紅。」杜子美云：「髮短何須白，顔衰肯再紅。」宋陳后山云：「短髮愁催白，衰顔酒借紅。」皆互相取用，各不失爲佳。

殘燈詩

韋蘇州《對殘燈》詩云：「獨照碧牕久，欲隨寒燼滅。幽人將遽眠，解帶翻成結。」梁沈氏滿願《殘燈》詩云：「殘燈猶未滅，將盡更揚輝。惟餘一兩焰，猶得解羅衣。」韋詩實出於沈。

風箏詩

古人殿閣簷稜間，有風琴、風箏，皆因風動成音，自諧宫商。元微之詩：「烏啄風箏碎珠玉。」高駢有《夜聽風箏》詩云：「夜静絃聲響碧空，宫商信任往來風。依稀似曲纔堪聽，又被風吹别調中。」僧齊己有《風琴引》云：「按吴絲，雕楚竹，高托天風拂爲曲。一一宫商在素空，鸞鳴鳳語翹梧桐。夜深天碧松風多，孤窗寒夢驚流波。愁魂傍枕不肯去，翻疑住處隣湘娥。金風聲盡薰風發，冷泛虚堂韻難歇。常恐聽多耳漸煩，清音不絶知音絶。」王半山有《風琴》詩云：「風鐵相敲固可鳴，朔兵行夜響行營。如何清世容高枕，翻作幽牕枕上聲。」此乃簷下鐵馬也，今名紙鳶曰風箏，非也。

虞世南《織錦曲》

「寒閨織素錦，含怨斂雙蛾。綜新交縷澀，經脆斷絲多。衣香逐舉袖，釧動應鳴梭。還恐裁縫罷，無信往交河。」此虞世南《織錦曲》也，分明是一幅「織錦圖」。綜音「縱」，經音「逕」，非深知織作者，不知此二句之妙。

張正見《詠鷄》

陳張正見《詠鷄》詩曰：「蜀郡隨金馬，天津應玉衡。」上句用「金馬碧鷄」事，下句用緯書「玉衡星精散爲鷄」事也。以無爲有，以虛爲實，影略之句，伐材之語，非深於詩者，孰能爲之。

複裙詩

陳蕭鄰《詠複裙》詩：「皛皛金沙浄，離離實縫分。纖腰非學楚，寬帶爲思君。」

鄰舟詩

括蒼鮑欽止詩：「舟行有後先，相去能幾許。鏗轟金鼓聲，見面不得語。水花來幽香，岸柳過疎雨。登艫各乘流，解帆會聯浦。攜我小龍團，睡起就君煑。」

鄰舍詩

張正見《鄰舍》詩曰：「簷高同落照，巷小共飛花。」符載詩：「緑迸穿籬笋，紅飄隔户花。」于鵠詩：「蒸藜嘗共竈，澆薤亦同渠。傳屐朝尋藥，分燈夜讀書。」劉長卿詩：「雞聲共林巷，燭影隔茅茨。」徐鍇詩：「井泉分地脉，鄰杵共秋聲。」梅聖俞詩：「籬根分井口，壁隙透燈光。」總不如杜工部《贈朱山人》詩云：「相近竹參差，相過人不知。幽花欹滿樹，曲水細通池。歸客村非遠，殘樽席更移。看君多道氣，從此數相隨。」渾成不見剞劂，而句句切題。

金山寺詩

「靈山一峯秀，岌然殊衆山。盤根大江底，插影浮雲間。雷霆常間作，風雨時往還。象外懸清景（腐），千載長躋攀。」此唐人韓垂《題金山寺》詩也，當爲第一。張祜詩雖佳，而結句「終日醉醺醺」，已入張打油、胡釘鉸矣。唐人有張打油《雪詩》，《北牕瑣言》有胡釘鉸詩。

早梅詩

何遜《早梅》詩云：「兔園標節序，驚時最是梅。銜霜當路發，映雪凝寒開。枝横却月觀，花繞凌風臺。應知早飄落，故逐上春來。」

芳梅詩

「新歲芳梅樹，繁苞四面同。春風吹漸落，一夜幾枝空。小婦今如此，長城恨不窮。莫將遼海雪，來比後庭中。」此劉方平《梅花詩》也。既不用事，又不拘對偶，而工緻天然，雖太白未易先後也。梅花詩被宋人作壞，令人見梅枝條可憎，而香影無味，安得誦此詩及梁元帝、徐陵、陰鏗、江總諸詠，一洗梅花之辱乎？

人日梅詩

李羣玉《人日梅花》詩：「半落半開臨野岸，團情團思媚韶光。玉鱗寂寂飛斜月，素手亭亭對夕陽。」亦有思致。

《塞上梅》

唐王建《塞上梅》詩云：「塞上路傍一株梅，年年花發黄雲下。昭君已没漢使回，前後征人惟繫馬。日夜風吹滿隴頭，還隨流水東西流。此花若近長安路，九衢年少無攀處。」按此詩，則塞上斧冰斲雪之地，亦有梅花，可謂異矣。詳詩之旨，以爲漢使送昭君時所種，抑又異矣。而昔人詠梅花，及賦昭君，未有引此者。元老滇南楊文襄公一清《塞上》詩云：「酒店茶房梅樹，無梅無酒無茶。雲外行行白鴈，風前陣陣黄沙。」則地名「梅樹」，蓋亦有因，王建所賦，殆非虚也。

崔道融梅詩

楊誠齊愛唐人崔道融《詠梅》云：「香中別有韻，清極不知寒。」方虛谷云：「惜不見全篇。」余近見《雜抄唐詩》册子，此首適全，今載之：「數蕚初含雪，孤標畫本難。香中別有韻，清極不知寒。橫笛和愁聽，斜枝倚病看。朔風如解意，容易莫催殘。」

返魂

唐僧《古梅》詩云：「雪虐風饕水浸根，石邊尚有古苔痕。天公未肯隨寒暑，又孽清香與返魂。」東坡《梅花》詩：「蕙死蘭枯菊已催，返魂香入隴頭梅。」正用此事。

月黄昏

林和靖《梅》詩：「疎影横斜水清淺，暗香浮動月黄昏。」葦航《紀談》云：『黄昏』對『清淺』，乃兩字。『月黄昏』，謂夜深香動，月爲之黄而昏，非謂人定時也。」蓋晝午後陰氣用事，花房斂藏，夜半後陽氣用事，而花敷蕋散香。凡花皆然，不獨梅也。坡詩：「只恐夜深花睡去，高燒銀燭照紅粧。」宋人《梔子花》詞：「惱人惟是夜深時」，亦是此理。余嘗有詩云：「曉屏殘夢暖香中，花氣薰人怯曉風。」與此意同，蓋物理然耳。

侯夫人梅詩

侯夫人著《梅》詩云：「砌雪無消日，卷簾時自顰。庭梅對我有嬌意，先露枝頭一點春。」

古梅

蕭東（之）〔夫〕《古梅二絶》云：「湘妃危立凍蛟背，海月冷掛珊瑚枝。醜怪驚人能嫵媚，斷魂只有曉寒知。」其二云：「百千年蘚著枯樹，一兩點春供老枝。絶壁笛聲那得到，只愁斜日凍蜂知。」甚有風裁。

落梅詩

水崖蕭立等❶《落梅》詩云：「玉龍戰退鹿胎乾，好在晴沙野水看。舞翠夢回仙袂遠，射雕人去露簷寒。連環骨冷香猶暖，如意痕輕補未完。誰在高樓吹笛處，輕衫當户獨凭闌。」此詩工緻似李義山，後六句皆用美人事，甚奇，不類晚宋之作，當表出之。唐詩：「新柳園林鶯毳色，落梅田地鹿胎斑。」

尤延之落梅海棠二詞

尤延之《瑞鷓鴣》词二首，一詠落梅，一詠海棠，皆絶妙。落梅詞云：「清溪西畔小橋東，落葉紛紛水映空。五夜客愁花片裏，一年春事角聲中。歌殘玉樹人何在，舞破山香曲未終。卻憶孤山歸醉路，馬啼香雪襯東風。」海棠詩云：「兩株芳蕊傍池陰，一笑嫣然抵萬金。烈火照林光灼灼，彤霞射水影沉沉。曉粧無力燕支重，夜醉方酣酒暈深。定自格高難著句，不應工部總無心。」二首詠二花，句句見題而風味脱洒，何羡唐人乎？

❶ 蕭立等：應爲蕭立之，字斯立，宋寧都人，淳祐十年（一二五〇）進士。

賞梅懸燈

余少年，與恒、忱二弟賞梅世耕庄，懸挂燈於梅枝上，賦詩云：「疎梅懸高燈，照此花下酌。只疑梅枝然，不覺燈落落。」王渼川見而賞之曰：「此奇事奇句，古今未有也。」近閲趙德莊《眼兒媚》詞云：「黄昏小宴到君家，梅粉試春華。暗香素蕋，横枝疎影，月淡风斜。更燒紅燭枝頭挂。粉蠟鬥香奢。元宵近也，小園先試，火樹銀花。」

竹枝詞

徐延徽云：「盡説廬家好莫愁，不知天上有牽牛。賸抛萬斛燕支水，溜向銀河一色秋。」

柳枝詞

《麗情集》載湖州妓周德華者，劉采春女也，唱劉禹錫《柳枝詞》云：「春江一曲柳千條，二十年前舊板橋。曾與美人橋上别，恨無消息到今朝。」此詩甚佳。而劉集不載。薛能《柳枝詞》：「和花香雪九重城，夾路春陰十萬營。惟向邊頭不堪望，一株憔悴少人行。」

尊題

孟蜀牛嶠《楊柳枝詞》：「吳王宫裏色偏深，一簇烟條萬縷金。不分錢唐蘇小小，引郎松下結同心。」按古樂府《小小歌》有云：「妾乘油壁車，郎乘青驄馬。何處結同心，西陵松栢下。」牛詩用此意，詠柳而貶松，唐人所謂「尊題格」也。

柳香

李太白詩：「風吹柳花滿店香。」温庭筠《詠柳》詩：「香隨静婉歌塵起，影伴嬌嬈舞袖垂。」傳奇詩：「莫唱《踏春陽》，令人離腸結。郎行久不歸，柳自飄香雪。」其實柳花亦有微香，詩人之言非誣也。

蓮花詩

張文潛《蓮花》詩：「平池碧玉秋波瑩，緑雲擁扇青摇柄。水宫仙子鬥紅粧，輕步凌波踏明鏡。」杜衍《雨中荷花》詩：「翠蓋佳人臨水立，檀粉不匀香汗濕。一陣風來碧浪翻，真珠零落難收拾。」此二詩絶妙。

荳蔻

杜牧之詩：「婷婷嫋嫋十三餘，荳蔻梢頭二月初。」劉孟熙謂：《本草》云：「荳蔻未開者，謂之含胎花，言少而娠也。」余謂牧之本詠娼女，言其美而且少，未經事人，如荳蔻花之未開耳。此爲風情言，非爲求嗣言。若倡而娠，人方厭之，以爲「緑葉成陰」矣，何事入咏乎？

宗懍、顧野王二詩

宗懍《春望》詩曰：「日暮春臺望，徙倚愛餘光。都尉新移棗，司空始種楊。一枝猶桂馥，十步有蘭香。」

望望無萱草，沉憂竟不忘。」顧野王《芳樹》詩曰：「上林通建章，雜樹（偏）〔徧〕❶林芳。日影桃蹊色，風吹梅徑香。幽山桂葉落，馳道柳條長。折榮疑路遠，用表莫相忘。」二詩前首五用草木名，後首四用草木名，在後人則不勝其贅矣，而清麗脱洒如此。宗詩前聯「都尉移棗」，蓋用《漢藝文志》有「尹都尉移植棗、杏、梅、李法。」「司空種楊」，則用《淮南子·時則訓》：「（三）〔正〕❷月其官司空，其樹楊」也。用事頗僻，故須詮詁，始見其妙。

傅玄《雜詩》

傅玄《雜詩》：「攝衣步前庭，仰觀南鴈翔。玄景隨形運，流響歸洞房。」五臣注：「景，鴈影也，映於月光而色玄也。」二句皆承上文説鴈。

顧凱之詩

疾風知勁草，嚴霜識貞木。

杜牧詩

杜牧詩：「盡道青山歸去好，青山能有幾人歸。」比之「林下何曾見一人」之句，有含蓄。

❶「徧」，同「遍」。
❷參見《淮南子》卷第五，「時則訓」條，「正月官司空，其樹楊」。

卓吾子曰：「人人盡道青山好，青山看見何人老。」尤儆杖。

李賀詩

唐李賀《鴈門太守行》首句云：「黑雲壓城城欲摧，甲光向日金鱗開。」《摭言》謂賀以詩卷謁韓退之，韓暑卧方倦，欲使閽人辭之。開其詩卷，首乃《鴈門太守行》，讀而奇之，乃束帶出見。宋王介甫云：「此兒誤矣，方黑雲壓城時，豈有向日之甲光也。」或問此詩，予曰：「宋老頭巾不知詩，凡兵圍城，必有怪雲變氣。昔人賦《鴻門》，有『東龍白日西龍雨』之句，解此意矣。予在滇，值安鳳之變，居圍城中，見日暈兩重，墨雲如蛟在其側，始信賀之詩善狀物也。」

岑參詩

岑參《塞上》詩：「苜蓿烽邊逢立春，葫蘆河上淚沾巾。」塞外無州郡城驛，沙漠無際，望中惟有烽堠，故以烽計程，五烽當一驛，如苜蓿烽、白龍烽、狼居烽是也。葫蘆河，上狹下寬，亦以形名。

袁紹盃

《後漢・鄭玄傳》：「袁紹總兵冀州，遣使要玄，大會賓客，玄最後至，乃延升上坐。飲酒一斛。紹客多豪俊，并有才説。玄依方辨對，咸出問表，莫不嗟服。」杜詩：「江上徒逢袁紹盃。」公以玄自比，爲儒而逢世亂也。

落星遠戍

「落星依遠戍，斜日半平林。」梁元帝句也。「故鄉一水隔，風烟兩岸通。」陳後主句也。唐人高處始能及之。

裋褐

杜少陵《冬日懷李白》詩：❶「裋褐風霜入。」裋，音竪，二字見《列子》。

鶯啼脩竹

杜子美《滕王亭》詩：「春日鶯啼脩竹裏，仙家犬吠白雲間。」「脩竹」用梁孝王事，「犬吠雲中」用淮南王事。但怪脩竹本無「鶯啼」字，後見孫綽《蘭亭》詩：「啼鶯吟脩竹，游鱗戲瀾濤。」乃知杜老用此也。

星橋

蘇味道詩：「星橋鐵鎖開」，本陳張正見詩：「天路横秋水，星橋轉夜流」之句。

❶ 該詩題目原爲《冬日有懷李白》。

桔槔烽

邊方備警急，作高土臺，臺上作桔槔，桔槔頭有兜零，以薪葦置其中。常低之，有寇，即然火舉之以相告曰烽，望其煙曰燧。唐詩：「桔槔烽上暮烟飛。」

魚米

唐田澄《蜀城》詩：「地富魚爲米，山芳桂是樵。」

舞馬登床

杜詩：「鬥鷄初賜錦，舞馬使登床。」馬舞古有之，《山海經》述海外：「(太樂)〔大樂〕❶之野，夏后啓於此舞九代之馬。」杜氏《通典》：「(鳳)(花)〔苑〕❷厩有蹀馬，俯仰騰躍，皆合節奏。」「明皇嘗令教舞馬百駟，又施三層板床，乘馬而上，抃轉如飛。或命壯士舉榻，馬舞其上。」觀此説，則杜詩「登床」之語蓋紀實也。《南史》：「河南國進赤龍駒，能拜伏，善舞。」

❶ 參考《山海經廣注》卷七，「海外西經」條。
❷ 參考《通典》卷一百四十五，「雜舞曲」條。

重池

左太沖詩：「衣被皆重池。」池，被之心如池也。李太白詩亦有「緑池障泥錦」之句。又裴潢家以卷縫鏄處爲玉池。

小兒拳

黄山谷詩：「蕨牙初長小兒拳」，以爲奇句。然太白詩已有「不知行徑下，初拳幾枝蕨」之句矣。

杜詩數目字

「漢宮一百四十五，多下珠簾閉鎖窗。何處營巢夏將半，茅簷煙寺語雙雙。」此杜牧《燕子》詩也。「一百四十五」見《文選》注。大抵牧之詩好用數目垛積，如「南朝四百八十寺」、「二十四橋明月夜」、「故鄉七十五長亭」是也。

半江

近傳邵文敬「半江帆影落樽前」之句，以爲奇絶，遂號爲「邵半江。」然唐趙嘏詩「半江帆盡見分流」，宋米元章亦云「六朝山色落樽前」矣。

翠微

《爾雅》：「山未及上曰翠微。」《詩》曰：「陟彼崔嵬。」「崔嵬」，即「翠微」。《詩》傳授字，各不同爾。凡山遠望則翠，近之則翠漸微，故曰翠微。左思《蜀都賦》：「鬱葐蒕以翠微。」注：「翠微，山氣之輕縹也。」孟郊詩：「山明翠微淺」，又「山近漸無青。」東坡詩：「來看南山冷翠微。」杜牧之云：「與客攜壺上翠微。」

瑟瑟

白樂天《琵琶行》：「楓葉荻花秋瑟瑟。」瑟瑟，寶名，其色碧。此句言楓葉赤，荻花白，秋色碧也。樂天又有《重脩香山寺》排律云：「兩面蒼蒼岸，中心瑟瑟流。」《薔薇》云：「猩猩凝血點，瑟瑟蹙金匡。」《閒遊即事》云：「寒食青青草，春風瑟瑟波。」《太湖石》云：「未秋已瑟瑟，欲雨先沉沉。」《早春（懷）〔憶〕❶微之》云：「沙頭雨染斑斑草，水面風驅瑟瑟波。」《暮江曲》云：「一道殘陽照水中，半江瑟瑟半江紅。」諸詩以「瑟瑟」對「斑斑」，對「蒼蒼」，對「猩猩」，豈是蕭瑟乎？ 唐詩惟白公用「瑟瑟」字多，其他則王周《嘉陵》詩云：「嘉陵江水色，一帶柔藍碧。天女瑟瑟衣，風梭晚來織。」亦妙。王庭筠詩：「帝遣名山護此邦，千家瑟瑟嵌西窗。山僧乞與堦前地，招客先開四十雙。」詩亦工。

---

❶ 參考《白香山詩集》卷二十六、《欽定全唐詩錄》卷六十四，「白居易近體詩」。

塞北江南

甘州，本月支國，漢匈奴轉得上所居。後魏爲張掖郡，改爲甘州，以甘峻山名之。山有松栢五木、美水茂草，冬温夏涼。又有仙人樹，人行山中，饑即食之，飽不得持去。平居時，亦不得見也。唐韋蟾詩云：「塞北江南舊有名」，言其土地美沃，塞北之江南也。

日抱黿鼉

韓石溪廷延語余曰：「杜子美《登白帝最高樓》詩云：『峽坼雲霾龍虎卧，江清日抱黿鼉遊。』此乃登高臨深，形容疑似之狀耳。雲霾坼峽，山木蟠挐，有似龍虎之卧。日抱清江，灘石波盪，有若黿鼉之遊。」余因悟舊注之非。即以杜證杜，如：「江光隐映黿鼉窟，石勢參差烏鵲橋。」同一句法，同一解也。蘇子《赤壁賦》云：「踞虎豹，登虬龍，攀栖鶻之危巢，俯馮夷之幽宫。」亦此意。豈真有烏鵲、黿鼉、虬龍、虎豹哉。

紅雪紫雪

劉夢得文集有《謝面脂口脂表》云：「宣奉聖旨，賜臣臘日口脂、面脂、红雪、紫雪。雕奩既開，珍藥斯見。膏凝雪瑩，含液騰芳。」與杜子美「口脂面藥」、「翠管銀罌」之句，可參考。

屋角明金字

《北史》：斛律金不識文字。初名敦，苦其難署，改名爲金，從其便易，猶以爲難。神武乃指屋角，令識之。陸渭南《晚晴》詩：「屋角明金字，溪流作縠紋。」用此事也。

仙媪

北齊竇泰，其母夢風雷暴起，電光奪目，（駃）〔駭〕窹而驚汗，遂有娠。期而不産，大懼。有巫媪曰：「渡河湔裙，産子必易。」從之，生泰。宋胡宿《銀河》詩：「猶餘仙媪湔裙水，幾見星妃度襪塵。」用此事也。

蓮子隨他去

北齊時童謡云：「千金買藥園，中有芙蓉樹。破家不分明，蓮子隨他去。」予嘗有詩云：「偃月堂空罷舞塵，靖安坊冷怨佳人。芙蓉蓮子隨他去，不及當年石季倫。」蓋用此事。

捼繩縛涼州

西涼李暠平北涼，問梁中庸曰：「我何如索嗣？」中庸曰：「未可量也。」暠曰：「嗣若敵我，我何能於千里外，捼長繩絞其頸耶？」中庸曰：「智有短長，命有成敗。若以身死爲負，計行爲勝，公孫瓚豈賢於劉虞耶？」唐詩「請纓下南越」，「捼繩縛涼州」，正用此事。

日蕎蕎音默

《南史》王晞詩：「日蕎當歸去，魚鳥見留連。」俗本改「蕎」作「暮」，淺矣。不淺蜀牛嶠詞曰：「日蕎天空波浪急。」正用晞語。

卓吾曰：俱宜用「暮」字。

焦弱侯曰：「蕎地」如言「倏爾」也。「日蕎」豈復成語耶？此公常有穿鑿處，此類是也。

皓月蘆花

楊徽之詩：「新霜染楓葉，皓月借蘆花。」自云此句有神助。

四嬋娟

孟東野詩：「花嬋娟，泛春泉。竹嬋娟，籠曉煙。雪嬋娟，不長妍。月嬋娟，真可憐。」其辭風華秀艷，有古樂府之意。予嘗令繪工繪此爲「四時嬋娟圖」，以花當春，以竹當夏，以月當秋，以雪當冬。

湘煙

許渾詩，劉巨濟曾得其手書「湘潭雲盡暮煙出。」「煙」字極妙，兼是許之手筆無疑也。大抵湘中煙色與他方異，張泌詩「中流欲暮見湘煙」是也。

艷雪

韋應物《答徐秀才》詩云：「清詩舞艷雪，孤抱瑩玄冰。」極其工緻，而「艷雪」二字尤新。或問予，雪可言「艷」乎？予曰：曹子建《洛神賦》以「流風迴雪」比美人之飄摇，雪固自有艷也。然雪之艷，非韋不能道；柳花之香，非太白不能道；竹之香，非子美不能道也。

晲日

予嘗登一山寺，見雨霽，虹蜺下飲澗水，明若刻畫，近如咫尺，日射其傍如盼睞。得句云：「渴虹下飲玉池水，斜日横分蒼嶺霞。」自謂切景。張愈光云：「『斜』字猶未稱『渴』字。」後一年，偶閲《莊子》：「日方中方晲」，衍義云：「日斜如人晲目。」遂改作「晲日」對「渴虹」。愈光曰：「『渴虹』、『晲日』，古今奇句也。」真奇對

凍洛

《集韻》：「淞，凍洛也。」《三蒼解詁》：「液雨也。」其字音「送」，俗曰霧淞。《漢書·五行志》：「雨木冰。」亦曰：「樹介」，又曰「木稼」。「稼」，即「介」之訛耳。寒甚而木冰，如樹著介冑也。《曾南豐集》云：「齊地寒甚，夜霧凝於木上，日出飄滿庭堦，尤爲可愛。遂作詩云：『園林初日浄無風，霚淞花開樹樹同。記得集英深殿裏，舞人齊插玉瓏鬆。』」齊地以爲豐年之兆，諺云：「霜淞如霧淞，貧兒備飯瓮。」然淞之極，則爲樹介、木冰。諺云：「木若稼，達官怕。」蓋寒淺則爲霧淞，寒甚則爲木冰，霧淞召豐，而木冰召凶也。李獻吉詩：

「(天)〔大〕寒冰雨何紛紛，曉行日臨江吐雲。」蓋詠木冰也。又云：「今朝走白霧，(南)〔萬〕枝參差開。紫宮散花女，騎龍下瑶陔。」蓋詠霧淞也，各極體物之妙。予舊有《霧淞》詩曰：「怪得天鷄誤曉光，青腰玉女試銀妝。瓊敷綴葉齊如剪，瑞樹花開冷不香。月白詎迷三里霧，雲黄先兆萬家箱。貧兒飯瓮歌聲好，六出何須賀謝莊。」

李涉贈盜

唐李涉贈盜詩曰：「相逢不用相迴避，世上如今半是君。」劉伯温《詠梁山泊分贓臺》詩云：「突兀高臺累土成，人言暴客此分贏。飲泉清節今寥落，何但梁山獨擅名？」《漢書》云：「吏皆虎而冠。」《史記》云：「此皆劫盜而不操戈矛者。」

卓吾曰：此皆操戈矛，而不畏官兵捕盜者。因記得盜贈官吏亦有詩一首，並録附之：「未曾相見心相識，敢道相逢不識君？一切蕭何今不用，有贓擡到後堂分。肯憐我等夜行苦，坐者十三行十五。若謂私行不是公，我道無私公奚取？君倚奉公戴虎冠，❶誰得似君來路寬？月有俸錢日有廪，我等衣食何盤桓！君若十五十三俱不許，我得持疆分廪去，驅我爲盜寧非汝！」

封使君

古傳記言，漢宣城郡守封邵，一日化爲虎，食郡民。民呼曰「封使君」，即去不復來。其地謡曰：「莫學

❶ 本文以下文字與《封使君》一文原書缺，依《焚書》卷五補。

封使君，生不治民死食民！」張禺山有詩云：「昔日封使君，化虎方食民；今日使君者，冠裳而喫人。」又曰：「昔日虎使君，呼之即慚止；今日虎使君，呼之動牙齒。」又曰：「昔時虎伏草，今日虎坐衙。大則吞人畜，小不遺魚蝦。」或曰此詩太激。禺山曰：「我性然也。」升菴戲之曰：「東坡嬉笑怒罵皆成詩，公詩無嬉笑，但有怒罵耶？」

李卓吾復謔之曰：「果哉怒罵成詩也！升菴此言，甚于怒罵。」

李卓吾先生讀升菴集卷十一終

李卓吾先生讀升菴集卷十二

論詩

唐詩雷同

唐人詩句，雷同絶多，如：「忽見陌頭楊柳色，悔教夫壻覓封侯。」王昌齡《春閨怨》也。而李（頎）〔頻〕《春閨怨》亦云：「自怨愁容長照鏡，悔教征戍覓封侯。」王勃《九日》詩云：「九月九日望鄉臺，他席他鄉送客杯。人今已厭南中苦，鴻鴈那從北地來。」而盧照隣《九日》詩亦云：「九月九日眺山川，歸心歸望積風煙。他鄉共酌金花酒，萬里同悲鴻鴈天。」杜牧《邊上聞胡笳》詩云：「何處吹笳薄暮天，塞垣高鳥没狼煙。遊人一聽頭堪白，蘇武曾禁十九年。」胡曾詩云：「漠漠黄沙際碧天，問人云此是居延。停驂一顧猶魂斷，蘇武争消十九年。」戎昱《湘浦曲》云：「虞帝南巡不復還，翠娥幽怨水雲間。昨夜月明湘浦宿，閨中環珮度空山。」高駢云：「帝舜南巡不復還，二妃幽怨水雲間。當時珠淚垂多少，只到而今竹尚斑。」鶯鶯詩：「自從銷瘦減容光，萬轉千迴懶下床。不爲傍人羞不起，因郎憔悴却羞郎。」歐陽詹《太原妓》詩：「自從銷瘦減容光，半是思郎半恨郎。欲識舊時雲髻様，開奴床上鏤金箱。」李賀《詠竹》云：「無情有恨何人見，露壓煙籠千萬枝。」

皮日休《詠白蓮》云：「無情有恨何人見，月曉風清欲墮時。」陸龜蒙《送棋客》詩云：「滿目山川似奕棋，况當秋鴈正斜飛。金門若召(楊)〔羊〕玄保，賭取江東太守歸。」温庭筠《觀棋》詩云：「閒對奕秋傾一壺，黄羊枰上幾成都。他時謁帝銅池水，便賭宣城太守無。」

六朝七言律其體不純

「蝶黄花紫燕相追，楊低柳合路塵飛。已見垂鈎挂緑樹，誠知淇水沾羅衣。兩童夾車問不已，五馬城南猶未歸。鶯啼春欲駛，無爲空掩扉。」右梁簡文《春情曲》，後二句又作五言也。「長安城中秋夜長，佳人錦石擣流黄。香杵玟砧知近遠，傳聲遞響何凄凉。七夕長河爛，中秋明月光。蠮螉塞邊絶候鴈，鴛鴦樓上望天狼。」右後魏温子昇《擣衣》，第五、六句又作五言。「文牕玳瑁影嬋娟，香帷翡翠出神仙。(捉)〔促〕柱默脣鶯欲語，調絃繫爪鴈相連。秦聲本自楊家解，吴歈那知謝傳憐。祇愁芳夜促，蘭膏無那煎。」右陳後主《聽箏》，後二句五言。「舊知山神絶氛埃，登高日暮心悠哉。子平一去何時返，仲叔長遊遂不來。幽蘭獨夜清琴曲，桂樹凌雲濁酒杯。稿項同枯木，丹心等死灰。」右隋王無功《北山》，後二句五言。

五言律八句不對

五言律八句不對，太白、(浩)〔皎〕然❶集有之，乃是平仄穩貼古詩也。僧(浩)〔皎〕然有《訪❷陸鴻漸不

❶ 依《升庵集》卷五十六改。《訪陸鴻漸不遇》爲僧皎然所作，原刻或有誤。

❷ 一作「尋」。

遇》一首云：「移家雖帶郭，野徑入桑麻。近種籬邊菊，秋來未著花。到門無犬吠，欲去問西家。報道山中者，歸來每日斜。」雖不及李白之雄麗，亦清致可喜。

唐詩絶句誤字

杜牧之《江南春》云：「十里鶯啼緑映紅。」今本誤作「千里」。若依俗本，「千里鶯啼」，誰人聽得，「千里緑映紅」，誰人見得？又《寄揚州韓綽判官》云：「秋盡江南草未凋。」俗本作「草木凋」。秋盡而草木凋，自是常事，不必説也，况江南地暖，草（木）〔本〕不凋乎？此詩，杜牧在淮南而寄揚州人者，蓋厭淮南之摇落，而羡江南之繁華，若作「草木凋」，則與「青山明月」、「玉人吹簫」，不是一套事矣。予戲謂此二詩絶妙：「十里鶯啼」，俗人添一撇壞了；「草未凋」，俗人減一畫壞了。甚矣！士俗不可醫也。又如陸龜蒙《宫人斜》詩云：「草着愁煙似不春。」只一句，便見墳墓凄惻之意。今本作「草樹如煙似不春」，「草樹如煙」，正是春景，如何下得「不春」字？讀者往往忽之，亦食不知味者也。

律詩當句對

王維詩：「門外青山如屋裹，東家流水入西隣。」嚴維詩：「木奴花映桐廬縣，青雀舟隨白鷺濤。」謂之當句對。

晚唐絶倡

許渾《蓮塘詩》：「爲憶蓮塘秉燭遊，葉殘花敗尚維舟。煙開翠扇清風曉，水泛紅衣白露秋。神女暫來雲易散，仙娥終去月難留。空懷遠道難持贈，醉倚西闌盡日愁。」此爲《許丁卯集》中第一詩，而選者不之取也。他如韋莊「昔年曾向五陵遊」一首，羅隱《梅花》：「吴王醉處十餘里」一首，李郢《上裴晉公》：「四朝憂國鬢成絲」一首，皆晚唐之絶倡，可與盛唐崢嶸，惟具眼者知之。

馬戴詩

嚴羽卿云：「馬戴之詩爲晚唐之冠。」信哉。其《薊門懷古》云：「荆卿西去不復返，易水東流無盡時。日暮蕭條薊城北，黄沙白草任風吹。」雅有古調。至如「猿啼洞庭樹，人在木蘭舟。」雖柳吴興，無以過也。

三羅詩

晚唐江東三羅：羅隱、羅鄴、羅虬也，皆有集行世。當以鄴爲首。如《閨怨》云：「夢斷南窻啼曉烏，新霜昨夜下庭梧。不知簾外如珪月，還照邊庭到曉無。」

唐彦謙詩

唐彦謙絶句，用事隱僻，而諷諭悠遠，似李義山。如《奏捷西蜀題沱江驛》云：「野客乘軺非所宜，況將儒服報戎機。錦江不識臨邛酒，幸免相如渴病歸。」即李義山「相如未是真消渴，猶放沱江過錦城」之意也。其餘如《登興元城烽火》云：「漢川城上角三呼，護蹕防邊列萬夫。褒姒冢前烽火起，不知泉下破顔無。」《鄧艾廟》云：「昭烈遺黎死尚羞，揮刀斫石恨譙周。如何千載留遺廟，血食巴山伴武侯。」此即唐人《題吴中范蠡廟》云：「千年宗國無窮恨，只合江邊祀子胥」之句也。《漢殿》云：「烏去雲飛意不通，夜壇斜月轉桐風。

君王寂慮無消息，却就真人覓鉅公。」首首有醖籍、堪吟詠，比之貫休、胡曾輩，天壤矣。考其事，蓋僖宗時人也。

李端《古别離》詩

李端《古别離》詩云：「水國葉黄時，洞庭霜落夜。行舟聞商賈，宿在楓林下。此地送君還，茫茫似夢間。後期知幾日，前路轉多艱。巫峽通湘浦，迢迢隔雲雨。天晴見海檣，月落聞鍾鼓。人老自多愁，水深難急流。青霄歌一曲，白首對汀州。與君桂陽别，令君岳陽待。後事忽差池，前期日空在。木落鴈嗷嗷，洞庭波浪高。遠山雲似蓋，極浦樹如毫。朝發能幾里，暮來風又起。如何兩處愁，皆在孤舟裏。昨夜天月明，長川寒且清。菊花開欲盡，薺菜泊來生。下江帆勢速，五兩遥相逐。欲問去時人，知投何處宿。空冷猿嘯時，泣對湘潭竹。」此詩端集不載，古樂府有之，然題曰「二首」，非也，本一首耳。其詩真景實情，婉轉惆悵，求之徐、庾之間且罕，况晚唐乎？大曆以後，五言古詩可選者，惟端此篇，與劉禹錫《擣衣曲》、陸龜蒙「（菜）〔茱〕萸匣中鏡」、温飛卿「悠悠復悠悠」四首耳。

劉禹錫詩

元和以後，詩人之全集可觀者數家，當以劉禹錫爲第一，其詩入選，及人所膾炙，不下百首矣。其未經選全篇如《棼絲瀑》云：「飛流透嵌隙，噴洒如絲棼。含暈迎初旭，翻光破夕曛。餘波繞石去，碎響隔溪聞。却望瓊沙際，逶迤见脉分。」《詠硯》云：「煙嵐餘斐亹，水墨兩氤氲。好與陶貞白，松牕寫紫文。」《詠鶯雜體》云：「鶯能語，又多情。春將半，天欲明。始逢南陌，復集東城。林疎時見影，花密但聞聲。營中緣催短笛，樓上欲定哀箏。千門萬户垂楊裏，百囀如簧煙景晴。」五言摘句，如：「殘兵疑鶴唳，空壘辨烏聲。」又：「路塵高出樹，山火遠連霞。」又：「登臺吸瑞景，飛步翼神飆。」《詠花》云：「香歸陶令宅，艷入孝王家。」《妓席》云：「容華本南國，裝束學西京。月落方收鼓，天寒更炙笙。」七言，如：「眼前名利同春夢，醉裏風情敵少年。」又：「青城三百九十橋，夾岸朱樓隔柳條。」又，外集有《觀舞》一首云：「山鷄臨清鏡，石燕赴遥津。何如上客會，長袖入華裀。體輕若無骨，觀者皆聳神。曲盡回身去，層波猶注人。」宛有六朝風致，尤可喜也。

劉駕絶句

劉駕，晚唐人。《春夜》詩云：「一別杜陵歸未期，祇憑魂夢接親知。近來欲睡渾難睡，夜夜夜深聞子規。」

朱滔括兵《麗情集》

朱滔括兵，不擇士族，悉令赴軍，自閲於毬場。有士子容止可觀，進趨純雅，滔問曰：「所業者何？」曰：「學爲詩。」曰：「有妻否？」曰：「有。」即令作寄内詸❶，援筆立成。詞曰：「握筆題詩易，荷戈征戍難。慣從鴛被暖，怯向鴈門寒。瘦盡寬衣帶，啼多漬枕檀。試留青黛著，回日畫眉看。」又令代妻作詩。答曰：「蓬鬢荆釵世所稀，布裙猶是嫁時衣。胡麻好種無人種，合是歸時底不歸。」滔遺以束吊，放歸。

卓吾曰：朱滔可人。

❶「詸」當爲「詩」。

無名氏

唐無名氏詩：「江上送行人，千山生莫氛。謝安團扇上，爲畫敬亭雲。」僧皎然《送邢台州》云：「海上仙山屬使君，石橋琪樹古來聞。他時畫出白團扇，乞取天台一片雲。」二詩命意用事相類。晉人重扇，題畫謂之便面。

無名氏六言詩或云李季單作。

蔣凝賦止四韻，邠老詩無全章丫頭花鈿滿面，不及徐妃半敉❶。

六言詩始

任昉云：「六言詩，始於谷永。」慎按：《文選》注引董仲舒《琴歌》二句，亦六言，不始於谷永明矣。樂府《滿歌行》尾一解：「命如鑿石見火，居世竟能幾時。」亦六言也。

弦超贈神女詩

「今日何日辰良，今夕何夕夜長。琅疎瓊牖洞房，中有美女齊姜。參差匏管笙簧，歌聲含宮反商。蕭暉窈窕芬芳，明燈朗炬煌煌。卸巾解珮褫裳，願言與子偕臧。」此詩甚佳而罕傳。

❶「敉」當爲「粧」。

三句詩

古有三句之詩，意足詞贍，盤屈於二十一字之中，最爲難工。遍檢前賢詩，不過四五首而已。岑之敬《當壚曲》云：「明月二八照花新。當壚十五晚留賓。四眸百萬横自陳。」最爲絶倡。唐（詩）〔傳〕奇無名氏《春詞》云：「楊柳裊裊隨風急。西樓美人春夢中。繡簾斜捲千條入。」宋謝臯羽《寄鄧牧心》云：「杜鵑花開桑葉齊。戴勝芓生藥草肥。九鎖山人歸未歸。」洪武中，詹天朧《寄山中友人》云：「桂樹蒼蒼月如霧。山中故人讀書處。白露濕衣不可去。」又《古步虚詞》云：「三十六天高太清。元君夫人蹋雲語。吟風颭颭吹玉笙。」近日雲南提學彭綱《詠刺桐花》云：「樹頭樹底花楚楚。風吹緑葉翠翩翩。露出幾枝紅鸚鵡。」亦風韻可愛也。刺桐花，雲南名（山）鸚哥花，花形酷似之。彭公此詩本四句，命吏寫刻於匾，遺其一句，復誦之，自覺意足，乃不更改。

九言詩

元天目山釋明本中峯，有《九字梅花》詩云：「昨夜西風吹折千林梢，渡口小艇滚入沙灘拗。野樹古梅獨卧寒屋角，疎影横斜暗上書牕敲。」盧贄元《酴醿花》詩云：「天將花王國艷殿春色，酴醿洗装素頰相追陪。絶勝濃英綴枝不韻李，堪友横斜照水攙先梅。」以李花爲不韻，甚切體物。

西施障子

劉長卿《題西施障子》曰：「牕風不舉袖，但覺羅衣輕。」二語雖太白可頡頏也。

《南浦》詩

冦準《南浦》詩：「春風入垂楊，煙波漲南浦。落日動離魂，江花泣微雨。」妙處不減唐人。

曾子固詩

曾子固《享祀軍山廟歌》云：「土膏起兮，流泉駛兮。我徂於田，偕婦子兮。既耕且藝，芸且耔兮。一歲之工，在勤始兮。野無螟蝝，田有水兮。非神之力，其誰使兮。我苞盈兮，我實成兮。揮鐮擻擻，風雨聲兮。囷藏露積，如坻京兮。遺秉滯穗，富鰥煢兮。酒食勸酬，消忿争兮。非神之助，歲莫登兮。我有室家，神所祐兮。我有旄倪，神所壽兮。神之惠我，惟其舊兮。王之報神，亦云厚兮。釃酒刑牲，肴核豐兮。吹簫考鼓，聲逢逢兮。我民歲獻，無終窮兮。千秋萬歲，保斯宫兮。」此詩王荆公稱賞，以爲有《雅》、《頌》之意，當表出。昧者言子固不能詩，豈其然乎。

米元章

米元章書法，人皆知之，其詩律之妙，人或不盡知也。予愛其《望海樓》一詩云：「雲間銕瓮近青天，縹渺飛樓百尺連。三峽江聲流筆底，六朝帆影落樽前。幾番畫角催紅日，無事滄洲起白煙。忽憶賞心何處是，春風秋月兩茫然。」又《詠潮》云：「怒氣號聲迸海門，州人傳是子胥魂。天排雲陣千家吼，地擁銀山萬馬奔。勢與月輪齊朔望，信如壺漏報朝昏。吳亡越霸成何事，一唱漁歌過遠村。」又《垂虹亭》一絶云：「斷雲一葉洞庭帆，玉破鱸魚霜破柑。好作新詩繼桑苧，垂虹秋色滿東南。」

張邵張祁

張邵，字才彦，簡池人。其子孝祥，狀元及第，秦檜羅織下獄，檜死乃仕。後寓烏江，遂家焉。祁字晉彦，有詩名。《渡湘江》詩曰：「春過瀟湘渡，真觀八景圖。雲藏岳麓寺，江入洞庭湖。晴日花爭發，豐年酒易沽。長沙十萬户，游女似京都。」

文與可

坡公亟稱文與可之詩，而世罕傳。《丹淵集》予家有之，其五言律有韋蘇州、孟襄陽之風，信坡公不虚賞也。

鱸香亭

陳文惠公堯佐《吴江》詩云：「平波渺渺煙蒼蒼，菰蒲才熟楊柳黄。扁舟繫岸不忍去，西風斜日鱸魚香。」詩句絶膾炙人口。今吴中改「香」作「鄉」，又於其地立鱸鄉亭。餘謂「鱸香」何不可之有？

謝艮齋《勸農詩》

「仕宦之身，南州北縣。商賈之人，天涯海岸。争如農夫，六親對面。門無官府，身即强健。夏絹新衣，秋米白飯。不知金貴，惟聞粟賤。鵝鴨成羣，猪羊滿圈。官税早了，逍遥散誕。安眠穩睡，直千直萬。」

范文正公

公鎮錢塘，兵官皆被薦，獨巡檢蘇麟不遇，乃上詩曰：「近水樓臺先得月，向陽花木易爲春。」公即薦之。

卓吾曰：可以見范公矣。

謝皋羽詩

謝皋羽《晞髮集》詩，皆精緻奇峭，有唐人風，未可例於宋視之也。予尤愛其《鴻門讌》一篇：「天雲屬地汗流宇，杯影龍蛇分漢楚。楚人起舞本爲楚，中有楚人爲漢舞。鷴鵝淬光雌不語，楚國孤臣泣俘虜。君看楚舞如楚何，楚舞未終聞楚歌。」此詩雖使李賀復生，亦當心服。

劉原父《喜雨》詩

劉原父《喜雨》詩云：「涼風響高樹，清露墜明柯。雖復夏夜短，已覺秋氣多。艷膚麗華燭，皓齒揚清歌。臨觴不肯醉，奈此粲者何。」此詩無愧唐人，不可云宋無詩也。

周濂溪詩

《濂溪集·和費令游山》詩云：「是處塵勞皆可息，時清終未忍辭官。」此乃由衷之語，不可及也。今之人，口爲懷山之言，暗行媢竈之計。唐僧曇秀云：「住山人少説山多。」

楊慈湖《撫琴行》

「蕭蕭指下生秋風，漸漸幽響颼寒空。月明夜氣清入骨，何處仙珮摇丁東。野鶴驚起舞，流水咽復鳴。一唱三歎意未已，幽幽話出太古情。龍吟虎嘯遞神怪，千山萬壑風雨晦。海濤震蕩林木響，亂撒金盤冰雹碎。和氣回春陽；縹渺孤鸞翔。三江五湖煙水濶，波聲飃飃鳴漁榔。悲猿臨澗欲渡不敢渡，但聞澗下蕭瑟松風長。閒雲洩碧落，勢去還迴薄。神仙恍惚無定所，微吟似欲止所作。馭風一笑歸蓬瀛，猶有餘音遶寥廓。」慈湖此詩不減盛唐，亦嘗苦辛，非苟作者。又何必指李、杜爲癡，笑昌黎，薄逸少，空萬古爲無人耶？

莊定山詩

五言律，如「野暝微孤樹，江清著數鷗。與君真自厚，不是兩相留。」七言律，如《遊琅琊寺》：「偶上蓬萊第一峯，道人今夜宿芙蓉。塵埋下界三千丈，月在西巖七十峯。」《羅漢寺》云：「溪聲夢醒偏隨枕，山色樓高不礙墻。」

元洪二子題山詩

元遺山《北嶽》詩：「東州死愛華不注，向在陋邦何足數。敬亭不着謝宣城，斷岸何緣比天姥。」言山水在通都易得名也。洪震老元人《淳安東泉山》詩：「通都大邑人争馳，一泉一石小亦奇。雲深路絶無人處，從有佳山誰得知。」言山水在僻遠人不知也。二詩意絶相類。

天尺

元好問《送劉時舉節制雲南》詩云："云南山高去天尺，漢家弦聲雷破壁。九州之外更九州，海色澄清映南極。幽并豪俠喜功名，咄嗟顧眄風雲生。今年肘後印如斗，過眼已覺烏蠻平。諭蜀相如今老矣，不妨銅柱有新銘。""天尺"二字，可以名樓。

陳孚遠詩

元陳孚遠《歸帆》絶句云："日落牛羊歸，渡頭動津鼓。煙昏不見人，隱隱數聲櫓。"識者以爲不減王維。

佛經似詩

佛經有云："樂行不如苦住，富客不如貧主。"又見《洞山語録》："破鏡不重照，落花難上枝。"絶似唐人樂府也。

慧遠詩

晉釋慧遠《遊廬山》詩："崇巖吐氣清，幽岫棲神跡。希聲奏羣籟，響出山溜滴。有客獨冥遊，徑然忘所適。揮手撫雲門，靈關安足闢。留心叩玄扃，感至理弗隔。孰是騰九霄，不奮冲天翮。妙同趣自均，一悟超三益。"此詩世罕傳，《弘明集》亦不載，猶見於古石刻耳。"孰是騰九霄"，與陶靖節"孰是都不營"之句同調，真晉人語也。

船子和尚有偈二首

「本是釣魚船上客，偶除鬚髮着袈裟。佛祖位中留不住，夜深依舊宿蘆花。」又曰：「百尺絲綸直下垂，一波才動萬波隨。夜静水寒魚不餌，滿船空載月明歸。」

貫休詩

「霜月夜徘徊，樓中羌管催。晚風吹不盡，江上落殘梅。」此貫休絶句也。休在晚唐有詩名，然無可取，獨此首有樂府聲調，猶惠休之「碧雲」也。

靈徹詩

僧靈徹有詩名於中唐。《古墓》詩云：「松樹有死枝，塚墓惟莓苔。石門無人入，古木花不開。」《天台山》云：「天台衆山外，歲晚當寒空。有時半不見，崔嵬在雲中。」《九日》云：「山僧不記重陽節，因見茱萸憶去年。」諸篇爲劉長卿、皇甫冉所稱。予獨取《天台山》一絶，真絶唱也。

帛道猷詩

晉世釋子帛道猷，有《陵峯採藥》詩曰：「連峯數千里，脩林帶平津。茅茨隱不見，鷄鳴知有人。」此四句，古今絶唱也。

齊己詩

僧齊己詩：「重城不鎖夢，每夜自歸山。」

玄覽堊壁

「大海從魚躍，長空任鳥飛。」唐荊州陟屺寺僧玄覽詩也。朱文公嘗書之，且跋之曰：「大丈夫處世不可無此氣象。」蓋亦取之。玄覽齋壁有張璪畫松，符載讚之，衛象詩之，覽悉加堊焉，曰：「無事疥吾壁也。」異哉！此髠奴。能知魚鳥任其飛躍，又何必介意於三才子之筆乎！

醜

卓吾子曰：可惜可恨，可殺可誅。

韓衆採藥詩

「閶河紫桂，實大如棗。得而食之，後天不老。」

孫思邈詩

孫思邈《四言詩》曰：「取金之精，合石之液。列爲夫婦，結爲魂魄。一體混沌，兩精感激。河車覆載，鼎候無忒。洪鑪列火，烘燄翕赫。煙未及點，燄不假碧。如畜扶桑，若藏霹靂。姹女氣索，嬰兒聲寂。透出兩儀，麗於四極。壁立幾多，馬馳一驛。宛其死矣，適然從革。惡黜善遷，情回性易。紫色內達，赤芒外射。

熠若火生，乍疑血滴。號曰中還，退藏於密。霧散五内，川流百脉。骨變金植，顔駐玉澤。陽德乃敷，陰功乃積。南宫度名，北斗落籍。」此詩詞高古，類魏伯陽，而世傳者少，録於此云。

朱玄晦真人詩

「郭外西郊柳已芽，中流極目浩無涯。江明白白紅紅樹，春在三三兩兩家。幾度來遊同社燕，一樽相屬到昏鴉。此邦物色吟幾盡，爲謝山中好物華。」

小姑無郎

古樂府《清溪小姑曲》云：「開門白水，側近橋梁。小姑所居，獨處無郎。」唐李義山詩：「神女生涯元是夢，小姑居處本無郎。」小姑，蔣子文第三妹也。楊炯《少姨廟碑》云：「虞帝二妃，湘水之波瀾未歇；蔣侯三妹，青溪之軌跡可尋。」

魏武帝父子不好仙

魏武帝樂府《精列》篇云：「造化之陶物，莫不有終期。聖賢不能免，何爲懷此憂。願螭龍之駕，思想崑崙居。見欺於迂怪，志意在蓬萊。周孔聖徂落，會稽以墳丘。陶陶誰能度，君子以弗憂。」魏文帝《折楊柳》歌云：「彭祖稱七百，悠悠安可原。老聃適西戎，於今竟不還。王喬假虚辭，赤松乘可言。達人識真僞，愚夫好妄傳。追念往古事，憒憒千萬端。百家多迂怪，聖道我所觀。」曹子建《辨道論》亦言左慈輩之妄。其父子相傳如此。

甄后《塘上行》

「蒲生我池中，緑葉何離離。豈無兼葭艾，與君生別離。念君去我時，獨愁常苦悲。想見君顔色，感結傷心脾。念君常苦悲，夜夜不能寐。莫以豪賢故，棄捐素所愛。莫以魚肉賤，棄捐葱與薤。莫以麻枲賤，棄捐菅與蒯。倍恩常苦枯，蹶船常苦没。教君安息定，慎莫致倉卒。與君一別離，何時復相對。出亦復苦愁，入亦復苦愁。邊地多悲風，樹木何（搜搜）〔颼颼〕。從君致獨樂，延年壽千秋。」甄后，中山無極人，爲魏文帝后。其後爲郭嬪譖，賜死，臨終作此詩。魏明帝初爲王時，納虞氏爲妃，及即位，毛氏有寵而黜虞氏。卞太后慰勉之，虞氏曰：「曹氏自好立賤，未有能以令終，殆必由此亡國矣。」其後郭夫人有寵，毛氏愛馳，亦賜死。魏之兩世家法如此。元人傳奇以明帝爲「跳槽」，俗語本此。

女狀元

女侍中，魏元叉妻也。女學士，孔貴嬪也。女校書，唐薛濤也。女進士，宋女郎林妙玉也。女狀元，蜀黄崇嘏也。崇嘏，臨邛人，作詩上蜀相周庠，庠首薦之，屢攝府縣。吏事精敏，胥徒畏服。庠欲妻以女，嘏以詩辭之曰：「一辭拾翠碧江湄，貧守蓬茅但賦詩。自服藍衫居郡掾，未抛鸞鏡畫蛾眉。立身卓爾青松操，挺志堅然白璧姿。幕府若容爲坦腹，願天速變作男兒。」庠大驚，具述本末，乃嫁之。傳奇有《女狀元春桃記》，蓋黄事也。

薛濤詩

「聞説邊城苦，如今到始知。好將筵上曲，唱與隴頭兒。」此薛濤在高駢宴上樂府也。有諷諭而不露，得詩人之妙，使李白見之，亦當叩首，元、白流紛紛停筆，不亦宜乎！濤有詩集，此首不載。

天寶迴紋

范陽盧氏母王氏，撰《天寶迴紋》詩，凡八百十二字，循環有數，若寒暑之遞遷；應變無方，謂陰陽之莫測。與蘇若蘭事相類。

梔子同心

梁徐悱妻劉三娘詩：「兩葉雖爲贈，交情永未因。同心何處切，梔子最關人。」唐施肩吾《雜曲》：「憐時魚得水，怨罷商與參。不如山梔子，却解結同心。」韓翃詩：「檳榔滿把能消酒，梔子同心好贈人。」

盛小叢

《樂府詩集》有《突厥三臺》，其辭曰：「雁門山上雁初飛，馬邑欄中馬正肥。日旰山西逢驛使，殷勤南北送征衣。」乃唐妓盛小叢詩也。

沈氏《竹火籠》詩

陳范静妻沈滿願《竹火籠》詩曰：「剖出楚山筠，織成湘水紋。寒消九微火，香傳百和薰。氤氲擁翠被，出入隨緗裙。徒悲今麗質，豈念昔凌雲。」宋人稱李易安：「所以稽中散，至死薄殷周」之句，亦以爲婦女有此大議論。

李卓吾先生讀升菴集卷十二終

李卓吾先生讀升菴集卷十三

瑣語

心如死灰，寂滅也；心如宿火，寂感也。

「求生以害仁」，莊子所謂「去義若熱」乎？「殺身以成仁」，莊子所謂「就義若渴」乎？文山云：「惟其義盡，所以仁至。」

諧臣也，顛官也。弄兒也，媚子也。婦女而須，纓冠而倡也。

人離而聽之則愚，合而聽之則聖。

疇、甽同也。惰者，釜之。勤者，鍾之。模、範同也。不善者怨之，善學者庸之。

優旃漆城，那律瓦衣。今曰諷諫，古云滑稽。

虹食壘，軍奪帥；虹飲釜，室利主。

疾書多塗乙，疾行多健躓❶。塗乙，即「塗注」二字。

鹽泉，海目也。油井，水脂也。

---

❶「健躓」，他本爲「顛躓」。

道者，福之極也。祥者，福之榮也。祐者，福之胥也。慶者，福之交也。叶其極，衍其榮，慎其胥，定其交，故曰：君子受福，小人徼福。

辛伯曰：「并后、匹嫡、兩政、耦國，亂之本也。」又曰：「内寵并后，外寵二政，嬖子配適，大都耦國，亂之本也。」葉公之顧命曰：「毋以嬖御人疾莊后，毋以嬖御士疾莊士。」韓非子曰：「内有疑妻之妾，妾有疑適之子，外有疑相之臣，臣有疑君之權。」范無宇曰：「大都疑國，大臣疑主，亂之媒也。都疑則交争，臣疑則并令，禍之深者。」故曰：「日月暉於外，其賊在於内；謹避其所憎，而禍在其所愛。」又曰：「尾大不掉，末大必折。」

一樹一穫者，穀也；一樹十穫者，木也。

烏集之交，初驩而後咄；烏巢之旅，先笑而後號。始龍卒蚓，化荃變茅。

握而不見於手，含而不見於口，無翼而飛，無脛而走，其珠之利乎？照乘哂於隣，探頷粉於津。寶者殃國，剖者災身，害亦弘哉。

天地之數，始於一，終於十。聖人虚二以畫八卦，八者，偶之方也。虚一以叙九疇，九者，奇之圓也。卦以偶爲用，故有應則吉；疇以奇爲用，故有對則凶。

當遯戒尾，當集貴翔。兩夜包晝，重陰偶陽。

「非其地而樹之，不生也；非其人而語之，不聽也。非其人，如聚聾而鼓之；得其人，如聚沙而雨之。」微子所以嘆蓬飛，仲尼所以感桑落也。桑落事見《荀子》。

以水濟水，吾何以知其旨也？以錦緣錦，吾何以知其綺也？是故渭以涇清，玉以礫貞，輔以拂顯，善以否形，垂橐而往，稇載而歸，師學之益乎？被褐而入，衣錦而出，友問之力乎？故曰：孚化之，翼飛之。

狂魄者，形性相離也；落魄者，身世不羈也。魄音拓。

伯樂相馬，所見無非馬；庖丁解牛，所見無非牛。故曰：至誠之不盡，鳶魚之不察，精意之不致，龍蠖之不知。

見睫者，不若身歷；滕口者，不若目擊。

干霄蔽日，巨木也，求尺寸之材，必後於椓（栈）〔杙〕。故曰「大器晚成」。龍吟虎嘯，希聲也，尚煩舌之感，必下於蛙黽，故曰「大音希聲」。

勝者所用，敗者之棋也；興國所用，亡國之臣也。

綱固在網之中，首豈出身之外哉？《書》曰：「若網在綱。」《易》曰：「元者，體之長也。」

荀子曰：「禹行而舜趨，是子張氏之賤儒也。嗛然而終日不言，是子夏氏之賤儒也。」

材生於天，不係乎地。《禹貢》紀山川而不紀風俗，風俗由乎上之教也；紀物産而不紀人才，人才由乎下之化也。

鳶肩羔膝，蠅營狗苟，小人禽態乎？煙視媚行，影附響承，小人婦態乎？

「爲文而欲一世之人好，吾悲其爲文；爲（人）〔文〕而（欲）〔使〕一世之人〔不〕好，吾悲其爲人。」❶幼清之格言，吾黨之炯戒乎？至矣。

牛馬者，家畜也，縱之坰牧則悍；鷹鸇者，野鳥也，一爲縶絆則馴。

心腎相去，八寸四分，天地相去，八萬四千里，人肖天地也。水者，五行之首也，萬物之宗也，浮天而載

❶ 此句出自吴澄《别趙子昂序并詩》，參見《吴文正集》卷二十五。

地也，載形而浮氣也，始天地而終天地也。七十二候，始於東風解凍，終於水澤腹堅。天地之始終，亦若是而已矣。

道以器寓，人與天期。故雷霆之聲，可以鼓鐘寫；風雨之變，可以音律知。

榮啓期一彈，而孔子三日樂；鄒忌子一徽，而威王日悲。進乎道者，技已末；感在心者，物已微。

厲利劍者，必以鈍砥；擊堅鐘者，必以濡木；書剛紙者，必以柔翰；輔强轂者，必以弱輻。

設兵而後出幄，稱警而後踐墀，張弧而後登輿，清道而後奉引，遮迾而後轉轂，静室而後息駕。

物不精，不爲神；數不妙，不爲術。離朱不能説其目，公輸不能説其手。

霸國無貧王，强將無弱兵。

「庖有肥肉，廐有肥馬，民有饑色，野有餓莩。」孟子語齊宣王也。「杜梁衣繡，士民無褐。侏儒有餘酒，而死士無充藿。」咎犯語晉文公也。

嚴挺之寧不作相，不見李林甫；崔隱甫寧不作相，不見牛仙客。

漢劉熙作《釋名》，吴韋昭作《辯釋名》；漢劉向作《説苑》，唐劉貺作《續説苑》。

六家之旨，既已異矣；三語之掾，强而同之。

一人善射，百夫決拾；一箇負矢，百羣皆奔。

犀有通，石有暈，珠有光，木有瘿，皆文也。

漂於衆沫，惡利口之覆邦也；病於尺喙，惡巧言之傷類也。

化赤漸乎鄰丹，爲黔資乎邇墨。

孔子修魯史，不肯增闕文；漢儒校羣經，未嘗去本字。宋人《尚書》則考訂《武成》，《毛詩》則盡去序説，吾未敢以爲然也。

鍾期死，而伯牙之絃絶；獿人亡，而匠石之斤輟。作之難，知之難也。

河北得水爲「河」，塞外得水爲「海」，少而多之也。滇雲稱山曰「長坡」，貴竹名雨曰「清露」，多而少之也。

寡婦哭城，城爲之崩；亡士歎市，市爲之罷。積精曰誠，積誠爲精也。

有奇福者，必有奇禍；有甚美者，必有甚惡。

投醪飲河，旨不及吻，而士卒戰氣自五也；分囊餉糒，甘不踰嗑，而士卒戰氣自十也。

齊歌曰歐，吴歌曰歈，楚歌曰些，巴歌曰嚁。

天有八風，噫氣也；地有八聽，孔竅也。

赤色者鳳，青色者鸞，黄色者鵷，紫色者鸑，白色者鵠。

「寧爲玉碎，毋爲瓦全。」「寧爲蘭摧蕙折，不作蒲芬艾榮。」「寧載於義而死，不載於地而生。」志士烈夫，古今一揆乎？

行川之水，無不盈之科；走盤之珠，無可留之影。故曰：神不可測，化不可爲。

明月夜光，多逢按劍；陽春白雪，難爲賞音。

冰壺不可與夏蟲饗，秋月不可與俗士賞。

施之則雨，潛之則潤，坊之則塞，畎之則流。君子之道，譬其如水乎？

「王省惟歲，卿士惟月，師尹惟日。」喻也。「天子如堂，羣臣如陛，衆庶如地。」亦喻也。「京邑猶身，王畿猶臂，四方猶指。」亦喻也。文章蹊徑遠矣哉。

興行墜典，整緝棼綱。

「卵胎不傷，麟鳳方至；魚鼈咸若，龜龍乃遊。」故戮民則士徙，養民則賢致。

「玉之在璞，抵擲則瓦石，追琢則圭璋；水之發源，雍閼則污泥，疏濬則川沼。」

與日同度謂之朔，邇一遐三謂之弦，衡分天中謂之望，光盡體伏謂之晦。同明相併、異明相消，謂之交蝕。

章句之病，黨枯護朽，守缺保殘，有不非服、鄭之陋，無是正左、班之忠。故曰：依義莫依語，師心不師迹。難矣哉。

周宣歌澤鴈，孟子諷野殍，其流民乎？韓非陳五蠹，商君論六蝎，其流士乎？安流民易，處流士難。

越王金鑄范少伯，晉帝圖畫宗少文，遙聞聲而相思也。秦皇未見韓非，則思與之并世不可得；既見非，則殺之。武帝未見相如，則思與并世不可得；既見相如，則擯之。日進前而不御也。

魏女色黵，鄭袖鼻之；朝吳忠貞，無忌殛之。故曰：女無美惡，士無賢不肖。

朱草之莖如鍼，紫芝之栽如豆。真玉火三日而見性，豫章生七年而辨名。知人實難，人實難知也。故曰：「禽息之精陰慶，鮑叔之魂默舉。」難矣哉。漆園嘆當世不可莊語，楊雄謂後世必有子雲，遠矣哉。

不發橫難，不得縱説；不發苦語，不得甘對。

鏡以鏡影，鏡亦有影。兩鏡相鏡，影似重影。故曰：與影競走，悲夫！

以木擊木則拌，以水投水則散，以冰投冰則沉，以塗投塗則陷。詩曰：「載胥及溺。」

將飛者翼伏，將奮者足跼，將噬者爪縮，將文者必朴。

「擊其首則尾至，擊其尾則首至，擊其中則首尾至。」非蛇説也，陣説也。「取君下駟，與彼上駟；取君上駟，與彼中駟；取君中駟，與彼下駟。」非馬説也，兵説也。

東坡，深於文者也，故嬉笑怒駡皆成文；張旭，深於書者也，故歌舞戰鬥皆草書。

七十三歲，楊雄擬經；六十三歲，平津對策。

蚩尤五兵，李斯篆書，苟便於世，人其舍諸？ 鯀之城也，桀之瓦也，秦之邊防也，隋之漕河也，至今賴之。故曰：善用人者無棄人，善用物者無棄物。

孔子失馬於野，二人閉而不與。子貢妙稱而怒，馬圉諧説而喜。曉俗以鴻文，猶振聾以肦鑾也。外典有之曰：文殊出定出不得，罔明不費纖毫力。落霞與孤鶩齊飛，秋水共長天一色。故七聖迷途，而童子知；黄帝失珠，而象罔得也。

人家畜犬以防盜，而盜魁反能盜犬；聖人作《易》以知盜，而盜儒亦能盜聖。

察見淵魚者不祥，智料隱匿者有殃。楊德祖三解讀碑，不如隰斯彌之止伐木也。況孌童注酈瓶之沸湯，路人量（膾）〔檜〕寢之尺寸哉。

世變如輪，無暫停也；人心如波，無少平也。成之極，即壞之漸；治之至，即亂之初。故曰：無平不陂，無往不復。

信陵君濟窮鳩，而義士歸心；越勾踐軾怒蛙，而勇士争死。「隋珠照日，羅衣從風。」《王孫子》「芳草如積，珍木連陰。」

思而重之，神將通之；精而熟之，鬼將告之。

禱晴而益雨，禱雨而益晴，則相與匿之以默。雨久而自晴，晴久而自雨，則相與歸之爲功。

虞舜重瞳，項羽亦重瞳。晉文駢脇，張儀亦駢脇。

道心如柁，人心如船。弗鼓弗捩，罔涉大川。檠水惟危，清水惟微。勿撓勿濁，乃燭鬚眉。

于定國身爲九卿，猶迎師執弟子禮；韓信破趙功成，禮降將而北面事之。

以沈充爲父，而有沈勁之子；以許敬宗爲祖，而有許遠之孫。犧生犁胎，龍寄蛇腹。人能起宗，非以宗起也。

卓吾曰：敬宗爲祖，亦未易得，莫隨宋人口頭轉好。

世有莫盛之福者，必有莫痛之咎。人所羨于前者，必所憐于後也。

丹丘千年一燒，黃河千年一清。

孟子戒助長，莊周懲益生。

「明主聿興，不降佐於昊天；大人基名，不擢才於異代。常引一世之人，理一世之務，故殷周不待稷、契之臣，魏晉無假蕭、曹之佐。」

吳任宰嚭，伍胥鴟夷；楚信靳尚，屈平魚腹。

無人非闚户之（閬）〔闃〕，無見非面牆之愚，無實非鴈足之書，無真非魚目之寶。

李卓吾先生讀升菴集卷十三終

李卓吾先生讀升菴集卷十四

字學 書畫類附

易字

《説文》引秘書説云：「日月爲易，象陰陽也。」《參同契》之説與此同。羅泌云：「日月爲易，而反正爲勿。相對爲明，對而虧爲昒。」慎按：「昒」即「昧」字，《史記》「昧爽」作「昒爽」。《莊子》云：「冉求問於仲尼曰：『昔吾昭然，而今昒然，何也？』曰：『昔之昭然，神者先受之；今之昒然，且爲不神者求也。』」是「昒」即「昧」之證也。古字「暘谷」作「易谷」❶，「昧谷」作「昒谷」。

大字

「大」字，古音「戴」、音「垛」，而無一駕切者。予考《淮南子》，宋康王世，有雀生鸇，占曰：「小而生大，必

❶ 應爲「昜谷」。

霸天下。」以「大」叶「下」，古亦有一駕切之音矣。予作《古音略》、《古音餘》二書，於字之形聲多所發明。

祇字

祇有兩音，音「岐」者，神祇之祇；音「支」者，訓「適」是也。如《詩》：「亦祇以異」，楊子「茲苦也，祇其所以爲樂與」，并音「支」。俗讀曰「質」，又作「秖」，亦非。「秖」，禾始孰也。

榜字

「榜」字，平音作「邦」，船鬣也。江湖中，兩船相之曰「挨榜」，盜暗曳船行劫曰「抽榜」是也。又音「彭」，所以轉正弓弩。又音「綁」，笞也。又音「謗」，進船也。

躄字

《左傳》：「苑子剕林雍，斷其足，躄而乘於他車以歸。」躄音「磬」，一足行也。梅聖俞詩：「竹存帝女啼，夔學林雍躄。」韻今不收。

囂字

《說文》：「囂，聲也，氣出頭上，故从㗊从頁。頁，頭也，牛刀切。」今讀作「梟」，非。《周禮》「司市」之文曰：「禁其鬥囂。」注：「鬥以力爭，囂以口爭。」《尚書序》：「仲丁居於囂。」其地在陳留浚儀，秦之敖倉也。三川爲天下朝市，故曰敖，敖即囂。愁歎之聲亦曰囂，《詩》云：「讒口囂囂。」又云：「選徒囂囂。」音「翺」。《漢書》：「囂囂若不足。」《詩》又云：「哀鳴嗷嗷。」《食貨志》：「天下謷謷。」《荀子》云：「天下敖敖，若燒若焦。」字雖異，義則一也。又《史記》注：「青陽，在青之陽；玄囂，在玄之囂。」唐詩：「春雲生嶺上，積雪在囂間。」梁宣帝《七山寺賦》❶：「神囂嵒嵒而特立，仙的皎皎以孤臨。」或以「囂」對「嶺」，或以「囂」對「的」，則凡山凹之地，皆名爲囂也。市之名囂者，亦猶後世名市曰墟也。交易，市合則囂，市散則墟。壑之凹凸者曰囂，峯之尖射者曰的。

纇字

《左傳》「忿纇無期」，又「刑之頗纇，獄之放紛」，言刑之頗偏而纇戾，獄之放縱而紛亂。「紛」與「纇」對，作「類」誤也。唐《李遜傳》：「治條疏纇。」《唐韻》：「纇，粗絲也。」《玉篇》：「絲節不調也。」

類字

《六書故》：「類，力遂切。」从犬。《易》曰：「方以類聚，物以羣分。」類从犬，羣从羊，今楷書作大，草書作絲，取其便於結構，失之遠矣。

❶ 應爲《游七山寺賦》，見《隋書經籍志考證》「梁岳陽王詧集十卷」條。

白字

日光之白曰「皜」，月光之白曰「皎」，男子之白曰「晳」，女子之白曰「皉」，《詩》：「皉兮皉兮。」老人之白曰「皤」，草華之白曰「葩」，霜雪之白曰「皚」，鳥羽之白曰「霍」。

心字

張有云：「古文心字，以倒火作㣺。心，火臟也。」予按：今之草書，寫心字及火，皆作散點，亦有理。

寮字

《左傳》：「同官爲寮。」《文選》注：「寮，小牕也。」宋王聖求號初寮，高似孫號踈寮，謝伋號靈石山藥寮。古人謂同官爲寮，指其齋署同牕爲義。

榮字

《淮南子》云：「聖人之能固已多矣，而所守又約，故動而必榮；愚人之知固已少矣，其所事者多，故動而必窮。」以「榮」與「窮」叶。《越絶書》曰：「種留封侯，不知令終。二賢比德，種獨不榮。」以「榮」與「終」叶。後人入庚字韻，蓋誤以縈爲榮也。

煬字

煬字，本音「向」，今音「恙」，非也。按《莊子》：「煬者避竈。」司馬彪曰：「對火曰煬。」《淮南子》曰：「富人衣纂錦，貧人煬竈口。」是煬即向，同音可證。

笨字

笨字音「奔」，去聲，粗率也。《晉書》：「豫章太守史疇肥大，時人目爲笨伯。」《朱子語録》云：「諸葛亮只是笨。」不是此字，乃書作「坌」，而音發之。

菴字

《蜀都賦》：「八方菴藹。」王充《論衡》：「桃李梅杏，菴丘蔽野。」至三國及晉，有菴幔、菴閭之語，但篆籀以《説文》爲宗，《説文》不載此字。近見《温陵古寺》一册，有元人「止菴」印章，菴字作「盦」。考古閣，有伯戔饙盦。盦，器皿，而借爲菴舍字，恐舍形似器，亦猶漢闕之觚稜，其形亦本酒器也。

尚字

《春秋傳》曰：「百官承事，朝而不夕。」承事者，言事而奉，其文書也。漢世官名尚書，義實取此，如淳《漢書》注曰：「主天子文書曰尚書，如主壻曰尚主也。」尚，平音。

殺字

白樂天《半開花》詩：「西日憑輕照，東風莫殺吹。」自注：「殺，去聲，音廈。」俗語：大甚曰殺。元人傳奇：「忒風流，忒殺思。」假借字也。

塗字

塗字從余，余有三音：一音餘，剩之餘。又音蛇，今人姓有余氏，即余之轉注，而俗書从入从示作佘，乃小兒强作解事也。一音賖，故畬字从余，《東方朔傳》：「老拍塗」❶，解曰：「塗者，漸洳徑也。」叶入麻韻。李義山《蜀爾雅》云：「《禹貢》：『厥土惟塗泥』，《夏小正》：『寒日滌凍塗』，二塗字音在巴茶之間。」《毛詩》：「昔我往矣，黍稷方華；今我來思，雨雪載塗。」《易林》：「雨雪載塗，東行破車，旅人無家。」以此博證之，則古音昭昭矣。

焦弱侯曰：華，古音敷；家，音姑。毛詩處處皆然，正與塗叶，不必讀塗如賖也。

酺字

會聚飲食曰酺。《司禮·族師》「祭酺」注：「酺者，爲人物災害之神。」田有蝗螟，厩有馬瘟，皆祭之，祭

❶ 應爲「老柏塗」，參見《前漢書》卷六十五，「東方朔傳第三十五」，「柏者，鬼之廷也」。

畢而合飲，遂名爲酺也。《校人》：「冬祭馬步」，杜子春云：「步即酺也」，則其音當爲步也。《春秋緯》云：「酒者乳也，王者法酒旗以布政，施天乳以哺人。」後世酺祭廢，而羣飲有禁，故漢世有賜酺之典。吁！終歲勤動，豈無一日之歡？牛飲以亡殷，虎酣以敗楚者，酒也。三爵而將德，百拜以成禮者，亦酒也。奚可因末流之亂，而廢本始之治，因庸醫而廢藥，因庸將而廢兵乎？我朝制不立酒禁，不賜酺恩，但教民無多種秫以妨民食，斯則張弛之道，同于文武而過漢唐矣。

夠字

《廣雅》曰：「夠，多也。」音遘。今人謂多曰夠。《文選·魏都賦》：「繁富夥夠，不可單究。」本文自協韻。

裝潢

《唐六典》有裝潢匠，注：音光，上聲，謂裝成而以蠟潢紙也。今製箋法，猶有潢漿之説。

曖曃

班固《終南山賦》：「曖曃晻靄，若鬼若神。」注：「曖曃，音愛逮，雲霧吐吞，障蔽天日，變化殊形也。」《韻會》：「曖曃，不明貌。」《詩》：「愛而不見」，毛萇云：「愛，蔽也。」《説文》：從人如僾；《方言》：從草作薆。字書，或從雲作靉，或從日作曖，皆蔽而不見之意。宋玉《高唐賦》：「曃兮若姣姬，揚袂障日，而望所思。」以「揚袂障日」解曖字，尤明白。韓文：「雲陰解駮，日光穿漏。」移以解靉靆與曖曃字，亦切。僾俙從人，薆蔽從草，曖曃從日，靉靆從雲。又僾俙之作靉靆，字從雲，猶奄忽之作飀颾，字從風。僾俙，不明莫如雲；奄忽，迅速莫如風也。

隨隋

隨，《説文》：「從也，從辵，安步也。旬爲切」。隋，從左從肉，裂肉也。徒卧切，與剁音相近。楊堅本封於隨，後有天下，以周齊之間，奔走不寧，去辵爲隋，其音則去隨從而就怠隋，其義則捨安步而就裂肉，豈非凶終之兆乎？宣德中，王驥征麓川，有土酋三人來降，即承制授爲隴川三宣撫官。三酋乞賜姓，驥曰：「汝三人，怕刀剁來降，即以怕、刀、剁，爲三酋姓。」其後三酋皆讀書識(宗)〔字〕，私改其姓，怕改帕，刀改刁，剁改隋。又有中國游商教之曰：「隋爲裂肉，不祥之名。」又改爲多。是隋之音爲徒卧切，夷人亦知之。滇中人有呼隋煬帝之隋作剁者，人或笑之，不知乃是本音，而舉世盡訛，將千年矣。

蠡測

蠡，瓠瓢也。蠡字从蟲，若與瓢義不協。按楊子《方言》云：「瓥，瓠瓢也。」字從瓜，從蠡。今閩廣之地，以鱟魚殼爲瓢，江淮之間，或用螺之大者爲瓢，是以蟲殼代瓜匏用也，故瓥字之取義兼之。

枘鑿

枘字，從木從内，《考工記》：「調其鑿内而合之。」宋玉《九辯》：「圜枘而方鑿兮，吾固知其鉏鋙而難入。」今舉子程文，只用枘鑿不相入。夫枘鑿本相入之物，惟方枘圓鑿，則不相入，今去方圓字，而曰枘鑿不相入，亦自省文，但作柄字，可笑也。

臾庾

《史記》：「庾死獄中。」按《説文》：「束縛捽抴爲臾。」臾、庾古字通也。

泊薄

老子《道德經》：「薄」作「泊」。王充《論衡》：「酒之泊厚，同一麴櫱；人之善惡，同一元氣。」又曰：「人生於陰陽，有渥有泊；玉生於石，有純有駮。」泊、薄同一字也。

喻歈

喻、歈二字，并有平、去二音。與吴歈、巴歈同，或從口，或從欠，亦猶歎之與嘆、嘯之與歗、唉之與欸也。

勿悤

《説文》：「勿者，州里所建之旗。蓋以聚民事，故悤遽者稱勿勿。」今流俗妄於勿勿中斜加一點，謂爲匆字，愈失真也。按《祭義》云：「勿勿其欲饗之也。」注：「勿勿，猶勉勉也，慇愛之貌。」杜牧之詩：「浮生長勿勿。」悤字解云：「多遽悤悤也。」今好古者，但知勿勿，而笑悤悤；逐俗者，又但知悤悤，而駭勿勿。

谻極

《爾雅》：「谻，音劇。」相如《子虛賦》：「徼谻受詘」，一作「⿰厽丸」，別作「⿰歹彖」，又作「⿰亻彖」，音義并同。晉人但用「極」，《世説新語》：「顧和謁王導，導小極，對之疲睡。」商芸《小説》載明帝問沐啓云：「沐伏久勞極，不審尊體何如？」帝答之曰：「去垢甚佳，身不極也。」

備賠

高歡立法：「盜私家，十備五；盜官物，十備三。」後周詔：「侵盜倉廩，雖經赦免，徵備如法。」備，償補也，音裴，今作賠，音義同而賠字俗。

不丕

古地名多有「不」字，如《春秋》之「不羹」、「華不注」，史之「不周」、「不美」、「不耐」，《山海經》之「不津」、「不庭」、「不其」。或曰「不」讀作丕，古無丕字，不即丕也。《詩》曰：「不顯惟德」、「不戢不難」，皆讀作丕。亦一説也。

謡作䚻

《爾雅》曰：「徒歌曰謡。」《説文》謡作䚻，注云：「䚻，从肉言。」今按：歌者，人聲也，出自胸臆，故曰肉言。徒歌，謂不用絲竹相和也。童子歌曰童畬者，謂其言出自己胸臆，不待人教也。唐人謂徒歌曰肉聲，即《説文》「肉言」之義。

冶作野

古冶字，或借作野，揚子江有梅根野。齊武帝詩：「昨經樊鄧役，阻潮梅根冶。」劉文房詩：「落日蕪湖色，空山梅冶煙。」皆以冶爲野。

諺喭唁

劉勰曰：「諺、喭、唁，同一字。諺者，直語也。廛路淺言，有質無華，喪言不文，故弔亦稱唁。」劉子《新論》：「子游裼裘而諺，曾子指揮而哂。」是諺與唁同也。

盪櫛

郭知玄《韻序》：「銀鉤乍閱，晉豕成羣。盪櫛行披，魯魚盈貫。」盪，如《周禮》「簜節」之簜，謂竹也。櫛與札同，《釋名》云：「札，櫛也，相比如櫛也。」古詩：「客從遠方來，遺我一書札。上言長相思，下言久離別。」札與別叶，是櫛、札同音可知。宋羅願謝表云：「恩假一州，濫綴銅符之末；使連數道，適當蕩節之前。」節與札字亦通用，又可知。蕩札，今之玉版牋。

尉斗

《隋書》李穆奉尉斗于楊堅曰：「願公執威柄以尉安天下。」史炤《釋文》：「尉斗，火斗，所以申繒也。俗加火作熨。」《説文》：「平也。」後世軍官曰校尉，刑官曰廷尉，皆取從上按下使平之義。尉斗申繒，亦使之平也。《王莽傳》有威斗，即尉斗，威與尉音相近，轉音。鬱，今俗言平曰鬱帖，是也。畫譜有《唐宮熨帛圖》。白樂天詩：「金斗熨波刀剪文。」陸魯望詩：「波平熨不如。」温庭筠詩：「天如重熨皺。」❶王君玉詩：「金斗熨秋江。」字皆從俗。

驚帆

曹真有名馱，號「驚帆」，言馳驟如風帆也。俗遂制颿字。

綳巾

《説文》：「綳，青絲綬也。」音關。仲長統《昌言》：「身無半通青綳之綬，而竊三辰龍章之服。」《爾雅》：「綳似綳，組似組，東海有之。」皆草色也。綳，鹿角菜；組，海中苔，今之紫菜也。詩人白綳巾、紫綳巾，皆合用此，俗作綸，非。亦猶苛，小草也，今但知爲苛刻之苛。藐，紫草也，今但知爲藐然之藐。蓋，染草也，今但知爲忠蓋

❶ 此爲皮日休詩句，參見皮日休、陸龜蒙：《鬆陵集》卷一，「日似新刮膜，天如重熨皺」

之蓋耳。

凹凸

土窪曰凹，土高曰凸，古之象形字也。周伯温乃曰：「凹當作坳，凸當作垤，俗作凸、凹，非。」是反以古字爲俗字也。東方朔《神異經》云：「大荒石湖，千里無凸凹，平滿無高下。」《畫記》云：「張僧繇畫一乘寺壁，遠望如凹凸，近視則平，俗遂呼爲凹凸寺云。」《高僧傳》云：「谷之應聲，語雄而響厲；鏡之鑑像，形曲而影凹。」其來夐矣。

鋄壤

鋄音㊅，鐵質，《金文》曰鋄。《西京賦》：「金鋄鏤錫」，馬融《廣成頌》：「金鋄玉壤」，《詩》云：「鉤膺鏤錫」，《國語》曰：「懷纓挾壤」，皆指此。婦飾曰：「壤嵌生活」，用此壤字，俗作廂，非。

彏彍

唐府兵變爲彍騎。彍，彀弓弩也，字又作彏，音郭。《尸子》曰：「鴻鵠在上，杆弓彏弩待之。若發若否，問二五弗知。非二五難記也，欲鴻之心切也。」

古文

《類苑》云：「古文自變隸，其法錯亂，後轉爲楷字，愈訛矣。如云：『有口爲吳，無口爲天。』吳字本从口从夭，非從天也。」又吳元濟之亂，童謡有「小兒天上口」之讖，又如董卓爲「千里草，十日卜」，王恭爲「黄頭小人」，皆今世俗字，非古文也。史謂童謡，乃熒惑星爲小兒造者，審如此，熒惑星亦不識古文乎？蘇易簡云：「神不能神，隨時之態。」

卓吾曰：人不能人，隨時之愛。

文字

倉頡造書，形立謂之文，聲具謂之字。許叔重云：「獨體爲文，合體爲字。」李登云：「物相雜故曰文，文相滋故曰字。」

荆公字説

王荆公好解字説，而不本《説文》，妄自杜撰。劉貢父曰：「《易》之觀卦，即是老鸛；《詩》之小雅，即是老鴉。」荆公不覺欣然，久乃悟其戲。又問東坡：「鳩字何以從九？」東坡曰：「鳲鳩在桑，其子七兮。連娘帶爺，恰是九个。」

番書

元朝用羊皮寫詔，謂之羊皮聖旨，其字用蒙古書。張孟浩詩云：「鴻濛再剖一天地，書契復見科斗文。」張光弼《輦下曲》云：「和寧沙中（撲遫）〔樸樕〕❶筆，史臣以代鉛槧事。百司譯寫高昌書，龍蛇復見古文字。」

卓吾曰：有旨哉，科斗龍蛇之稱也！又安知胡地不有倉頡、史籀其人乎？❷我之科斗鳥跡，又不自蟲魚來乎？

音辭

南方水土和柔，其音清舉而切詣，其失在浮淺；北方山川深厚，其音沉濁而訛鈍，其得在質直。然冠冕君子，南方爲優；閭里小人，北方爲愈。若易服而與之談，南方士庶，數言可辨；隔垣而聽其語，北方朝野，終日難分。蓋南染吳越，北雜夷虜，皆有深弊。

卓吾曰：朝野難分，正其質直之處。

---

❶ 應爲「樸樕」，意指「小樹」，喻平庸。

❷ 「史檑」應爲「史籀」。

善書以下論書

吳之善書者，則有皇象、劉纂、岑伯龍、朱季平，皆一代之絶手。中州則有鍾元常、胡孔明、張芝、索靖，各一邦之妙藝。并用古體，皆足周事，飄乎若起鴻之乘勁風，騰鱗之躡鷩雲。

曇礦

袁昂《書評》一卷，如：「上谷之翩，未覩鴻蹤；曇礦之鶱，空傳膺本。」曇礦，山陰道士所居村名也。又云：「中郎運帚之妙，爽爽入神；師宜懸帳之奇，翩翩自逝。」

潭帖

東坡跋《潭帖》云：「希白作字，自有江左風味，故《長沙法帖》比《淳化》爲勝，世俗不察，争訪閣本，誤矣。」希白，錢易也。

索靖

宋太宗刻《淳化帖》，命侍書王著擇取。著於章草諸帖，形近篆籀者皆去之。其所載索靖二帖《脉土處農》、《姬業掌稷》，猶有古意。及計來東，言展有期，則但行草而已。《東書堂帖》又去其前而存其後，所謂至言不出，俗言勝耶？孫過庭論書，必傍通二篆；俯貫八分，包括章草，涵泳飛白。嗚呼！必如是而後爲精藝也，不然，則刻鵠圖龍，竟慚真體，得魚獲兔，猶悋筌蹄，未免凡近耳。

皇象

皇象曰：「欲見草漫漫落落，宜得精毫菟筆委曲宛轉不叛散者，紙當得滑密不沾污者，墨又須多膠紺黝者，如逸預之餘，手調適而心佳娛，正可以小展。」菟，古軟字，善書者，始能用軟筆也。

鸞驚

梁元帝《古跡啓》：「鸞驚之奇，既聞之於索靖；鷹跱之巧，又顯之於蔡邕。」

影書

六朝人尚字學，摹臨特盛。其曰「廓填」者，即今之雙鈎；曰「影書」者，如今之（嚮榻）〔響搨〕❶。《南史》云：「蕭思話書，羊欣之影。風流（趨）〔趣〕❷好，殆當不減。」《北史》：趙文深少學楷隸，雅有鍾、王之則，周明帝令至江陵影覆寺碑，是也。又傍書釋文亦曰「影」，唐太宗集右軍帖，令褚遂良帖（傍）〔旁〕黄影之。

❶ 即「響拓」，複製法書的一種方法。

❷ 一作「風流趨好」，見《南史》卷二十二，列傳第十二，「僧虔」條。

臨摹

王紹宗與人書云：「鄙人書翰無工者，特由水墨積習，恒虚神静，心以取之。」又虞世南亦不臨寫，但心準目想而已。然此可與上智道，若下學，必須臨摹。唐太宗云：「臥王濛於紙中，坐徐偃於筆下，可以嗤蕭子雲。」臨摹之益大矣。又，岳珂《英光堂帖》，有米元章臨智永《真草千文》，珂跋其後云：「摹、臨兩法不同，摹帖如梓人作堂，梁櫨榱桷，雖具準繩，而締創既成，氣象自有工拙。臨帖如雙鵠并翔青天，浮雲浩蕩萬里，各隨所(里)〔至〕而息，寶晉蓋進乎此者也。」又爲之贊曰：「永之法妍以婉，芾之體峭以健，馬牛其風，神合志通，彼妍我峭，惟妙惟肖。故曰：袒裼不浼，夜户不啓。善學柳下惠，莫如魯男子。」皆名言也。

字畫肥瘦

方遜志云：「杜子美論書，則貴瘦硬，論畫馬，則鄙多肉，此自其天資所好而言，非通論也。大抵字之肥瘦各有宜，未必瘦者皆好，而肥者便非。譬之美人然，東坡云：『妍媸肥瘦各有態，玉環飛燕誰敢輕。』」予嘗與陸子淵論字，子淵云：「字譬如美女，清妙清妙，不清則不妙。」予戲答曰：「豐艷豐艷，不豐則不艷。」子淵首肯者再。

卓吾子曰：知先生志在温柔鄉矣。

草書枯澀

徐浩真書多渴筆，懷素草書多枯澀，在書法以爲妙品。戴幼公《贈懷素》詩云：「忽爲壯麗就枯澁，龍蛇盤騰獸屹立。」魯收《懷素草書歌》：「連拂數行勢不絕，藤懸槎蹙生奇節。」竇臮亦云：「殊形詭狀不易説，中含枯燥尤驚絶。」任華云：「時復枯燥何𥜥褷，忽覺陰山突兀横翠微。」蓋深知懷素之三昧者。姜白石云：「徐季海之渴筆，譬如綺筵之素饌，美人之淡粧。」倪思以痴重筆跡爲墨豬，元班彦功之字，評者以爲死豬腸，可以喻矣。

撥鐙法

虞邵菴《題畫古木》詩云：「後主撥鐙法。」蓋江南李後主云：「書有七字法，謂之撥鐙法，曰擫、壓、鉤、揭、抵、導、送也。」鐙，古㽅字，撥鐙、畫沙、懸針、垂露，皆喻言。撥鐙如挑燈，不急不徐也。楊鐵崖與顧玉山聯句云：「書出撥鐙侵繭帖」，可證其音讀。

《草書百韻歌》

《草書百韻歌》乃宋人編，成以示初學者，託名于羲之。近有一庸中書，取以刻石，而一鉅公序之。有自京師來滇，持以問余，曰此羲之草韻也。余戲之曰：「字莫高于羲之，得羲之自作《草書百韻歌》，奇矣。又如詩莫高于杜子美，子美有《詩學大成經》；書出於孔子，孔子有《四書活套》。若求得二書，與此爲三絶矣。」

石刻

字書于碑碣，比之簡牘已難得，刻手精尤爲難。古刻之存于今者，岣嶁山禹碑，是夏時刻工所成，石鼓爲周刻。夏承碑，雅州高孝廉碑，夾江縣酒官碑，新都縣王稚子石闕，皆漢刻。然皆篆籀八分，筆畫齊勻，無縮牽折搭，不見其難且工。晉王獻之《保母帖》，自書上磚，晉工刻之，宋潛溪評以爲勝《蘭亭》，蓋刻工之研也。唐顔魯公書碑，令家僮刻之，恐俗工失其筆意。至李北海，手自刻之者數碑，碑中書黄仙鶴刻，或云伏靈芝刻，或云元省己刻，皆公自刻而詭撰此名也。元趙子昂書，得茅紹之刻，手精毫髮不失。紹之在江南，以此技致富。晚有會稽李璋者出，自云勝紹之，紹之試令刻之于字下，一磔一運而就，紹之乃服。絶藝信亦自有人哉。

論詩畫 以下論畫

東坡先生詩曰：「論畫以形似，見與兒童隣。作詩必此詩，定知非詩人。」此言畫貴神，詩貴韻也。然其言偏，未是至者。晁以道和之云：「畫寫物外形，要物形不改。詩傳畫外意，貴有畫中態。」其論始爲定。

卓吾子曰：余謂改形不成畫，得意非畫外也。因復和之曰：「畫不徒寫形，正要形神在。詩不在畫外，正寫畫中態。」杜子美云：「花遠重重樹，雲輕處處山。」此詩中畫也，可以作畫本矣。唐人畫《桃源圖》，舒元輿爲之記云：「煙嵐草木，如帶香氣，熟視詳玩，自覺骨戞青玉，身入鏡中。」此畫中詩也。絶藝入神矣。

張僧繇

吴道子始見張僧繇畫，曰：「浪得名耳。」已而坐卧其下，三日不能去。庾翼初不服逸少，有家雞野鶩之論，後乃以爲伯英再生。

卓吾子曰：然則入眼便稱好者，决非好也，决非物色之人也，况未必是吴之與庾，而何可以容易識此也。噫！千百世之人物，某不易識，總若此矣。

曹吴

吴曹不興一刻「北齊曹仲達」。畫人物，衣服緊窄，僅僅束身。唐吴道子畫衣服，垂帶飄舉。故時人語曰：「吴帶當風，曹衣出水。」蓋漢魏六朝至唐，宫衣皆尚窄，不止便於趨承，亦以示儉也。韓偓詩：「長長漢殿眉，窄窄楚宫衣」，李賀詩：「越羅小袖新香倩」，是也。嘉靖中，直垂至膝下，去地僅五寸，袖闊四尺餘，於是有「碧羅舞袖雙垂地，籠卻纏頭無處尋」之謔矣。

周昉

東坡詩：「書生老眼省見稀，畫圖但怪周昉肥。」《畫譜》亦言周昉畫美人多肥，蓋當時宫禁貴戚所尚也。余謂不然。《楚辭》云：「豐肉微骨，調以娱。」又云：「豐肉微骨，體便娟。」便是留佳麗之譜與畫工也。蓋肉不豐，是一生色髑髏；肉豐而骨不微，一田家新婦耳。

卓吾子曰：知先生志在豐城矣。

九朽一罷

畫家於人物，先以土筆擬其形，數次修改，曰九朽；繼以淡墨，一描而成，曰一罷。獨周忘機不假此，落筆便成，氣韻生動，每語人曰：「書畫同一關捩，善書人，豈先朽而後書乎？」蓋卓識也。

卓吾子曰：至言至言。

掩障

李思訓畫掩障上玄宗，夜聞水聲，通神佳手也。

遠公

遠公畫《江淮名山圖》，而《畫譜寶鑑》竟不知遠公善畫。慎謂晉人無不文藻風韻，遠公能畫，工詩，又注《詩經》，殆隱於禪者歟？

楊補之

楊補之，子雲之後，自蜀移家清江，善畫梅。秦檜求之，竟不與也。有《逃禪老人詞》一卷。

畫似真

慎少時，先太師與瑞虹、龍崖二叔父看畫，因問二叔父曰：「景之美者，人曰似畫，畫之佳者，人曰似真，孰爲正？」慎對曰：「元微之有詩云：『顛倒世人心，紛紛乏公是。真賞畫不成，畫賞真相似。丹心各所尚，工拙何足恃。求此妄中情，哀哉子華子。』」龍崖曰：「詩亦未見佳，慎，爾可試作之。」遂呈稿曰：「會心山水真如畫，巧手丹青畫似真。夢覺難分列禦寇，影形相贈晉詩人。」二叔父喜曰：「只此四句，大勝前人。」弘治己未，時年十二也。

十樣蠻牋 以下論紙

韓浦詩曰："十樣蠻牋出益州。"又有百韻牋，幅長，可寫百韻。其次學士牋，比百韻短。又《蜀志》載：王衍以霞光牋五百幅，賜金堂令張蠙。

李生曰：可惜，可惜，何不賜我卓老也。

蜜蒙花紙

蜜蒙花紙，以蜜香樹皮葉作之，紙紋如魚子，極香而堅韌，水漬之不潰爛。晉太康五年，大秦國獻三萬幅，帝以萬幅賜杜預，令寫《春秋釋例》。

李生曰：與賜杜〔預〕寫訓詁文，何如賜李卓寫腹中書乎？

蠲紙

古有蠲紙，以漿粉之屬，使之瑩滑，蓋蠲之爲言潔也，是故爲之蠲紙。劉績《霏雪録》，獨謂蠲紙起於五代，民間有因親疾刲股、親喪廬墓，規免州縣賦役者，歲給蠲符以蠲免之，故號爲蠲紙。

李生曰：妙也，是也。若言蠲潔之紙，天下豈曾有紙而不蠲潔者乎！

養紙

養紙芙蓉粉，薛濤事。薰衣荳蔻香。霍小玉事。

古製墨法以下論墨

古墨法云:「煙細、膠新、杵熟、烝匀,色不染手,光可射人。」又曰:「虬松取煙,鹿膠相揉。九蒸回澤,萬杵力就。光可照人,色不染手。」造墨惟膠爲難,古之妙工,皆自製膠,法取新解牛革及筋全用之。牛革取其厚處,連膚及毛,皆割不用,入冶成膠,即以和煙。若冷定重化,則已非新矣。

朱萬初墨

元有朱萬初善製墨,純用松煙,蓋取三百年摧朽之餘,精英之不可泯者用之,非常松也。天曆乙巳,開奎章閣,揀儒臣親侍翰墨,榮公存初、康里公子山,皆侍閣下,以朱萬初所製墨進,大稱旨,得禄食藝文館。虞文靖公贈之詩曰:「霜雪摧殘澗壑非,深根千歲斧斤違。寸心不逐飛煙化,遠作玄雲繞紫微。」蓋紀茲事也。又曰:「萬初之墨沉着而無留跡,輕清而有餘潤,其品在郭圯父子間。」又跋其後曰:「近世墨,以油煙易松煙,姿媚而不深重。萬初既以墨顯,又得真定劉法造墨法於石刻中,以爲劉之精藝深心,盡在於此,因覃思而得之。予嘗謂松煙墨深重而不姿媚,油煙墨姿媚而不深重,若以松脂爲炬取煙,二者兼之矣。宋徽宗嘗以蘇合油搜煙爲墨,至金章宗購之,一兩墨價黄金一斤,欲倣爲之不能,此謂之墨妖可也。」

佛幌輕煙

南中楊生製墨不用松煙,止以燈煤爲之,名玉泉墨。予謂玉泉之名與燈煤無干,只以東坡「佛幌輕煙」爲名,豈不奇絶。

古墨松煙

古墨惟以松煙爲之，曹子建詩：「墨出青松煙，筆出狡兔翰。」《富家聞見録》云：「唐李超，易水人，與子廷珪亡至歙州，其地多松，因留居，以墨名家。」《仇池筆記》：「真松煤遠煙，自有龍麝氣，世之嗜者，如滕達、蘇浩然、吕行甫，暇日晴暖，研墨水數合，弄筆之餘，乃啜飲之。」又云：「三衢蔡瑫，自煙煤膠外，一物不用，特以和劑有法，甚黑而光，近世稱徽墨，率用桐油煙，既非古法，墨成，亦用漆爲衣，始光。」東坡云：「光而不黑，索然無神氣，亦復安用？」予得墨法於異人，祇用煙膠，成即光如漆，名之曰「一品玄霜」，殆不虚也。

古藏墨訣

贈君烏玉玦，泉清硯須潔。避暑懸葛囊，臨風度梅月。

黑丹

《文選·東京賦》：「黑丹石緇」，注引《孝經援神契》曰：「德至於山陵，則出黑丹。」《魏都賦》「黑井鹽池，玄液素滋。」注：「鄴西高陵西伯楊城西有黑井，今在彰德府南郭村，井産石黑，可以書。」陸士龍《與兄書》云：「三台上有曹公石墨數十斤，云燒此復消，可用然煙，中人不知，兄頗見之否？今送二螺，即此物也。」又宜陽縣有石墨山，汧陽縣有石墨洞，贛州興國縣上洛山，皆産石墨，廣東始興縣小溪中亦産石墨，婦人取以畫眉，名畫眉石。按：古者漆書之後皆用石墨以書，《大戴禮》所謂「石墨相著則黑」是也。漢以後松煙桐煤既盛，故石墨遂湮廢，并其名，人亦罕知之。《水經注》：「商州黄水北有黑山，山石悉黑，繢彩奮發，黝烏若墨。」

石燭

石燭，一名水肥，一名石脂，一名石液，今之延安石油也，可熏煙爲墨。唐人延州詩有「石煙多於洛陽塵」之句。

周公有筆 論筆一條

劉向《説苑》：王滿生説周公，籍筆牘書之，則周公時已有筆矣。韋誕《筆經》曰：「製筆之法，桀者居前，毳者居後，强者爲刃，愞者爲輔。參之以檾，束之以管，固以漆液，澤以海藻。濡墨而試，直中繩，勾中勾，方員中規矩，終日握而不敗，故曰筆妙。」又柳公權一帖云：「近蒙寄筆，深慰遠情，但出鋒太短，傷於勁硬。所要優柔，出鋒須長，擇毫須細。管不在大，副切須齊。副齊，則波掣有凴；管小，則運動省力。毛細，則點畫無失；鋒長，則洪潤自由。」此帖論筆之妙頗盡。

金題玉躞 論裝潢一條

《海岳書史》云：「隋唐藏書，皆金題、玉躞、錦贉、繡褫。」金題，押頭也。玉躞，軸心也。贉，卷首帖綾，謂之玉池，又謂之贉，有毬絡錦贉，有樓臺錦贉，有樗蒲錦贉。有引首二色者，曰雙引首。標外加竹界，而打攧其覆首曰(標)〔褾〕褫，《法帖譜系》曰「大觀帖，用皂鸞鵲錦褾褫」是也。卷之衮簽曰檢，又曰排。《漢書·武帝紀》：「金泥玉檢」，注：「檢，一曰燕尾，今世書帖簽。」《後漢·公孫瓚傳》：「皂囊施檢」，注：「今俗謂之排。」此皆藏書畫、職裝潢所當知也。

李卓吾先生讀升菴集卷十四終

李卓吾先生讀升菴集卷十五

法象

天門地户

《河圖括地象》曰：「西北爲天門，東南爲地户。」注：「天不足西北，地不滿東南。」

宋儒論天

邵堯夫曰：「天何依？依乎地；地何附？附乎天；天地何依附？自相依附。」自斯言出，朱子遂云：「天外更須有軀殼甚厚，以固此氣。」夫天有軀殼乎？誰見之乎？既自撰爲此説，他日遂因而實之曰：「北海只挨着天殼邊過」，似曾見天殼矣。夫自古論天文者，宣夜、周髀、渾天之書，甘石、洛下閎之流，皆未嘗言。非不言也，實不知也。《莊子》云：「六合之外，聖人存而不論。」此乃切要之言，孰謂《莊子》爲虚無異端乎？至元人趙緣督，始稍正邵子之誕。又丘長春，世之所謂神仙也，其曰：「世間之事，尚不能究，况天外之事耶？」本朝劉伯温曰：「天有極乎？極之外又何物也？天無極乎？凡有形必有極，理也，勢也，是聖人所不能知也。故天之行，聖人以曆紀之；天之象，聖人以器驗之；天之數，聖人以算窮之；天之理，聖人以《易》究之。天之所閟，人無術以知之。今不曰不知，而曰不言，是何好勝之甚也。」東坡有詩曰：「不識廬山真面目，只緣身在此山中。」蓋處於物之外，方能見物，吾人不出天地之外，何以知天地之真也。

天綱

《漢書》：「玉衡杓建，天之綱也；日月初躔，星之紀也。」今名北斗爲天綱，本此。予嘗與客夜坐，客指北斗曰：「此天綱星，非北斗也。」予因笑曰：「昔人謂《文選》只有班孟堅文，無班固文，覩子之言，信矣。」其人亦不悟。

吳泉

吳泉，即虞淵也。吳，古虞字省文，如虖之省爲乎，禮之省爲祖也。《河圖絳象》云：「邠之隘，上爲扶桑，日所升；宣陸之阻，上爲吳泉，月所登。」

鬱儀結璘

《黄庭經》云：「高奔日月吾上道，鬱儀結璘善相保。」注引上清紫文云：「鬱儀，奔日之仙；結璘，奔月之仙。」

兩兒辯日

《列子》曰：「孔子東遊，見兩小兒辯鬥，問故。一曰：『我以日始出，去人近，而日中時遠也。』一曰：『我以日初出遠，而日中時近也。』言初出近者曰：『日初出，大如車蓋，及升中，纔如盤盂，此不爲遠者小、近者大乎？』言初出遠者曰：『日初時，滄滄涼涼，及升中，熱如探湯，豈非近者熱、遠者涼乎？』」晉束皙以爲，置器廣庭，則函牛之鼎如釜；堂崇十仞，則八尺之人如星。物有陵之，非形異也。夫物有惑心，形有亂目，故仰游雲以觀月，月常動而雲不移；乘船以涉水，水去而船不徙矣。

丘處機論日

《易》曰：「日入地中，《明夷》。」邵子云：「日入地中，構精之象。」後人遂謂日晝行天上，夜入地中。丘長春曰：「輕清者，上騰爲天；重濁者，下凝爲地。萬物有形，重濁皆附於地；三光輕清，悉上於天。既上於天，如何卻沉於地乎？且星隕於地而化爲石，星墜於地猶化爲石，况地下乎？夫二十八宿，周天均布，太陽逐日會合，逐月遷移，一歲之終，經歷周徧。且如日在箕斗，箕斗在天河，日入地時，星河皆入地耶？抑日獨入地，而星河只在天耶？若道星河皆入地，則七八月間河漢尤顯，日正東西出没，初夜、則河漢東北西南，向曉，則東南西北，是知河漢不入地，而隨天運行。若日入地時，與箕斗坼破，箕斗行天上，而日轉地中。天地懸隔，如何向曉東方出時，卻得恰好與箕斗相會，而同行天上乎？天上日月，常無出没，人間常有出没，此間東方日出時，西向千里之外猶昧，萬里之外猶昏。北斗直西，半夜，北斗直北，初没。子丑寅卯，周天輪次，迤邐而去，未嘗暫止。北斗斡運，昭然可見，而强稱入地，有何義旨？《明夷》之卦，文王拘於羑里，失勢之象，何足爲據？」右丘長春所論如此。愚按：《明夷》「日入地中」，乃是假象明理，如天在山中之類。邵子構精之説，元儒已譏其褻天，由此觀之，長春之識卓矣。

日昃日斜

梁元帝《纂要》：「日午曰亭，日未曰映。」王仲宣詩：「山崗有餘映。」謂日昃也。《越絶》漁父歌：「日昭昭，浸以暆暆。」日斜也。遼左有東暆縣。賈誼賦：日斜庚子。暆、斜俱音移。

彈烏抶馬

李長吉《相勸酒》詩曰：「羲和騁六轡，晝夕不曾閑。彈烏崦嵫竹，抶馬蟠桃鞭。」烏，日中烏也。抶，音叱，樸❶也。

星牖月牕

凡山洞岩穴有竅通明，小曰星牖，大者月牕。

拒雲槩日

灊山一名天柱山，三峰鼎峙，拒雲槩日。

❶「樸」，通「撲」，用鞭、杖或竹板之類的東西打。

四時風

郎仁寶云：「春之風，自下而升上，紙鳶因之以起；夏之風，横行空中，故樹杪多風聲；秋之風，自上而下，木葉因之以隕；冬之風，著土而行，是以吼地而生寒。」驗之良是。

朝霞作雨

《素問》云：「霞擁朝陽，雲奔雨府。」《楚辭》云：虹蜺紛其朝霞，夕淫淫而淋雨。唐詩云：「朝霞晴作雨。」俗諺云：「朝霞不出市。」

山帶

《廬山記》：「天將雨，則有白雲，或冠峯岩，或亘中嶺，俗謂之山帶。不出三日必雨。」唐詩：「風吹山帶遥知雨。」

四時山

春山淡冶而如笑，夏山蒼翠而如滴。秋山明净而如粧，冬山慘淡而如睡。

四地山

海山微茫而隱見，江山巖厲而峭卓。溪山窈窕而幽深，塞山童頳而堆阜。

山形

鋭而出者爲虎牙，尖而背者爲熊耳，角而巘者爲牛首，冠而峭者爲鷄頭。王涯：《仙掌辨》。❶玲瓏剔透，桂林之山也；巉(差)〔嵯〕嵌窔，巴蜀之山也；綿衍龐魄，河北之山也；俊俏巧麗，江南之山也。貴州之山，灰堆糞壤，不入詩畫。

岌峘宮霍

《爾雅》：「小山岌大山，峘。」邢昺疏云：「言小山與大山相并，而小山高過於大山者名峘，非謂小山名岌、大山名峘也。」又：「大山宮小山，霍。」疏云：「宮，猶圍繞也，謂小山在中，大山在外，圍繞之若此者名霍，非謂小山名宮、大山名霍也。」《爾雅》文既奥妙，而邢疏解之具析其微矣，所以兩發其義，而不厭重復者，正慮後人誤認也。近時有刻《爾雅》而去疏者，曰「我自能解，不必觀疏」，試以此問之，果誤認如邢所譏。

天隳山

揚雄《蜀本紀》曰：「有王曰杜宇，出於天隳山。有朱提氏女，爲杜宇妻，號曰望帝。」

❶ 本條見《升庵集》卷七十六『山形』、『山岩之異』條，以下「玲瓏剔透……不入詩畫」歸入「山岩之異」條。

峩眉山

予書峩眉山寺簡板曰：「奇勝冠三蜀，震旦第一山。」劉東皐云：「不如以王右軍『崑崙伯仲地』易『奇勝冠三蜀。』」又「半天開佛閣，平地見人家。」老保樓簡板，范景仁詩也。

巫峽山

巫咸以鴻術爲帝堯醫師，生爲上公，死爲貴神，封於斯山，故因以名。見郭璞《巫山賦》。

梅山

宋章惇《開梅山》詩，專頌開梅山之利。濟北晁無咎《開梅山》一篇，則言不必開。蓋因章惇小人，專其事，爲清議所不與也。然梅山地，今爲長沙府之安化縣，五寨自熙寧至今，永無蠻獠之患，則惇之此舉，一秦之長城也，不然，則爲長沙之害，豈減于廣西之猺獞哉？

獨婦山

《越絶》云：「獨婦山，去會稽四十里。勾踐將伐吳，徙寡婦至獨山者，以爲死士示，得專一也。」《吳越春秋》作獨女山，云：「勾踐以諸寡婦淫泆過犯，皆輸山上，士有憂思者，令遊山上以喜其意。」按二事，《吳越春秋》所載近是。又《齊記》云：「齊有女閭七百，徵其夜合之資，以充國用。」《論語》有「歸女樂」之文，亦出於齊，其女閭之餘乎？

枝峯蔓壑

陸魯望云：「金華山，枝峯蔓壑，秀氣旁魄，不啻神仙登臨。」

五臺山

史炤《通鑑注》曰：「五臺在代州五臺縣，山形五峙，相傳以爲文殊示現之處。《華嚴經》疏云，清涼山者，即代州鴈門五臺山也。以歲積堅冰，夏仍飛雪，曾無炎暑，故曰清涼。五峯聳出，頂無林木，有如疊土之臺，故曰五臺。」

篸山

武當山，一名篸山，又名仙室。極（晴）〔睛〕❶而見之，輕霄蓋其上，白雲帶其前，旦必西行，夕而東返。謂之朝山，言爲衆山所朝也。

包山

包山舊無三班，謂蛇、虎、雉也。或問雉亦文鳥，何以與虎、蛇爲伍？曰：雉與蛇交，有雉之地必有蛇也。

❶ 此處應爲「極睛」，意指窮盡目力，眺望遠方。

金庭玉柱

林屋洞天在包山，其中深窈幽黑，久無遊者。徐武功好奇，列炬而行。行頗久，至一處，平敞寬崇，四壁上下，皆作金色，石乳自上滴下，謂之金庭玉柱也。有刻字，曰「隔凡」，字勢飛逸，疑非人間書。

嵩岑

元魏《裴粲傳》：「嵩岑極天，苞育名草。修生救疾，多遊此岫。」魏帝詔之曰：「栖素雲根，餌芝清壑。」

汶即岷

蜀山之大者曰岷山。岷，《説文》作㟭，省作岷。漢人隸書作汶，多與汶上之汶相混。《列子》：「貉不踰汶」，謂汶川也，非汶上也。而今汶川縣誤呼作問音，蜀焉得齊南魯北之水乎？

野狐嶺

童瑄，字碧瑄，號玉壺，以明天文召入，扈從成祖北征。至野狐嶺，上有碑識云：「嶺去天十八里，其寒裂膚。此地極北，紫微北斗已向南觀。」

火山火井

《水經注》：「火山似火從地中出，名曰熒臺。」今南中往往有之。火井在蜀之臨邛，今嘉定犍爲有之。

其泉皆油，爇之然，人取爲燈燭。正德中方出。

山穴有火

《拾遺記》：「西海之西，有（浮）〔浮〕玉山，山下有穴，穴中有火，其色如水，波濤灌湯而火不滅，名曰陰火。」唐詩：「陰火雨中然。」顧況詩：「颶風晴汨起，陰火瞑潛燒。」戴叔倫詩：「古戍陰傳火，寒蕪曉帶霜。」

陽焰

《素問》云：「澤中有陽焰，如火煙騰騰而起於水面者，是也。」蓋澤有陽焰，乃山氣通澤；山有陰靄，乃澤氣通山。

陰火

海中漉出魚蜃，置陰處有光。蓋鹹水所生，凡海中水遇陰晦，波如然火滿海，以物擊之，迸散如星，有月即不復見。木玄虛所云「陰火潛然」，豈謂是乎？

天池

海曰天池，江曰天塹，鹽曰天藏。

大江

江出岷山，其源實自蜀西戎萬山來。至嘉州，而沫水自嶲州合大渡河，穿夷界十山以會之。至叙州，而馬湖江會之。又十五里，而南廣江會之。至瀘州，而内江又自資、簡會之。至重慶，而嘉陵江自利、閬、果、合等州會之。至涪州，而黔江合南夷諸水會之。至萬縣，而開江水自開、達等川會之。夫然後總而入峽。是江自峽而西，受大水凡八。及出峽而下岳陽，則會之者，洞庭湖所受湖南北諸水也。又自是而下鄂渚，則會之者，漢口所受興元諸水也。又自是而下黄州東四十五里，則會之者，巴河也。又自是而下九江，則會之者，彭蠡（今名鄱陽湖）所受江東西諸郡水也。又自是而下，則會之者，皖水所受淮西諸水也。夫然後總而入海。是以自峽而東，又受大水凡五。略計天下之水會於江者，居天下之半，其名稱之大而可考者，凡十有三，故曰江源，其出如甕，而能滔滔萬里達海，所受者衆也。嗚呼！問學者，可以觀矣。

三江

郭璞《山海經》注：「岷山，大江所出也。崍山，南江水所出也。崌山，北江水所出也。」三江皆發源於蜀，而注震澤，《禹貢》紀其源而及其委耳。

怒江

怒江，今在騰越。怒江，江波洶湧如怒也。

四海

東海之别有渤海，南海之别有漲海，西海之别有青海，北海之别有瀚海，猶五岳之外有五鎮。

裨海

《説文》：「裨，接益也。」以小益大曰裨。《西域傳》有裨王，《漢書》有裨將，鄒衍書，四海之外有裨海環之，書名有《裨蒼》、《裨雅》，皆以小益大之義。

熱海

岑參《熱海行》云：「蒸沙爍石然虜雲，沸浪炎波煎漢月。」此循名想説之誤。參雖仕從邊幕，亦未曾親到熱海也。按玄奘《西域記》云：「凌山，葱嶺北隅，坎雪積凌，春夏不解，懸釜而炊，席冰而寢。七日出山，有一清池，亦曰熱海。以其對凌山不凍，故得此名，其水未必温也。」玄奘蓋躬至目見，非參想像之詞。

海潮

丘處機論海潮曰：「東萊、膠西，陸地相去二百里許，水行迂曲，則千里許。潮信不同，萊北潮上，即膠西潮下；膠西潮上，即萊北潮下。北到南海，約近萬里，據大體，北海潮上，則江淮（已）〔以〕北皆潮滿；南海潮上，江淮（已）〔以〕北皆潮下。即是，如何登、萊、即墨盈縮不同，又見四方大海潮流各異？大抵海水盈縮，譬乾象縱横，於理無有邊際，隨風飄蕩，莫能定准，何乃晝夜循環，不差度數乎？亦聖功道力，不可思議耳。」丘長春之説如此。然潮亦有不可知者，如錢鏐射潮而潮退西陵，元兵駐錢塘沙上，三日而潮不至，似有神司之，不可以常理推也。

卓吾子曰：先生陡然又信起神來。

海船候氣

海船候氣，見黄氣，知有人煙國土；見白氣，知有山峯嚴壑；見黑氣，水也。

海影翻

人家壁上，或見塔影、樹影，而不知塔與樹所在，此理不可曉。又有見塔影、樹影皆倒懸，尤不可解。段成式云：「海影翻側如此。」

遠水如岸

海濱之人曰：遠望海水，似高於地，有如岸焉，蓋水氣也。煬帝《望海》詩曰：「遠水翻如岸，遥山倒似雲。」

祝融之（王）〔汪〕

楊誠齋擬《大招》懷東坡詞：「歷九州而猶礙兮，誕寘之祝融之汪。」按祝融之汪，謂南海也。《左傳》「雍氏之汪」，服虔注：「停水曰汪。楚謂之汪，閩謂之洋。」

康浪

甯戚飯牛歌：「康浪之水白石爛。」康浪水，在今山東。今樂府誤作「滄浪之水」，滄浪在楚，與齊何干涉也。駱賓王文云：「觀《梁父》之曲，識卧龍於孔明；聽《康浪》之歌，得飯牛於甯戚。」近書坊刻駱集，又妄改「康浪」作「康衢」，自是堯時事，與甯戚何干涉也。

斟溪

王韶之《始興記》：「連州水下流有斟溪，一日十溢十竭；安寧州有潮泉，一日三溢三竭；貴州城外有漏汋，一日百盈百涸，應漏刻。」

龍湫瀑布

《鴈宕志》云：「西谷龍湫如井狀，檻中作凹，石壁數仞，水從凹中瀉下，望之若懸布。隨風作態，遠近斜正，變幻不一，或如散珠，如驟雨，如飛雪，如輕煙濛霧；或飄轉中斷，或左右飛散，或直〔中〕〔下〕如注雷，或屈曲如蜿蜒。觀者每立于潭外，相去數十步，水忽轉舞，向人亂灑，衣帽沾濕。或大注如晴雷，或爲風所遏，盤桓而不下，皆奇態也。匡山視此，不及遠矣。彼以名聞天下者，路當要區耳。」按此段奇景，披志見之，亦爽心目，況親至之乎？

蜀三水

按：外水即岷江，自重慶上叙州、嘉定是也；内水即涪江，自重慶上合州、遂寧、潼、綿是也；中水即沱江，自瀘州上富順、資、簡、金堂、漢州是也。曰四川者，則取岷江、沱江、黑水、白水四大川以爲名爾。

十二月水

正月解凍水，二月白蘋水，三月桃花水，四月瓜蔓水，五月麥黄水，六月山礬水，七月豆花水，八月荻苗水，九月霜降水，十月復槽水，十一月走凌水，十二月蹙凌水。見《九州記》。

治水

宋太祖曰：「夏后治水，但言導河至海，隨山濬川，未聞力制湍流，廣營高岸。自戰國專利，堙塞故道，以小妨大，以私害公，九河之制遂隳，歷代之患弗弭。」神宗曰：「後世以事治水，故常有礙，如能順水所向，遷徙城邑以避之，復有何患。」歐陽脩曰：「開河如放火，避高就下，水之本性。」文彦博曰：「河水之東西，利害一也，今發夫脩治，徙東從西，何利之有。」自古治河之説多矣，若宋二帝之見、二臣之言，可爲百世法。

水性

水性之别，班固、司馬遷《貨殖傳》、《地理志》備矣。論其極，則庭州灞水，金鐵皆漏。庭州灞水，在大荒之外，以金鐵承之，皆漏，惟角與瓠葉則否。拘夷山中有流水，亦如之。鄜延之川，石脂流煙。即延安石油也，以爲煙墨，松脂不及。

唐詩：「二郎山下雪紛紛，石煙多于洛陽塵。」弱水溺毛，黑溪玄髓。南荒有黑溪水，其水以塗石，象至，輒不去。昆侖取以塗身，即能乘象如家畜，古所謂黑昆侖，今之象奴也。悉唐制角，畔怯腐手。見佛經。水性不同，有如此者。

又《太平廣記》：諸葛孔明時，有蒲元者，術鑒同歐冶、風胡，常爲孔明鑄刀劍，言蜀惟江水爽烈，及涪水，皆不任淬刀劍。或以涪水雜江水，元輒能辯之。《管子》論齊之水云：「其泉白青，其人堅勁，寡有疥瘙，終無痟酲。」今之濟川，伏流至東阿井，以煮膠，和半夏丸皆異常藥。水性之分如此。

苦水變甘

李錫之爲蘆城令，變苦泉爲甘泉。

東熱西冷

惠州佛疏院，東熱泉，湯如也，西冷泉，雪如也。

水鬭河僵

《國語》曰：「穀、洛鬭，將毀王宮。」注：「不言其鬭之狀。」宋紹興十四年，樂平水鬭，有司奏言何衝里、田水中，類爲物所吸，聚爲一直行，高平地數尺，不假隄防而水自行。里南程氏家，井水溢，亦高數尺，夭矯如長虹，聲如雷，穿牆毀樓。二水鬭於杉墩，且前且卻，約十餘刻乃解。以後印前，穀、洛二水之鬭，應亦如此也。正德中，文安縣水忽僵立，是日，天大寒，遂凍爲冰柱，高五丈，四圍亦如之，中空而傍有穴。後數日，流賊過，文安鄉民入冰穴中避之，賴以全者頗多，土人謂之河僵。

瀺灂

瀺灂、涔灂、淵灂、㶇灂，皆水聲也。

都鄙

都者，鄙之對也。《左傳》曰：「都鄙有章。」《淮南子》云：「始乎都者，常卒乎鄙。」蓋天子所居，輦轂之下，聲名文物之所聚，故其士女，雍容閑雅之態生。今諺云「京樣」，即古之所謂都，《相如傳》「車從甚都」是也。邊（珉）〔氓〕所居，蕞爾之邑，狐狸豺狼之所嗥，故其閭閻，吝嗇村陋之狀出。今諺云「野樣」，即古之所謂鄙，《老子》云「衆人皆有以，而我獨頑似鄙」是也。

溝瀆

《易》：「坎爲水，又爲溝瀆。」「欲行水者用溝，所以爲澇之備；欲停水者用瀆，所以爲旱之備。」溝之一字从冓，冓之爲言搬也，去水之害，如搬棄也。瀆之爲字从賣，賣之爲言櫝也，鍾水之利，如韞櫝也。矯揉水之性而爲溝瀆，亦猶矯揉木之性而爲弓輪，聖人所以範圍五行而曲成萬物也。」《周禮·考工記》：「凡溝逆地（防）〔防〕，謂之不行；水屬音注。不理遜，謂〔之〕不行。」又曰：「梢溝，三十里而廣倍。」又曰：「凡行奠水，磬折以參伍。」所謂水屬者，屬溝洫也。所謂梢溝者，溝末也。溝遠而不倍，不足以容水；水行不磬折，不足以殺其勢。觀黄河千里一大曲，百里一小曲，則溝洫之磬折可知矣。是雖矯揉，亦出自然。反是，則漢之鴻隙陂、梁之浮山堰矣。《孟子》所言「過顙在山」，非止爲喻，蓋桔槔斢斗，古有爲之者，漢陰丈人所以目之爲機事也。

甌窶污邪

《史記》：「甌窶滿溝，污邪滿車。」《説苑》：「蝌螺者宜禾，污邪者滿車。」蝌螺之背微高，原田之形似之，班固所謂「原隰龍鱗」也。污邪，隰田也。《荀子·大略篇》：「流丸止於甌臾。」注：「地之坳坎，如器之甌臾。甌臾，窳下之地。邪與臾，聲相近。《史記》：『甌窶滿溝，污邪滿車。』窶叶溝，邪叶車，一音也。蝌螺叶禾，污臾叶車音居，又一音也。事一，字異，而文藻各妙。甌，如甌臾之甌，窶，如窶藪之窶，當是傾側窳下之地，故曰滿溝。蝌螺，自是高地，故曰宜禾。又原蝌可對地蛇，見《莊子》。

東漢西漢

祝穆曰：天下之大川以漢名者二，班固謂之東漢、西漢，而黎州之漢水，源於飛越嶺者，不與焉。固之所謂東漢，則《禹貢》之「道漾」，自嶓冢山逕梁、洋、金、房、均、襄、郢，復至漢陽入江者也。西漢，則蘇代所謂「漢中之甲，輕舟出於巴，乘夏水下漢，四日而至五渚」者。其源出于西和州徼外，徑階、沔與嘉陵水合，俗謂之西漢，又徑大安、利、劍、果、合，與涪水合入於江。

南夢北夢

楚之雲夢，跨江南北地，故有南夢，有北夢。涪水有南涪、北涪，北涪在瑯琊靈門，南涪在九疑零陵。冀州之浸曰潞，有東潞、西潞。東潞，今之張家灣潞河驛；西潞，山西之上黨也。東陽，今之金華；西陽，今之黄州。《山海經》注：「東甌，今之永嘉。西甌，即閩越，今之建安。」山有東吴、西吴，西鎮吴山，在隴州。水有東漢、西漢。蜀有上雒、下雒，上雒新都，下雒中江。庸有上庸、下庸。上庸金州，下庸夔州。

趙州石橋

趙州石橋，望之如初月出雲，長虹飲澗。

吹臺

吹臺即繁臺，本師曠吹臺。梁孝王增築，班、史稱平臺，唐稱吹臺。又因謝惠連嘗爲《雪賦》，又名雪臺。

九折七勝

九折坂在黎州。七勝城在三峽口，陸法和所立。

寶盌泉

寶盌泉在江州。徐陵文：「泉流寶盌，遥憶湓城。峯號香爐，依然廬岳。」

半月泉

會稽天依寺，有半月泉，泉隱岩下，雖月圓滿，望池中只見其半，最爲佳處。有僧鑿開岩，名滿月，殊可惜也。因作《殺風景》一絶云：「磨墨濃填蟬翅帖，開半月岩爲滿月。富翁漆郤斷紋琴，老僧削圓方竹節。」

迷子洲

王半山詩：「洲迥藏迷子，溪深礙若耶。」迷子洲，在建康西南。

十七阸

子胥諫吴王曰：「齊、晉山居陸處，豈能越十七阸以有吴哉？」十七阸可對百二關。

三鵶路

元魏西郢羣蠻反，斷三鵶路。按三鵶，在汝州，古繞角城。項城縣爲第一鵶，分嶺山爲二鵶，汝州爲三鵶也。唐詩：「三鵶水上一歸人。」三鵶路可對五鹿沙。

鬼乘龍

周世宗征濠，夜遣兵持炬，乘槖駝絶淮，濠兵驚以爲鬼乘龍也。今名乘龍洲，在鳳陽。

鬱鬱葱葱

《光武紀》：有望舂陵氣者曰：「喈，佳哉！氣鬱鬱葱葱。」陸佃曰：「鬱鬱，塞也；葱葱，通也。言其氣塞而通。」《列子》：「美哉國乎，鬱鬱芊芊。」鬱鬱，森幽也；芊芊，茂盛也。

魚齒獸角

庾信《哀江南賦》：「地平魚齒，城危獸角。」《左傳》：「涉於魚齒之下。」注：「魚齒，山名。」猛獸以尾爲旌，以角爲城。

馬齒魚鱗

「州疆馬齒，候館魚鱗」，宋人四六語也。應璩詩：「九州相錯雜，相次如馬齒。」韓文公詩：「候館若魚鱗。」

影國

後梁爲北魏影國，猶云附庸。

度索尋橦

《西域傳》有「度索尋橦」之國。《後漢書》「跋涉懸度」，注：「溪谷不通，以繩索相引而度。」唐獨孤及《招北客辭》：「笮：復引一索，其名爲笮，人懸半空，度彼絕壑。」予按：今蜀松茂之地，皆有此橋。其河水險惡，既不可舟楫，乃施植兩柱於兩岸，以繩絙其中，繩上有一木筒，所謂橦也。欲度者，則以繩縛人於橦上，人自以手緣索而進。行達彼岸，復有人解之，所謂尋橦也。非目見其制，不知其解。獨孤及之文，以十七字形容之，《西域傳》只四字盡之，可謂工妙矣。

左擔

《益州記》：陰平縣有左擔道，其路至險，自北來者擔在左肩，不得度右肩也。

甘泉宫

甘泉宫有三：秦二世甘泉宫在渭南，隋甘泉宫在鄠，漢甘泉宫在馮翊雲陽縣。《雲陽記》云：「谷口去雲陽宫八十里，流潦沸騰，飛泉洒激，兩岸峭壁，孤竪横盤，凛然凝沍。每入穴中，朱明盛暑，當晝暫暄凉秋，晚候緼袍不暖，所謂寒門也。漢世以爲避暑之處。」劉歆《甘泉宫賦》云：「軼陵陰之地室，過陽穀之秋城。回天門而鳳舉，躡皇帝之明庭。冠高山而爲居，乘崑崙而爲宫。」梁劉孝威詩：「漢家迎夏畢，避世甘泉宫。校尉烏桓騎，待制樓煩弓。後旌逆五柞，前笳度九嵕。才人豹尾内，御酒屬車中。輦回百子閣，扇度七輪風。嗚鍾休衛士，披圖召後宫。材官促校獵，凉秋戲射熊。」

女媧墓

《舊唐書》：天寶十一載六月，閿鄉縣黄河中女媧墓因大雨晦冥，失所在。至乾元二年六月，瀕河人聞有風雷，曉見其墓湧出，下有巨石，上有雙柳，時號「風陵堆」，蓋女媧風姓也。千萬年後，靈異如此，補天之説亦或不誣乎？

郭璞墓

郭璞善地理，凡遇吉地，必剪爪髮以瘞之，故郭璞墓所在皆有。

李卓吾先生讀升菴集卷十五終

李卓吾先生讀升菴集卷十六

仙佛

僧寺

南朝四百八十，唐詩。北魏一萬三千。見《通鑑》。

仁祠

《漢書·明帝紀》：「以助仁祠、伊蒲之供。」仁祠，僧寺也。

鴈塔猴池

王勃寺碑：「高臺與鴈塔俱平，曲岸與猴池共盡。」佛有五精舍，獼猴江其一也。五精舍：一給孤園，二靈鷲山，三獼猴江，四菴羅樹，五竹林園。

瓊枝旃檀

佛經云：「瓊枝寸寸是玉，旃檀片片皆香。」又曰：「擊珊瑚樹枝枝好，撒水銀珠顆顆圓。」

袈裟

袈裟，内典作「毠毭」，以毛爲之。又名「逍遥服」，又名「無塵衣」。又名「水田衣」，又名「稻畦帔」。王維詩：「乞飯從香積，裁衣學水田。」王少伯詩：「手巾花（疊）〔氎〕❶浄，香帔稻畦成。」

闍士

李太白詩：「衡嶽有闍士，五峯秀真骨。」闍士、開士，皆僧之稱。

影壁

楊惠之塑佛壁，爲天下第一，郭熙見之，又出新意，遂令圬者不泥掌，今云「泥抹」。止以手搶泥，或凹或凸，乾則以墨隨其形跡，暈成峯巒林谷，加之樓閣人物，宛然天成，謂之影壁。

❶「氎」，細毛布，細棉布。

多根樹

佛經云：西域多根樹，蔽芾而婆娑。東西南北中，五方不相見。國中有婬女，求偶者衆多。初有一男求，女約中枝會。復有四男子，亦欲求之宿，女亦以言許。東西與南北，各各抱被去。至曉女不來，東枝郎唱曰：「旭日光已出，農夫向田去。妄語既不來，可捨多根樹。」西枝郎吟曰：「彼妙必然來，定是不妄語。如何旭日光，急速現下土。」南枝男歎曰：「旭日光已出，農夫早向田。我等如癡羊，一夜受凍眠。」北枝男賡曰：「我等没巴鼻，只爲求他妻。今遭寒與凍，各各被他迷。」中枝郎泣曰：「我不憂己身，一夜寒凍情。但恐多根樹，枝葉不復生。」樹神聞而笑曰：「汝勿憂外事，但憂身事急。樹枯生有時，欲苦無停息。」

八功德水

八功德水：一清，二冷，三香，四柔，五甘，六浄，七不噎，八除病。

白蜺嬰（弗）〔茀〕

《楚辭・天問》曰：「白蜺嬰茀，胡爲此堂？安得夫良藥，而不能固藏。」舊注云：「蜺，雲之有色似龍者也；茀，白雲逶蛇若蛇者也。昔崔文子學仙於王子僑，子僑化爲白蜺而嬰茀，持藥與崔文子。文子驚怪，引戈擊蜺，中之，因墮其藥，俯而（視）〔試〕之，子僑之尸也。」此本淮南王安《離騷傳》之説，而王逸述之。

太極泉

《酉陽雜俎》：「仙藥」有太極泉，蓋神瀵盎漿之類。宋孝武大明七年，赦詔文曰：「思散太極之泉，以福無方之外」是也。

郝仙女廟

博陵縣有郝仙女廟。仙女，魏青龍中山人。年及笄，姿色姝麗，採蘋水中，蒼煙白霧，俄失所在。母哀求水濱，願言一見。良久，異香襲人，隱約於波渚間曰：「兒以靈契，托蹟綃宫，陰主是水府，世緣已斷，毋用悲悒。而今而後，使鄉梓田疇，歲宜有感而通，乃爲吾驗。」後人立廟。

賀充

賀充，五代石晉時人。死而復生，至宋真宗東封泰山，出謁帝，不之省。東坡謫黄州，亦來訪，坡亦不之奇也。近日朝邑劉太守偉，死已二十年，其親友韓邦奇復見之，與之飲食。

吕用之

唐吕用之在維揚日，佐高駢專權擅政。有商人劉損妻裴氏，有國色，用之以陰事搆取。損憤惋，因賦詩三首。詩成，吟咏不輟。一日晚，見一虬髥❶老叟，行步迅疾，眸光射人，揖損曰：「子哀甚，有何不平？」損具對之。叟乃夜入用之家，化形於斗拱之上，叱用之曰：「所取劉氏妻，併其寶貨速還之，否則首隨刃落矣。」用之驚惶，夜遣幹事齎金併裴氏還損。損夜從舟去，虬髥亦無踪跡。

曾義山

元至正間，瑞州上高縣，有術士曾義山，世居縣十五里胡蘆石畔，嘗開卜肆于縣南之橋埠。有瞽而丐者，日過肆前，義山必禮而與之語，或啖之果餌。久之，丐者告山曰：「明日有三人共一目來者，有異術，君宜叩之。」明日果有眇一目者，曳杖導二瞽人過肆，山隨之拜于縣北之鸕鷀洲。一瞽者曰：「當以小撓爲誓。」遂以其書授山，且畫沙指訣，盡其秘妙，其書名《銀河棹》。山後占卜如神，邑人皆知預避紅巾，賊行掠無所得，恨欲殺之。隱匿縣西觀音閣，得免，遂不復行其術，密藏其書于胡蘆石洞中。臨終，謂其子曰：「某月某日，有劉姓過吾家，取書畀之，戒不可泄。」後劉公伯温官江西高安，果經山家。其子如山言授之，遂棄官歸青田，見太祖於金陵。

鄱陽水神

餘姚戚瀾，字文淵，景泰二年進士，授翰林編脩。丁艱，服闋上京。渡錢塘，風濤大作，有絳紗燈數百

❶「髥」，古同「鬚」。

對，照江水通明，丈夫九人，帕首、袴鞾❶、帶劍、乘白馬，飛馳水面。舟人大恐，戚公曰：「毋懼」。推牕看之，九人皆下馬跪，公問曰：「若輩非桑石將軍九弟兄耶？」曰：「然。」曰：「去，吾諭矣。」皆散。公命舟人返棹，曰：「有事，吾當還。」遂歸抵家，謂家人曰：「某日吾將逝矣。」及期，沐浴，朝服坐。嚮九人率甲士來迎，行踐屋瓦，瓦皆碎，戈矛旌幟，晃耀填擁。有頃，公卒，後騎騰踔，前後若有所呵衛者，隱隱入室而滅。

後瓊山丘文莊公夫人入京，舟過鄱陽湖，夜夢朱衣貴人來見曰：「吾仲深故人戚瀾也，見爲水神。昨奉天符，應覆數百艘舟，夫人慎毋渡。」夫人驚覺，如其言移止寺中。未幾，江中果有風濤，衆舟盡溺。至京，夫人白其事於文莊公。公以聞於朝，遣官諭祭。文莊又爲文祭之云：

於乎文湍！剛勁之質，豪放之氣。高義激切，直上薄乎雲天；巨眼空闊，每下視乎塵世。凡衆人之嗜欲，舉不足以動其中；一時之交游，少足以當其意。時發驚筵之辯，臧否罔不稱情；間若罵坐之狂，毀譽皆有所試。醉言無異於醒，面折不違於背。僕也於君，若有宿契，始落落以難合，終偲偲而交勵。奈何命與心違，中道而逝，老我後死，於十二禩。孰知冥冥之中，猶有舊交之誼。老妻北來，舟次江澨，夢中彷佛如見，報以風濤將至，預告以期，使知趨避，既而果然幸免顛躓。於乎！人傳君之爲神，湓胥濤而享祀，即今所過而驗之，無乃秉司乎江湖之事。由其生也，不盡用於明時，故其死也，見録於上帝。於乎！友道之廢也久矣。曰友曰朋，如兄如弟，指金石以爲盟，刑鷄犬而設誓。頭角稍殊，情態頓異。雲泥隔則易交，勢位判則相忌。對面如九疑之峯，跬步有千丈之勢。半臂纔分，遇諸塗則掩面而過；宿酲未醒，踰其閾則騰口以刺。過門不入，反爲操戈；落穽不援，忍抛下石。親於其身也

❶「鞾」，同「靴」。

遑恤，況伉儷乎？生为人也尚然，況下世乎？於乎文湍！生死同一，始終無二，不忝爲聰明正直之神，真可謂英邁特傑之士。緬想舊遊，稠人廣會，一飲百十鍾，揮毫數千字，故以平生之素好，用答故人之陰惠。詩以寫不盡之情，酒以侑有從之淚。具别紙以焚燎，就宿草以澆酬。靈神如在，來鑒於是。不鄙世人之凡言，特歆御醞❶之醇味。尚享！詩曰：幽顯殊塗隔死生，九原猶有故人情。曼卿真作芙蓉主，太白常留翰苑名。念我冥冥來入夢，哀君惻惻每吞聲。朝回坐對黄封酒，悵歎鷄壇負舊盟。

卓吾子曰：戚先生水神也，生而爲人，猶名曰瀾，可謂不忘所自矣。吾聞聰明正直者上帝必命之爲神，死復爲神，無足異也，而丘先生與之生平交契如此，則丘文莊者亦豈尋常之人哉！奏請遣祭，固以申其報答之私，然文中歷歷吐膽，至説今世之交背面相違，何況於生死朋友不顧，又何況於妻兒，則文莊之人品大略可睹矣。文莊身爲宰相，正濃艷時也，不容遽有此光景者也，而説至此，則文莊之人品又豈非戚先生之所重哉！是故爲之一慨。

紫姑仙詠橹詩

寒岩雪壓松枝折，班班剥盡青虬血。運斤巧匠斲削成，劍脊半開魚尾裂。五湖仙子多奇志，欲駕扁舟探禹穴。碧雲不動曉山横，數聲遥落江天月。

❶「醖」，同「酝」。

箕仙筆詩

系出中山骨欲仙，何人扶穎纏尖圓。狂僧堪笑堆成冢，豪客曾聞掃似椽。牕下玉蜍涵夜月，几間雪藕湧春泉。當時定遠成何事，輕擲毛錐恐未然。

宋元小説

宋元小説載箕仙詩多矣，近日一事尤異。正德庚辰，有方士運箕賦詩，隨所限韻，敏若夙構，而語不凡。其爲喬冢宰賦《白巖行》曰：「六丁持斧施神工，鑿開西南萬仞之崆峒。芙蓉一朵插天表，勢壓天下羣山雄。冰壺倒月色澄澈，瑶臺倚斗光玲瓏。百丈虹霓望吞吐，八埏霖雨贍空濛。虚空不受一塵染，靈光直與銀河通。乳泉掛壁噴晴雪，玉梅懸谷摇香風。上有神仙玉虚子，凌風出没遊太空。伐虬伐蛟，下入海底水晶窟；朝真謁帝，獨步天上瓊瑶宫。頭角崢嶸自卓立，胸襟磊落誰磨礱。商家傳説作良弼，宋室張浚多奇功。憶昔江樓吹鐵篴，明月一醉三人同。邇來一别世間甲子不知數，但見幾度玉洞桃花紅。金龜老，黄鶴翁，各分一(諱)〔諦〕貽此公。天然意趣自相合，芳稱長在塵寰中。好將大手整頓乾坤了，歸來一笑，拂雲看劍重會滄溟東。」此詩成一卷，箕仙運筆所書，詩既跌宕，字又飛動，豈術士能贗作者吁？異哉！

卓吾子曰：既知此，又不宜説無神佛矣。

李卓吾先生讀升菴集卷十六終

李卓吾先生讀升菴集卷十七

鳥獸

龍生九子

俗傳龍生九子，不成龍，各有所好。弘治中，孝廟御書小帖，以問內閣李文正公，具疏以對。據圭峯羅玘、蘆泉劉績之言，承上問而不蔽下臣之美，賢相之盛節也。文正嘗爲慎言，今影響記之，録於此：一曰贔屭，形似龜，好負重，今石碑下龜趺是也。二曰螭吻，形似獸，性好望，今屋上獸頭是也。三曰蒲牢，形似龍而小，性好叫吼，今鍾上紐是也。四曰狴犴，形似虎，有威力，故立於獄門。五曰饕餮，好飲食，故立於鼎蓋。六曰𧈢蝮，性好水，故立於橋柱。七曰睚眦，性好殺，故立於刀環。八曰金猊，形似獅，性好煙火，故立於香鑪。九曰椒圖，形似螺蚌，性好閉，故立於門鋪首。又有金吾，形似美人，首尾似魚，有兩翼，其性通靈不寐，故用警巡。

椒圖

椒圖，其形似螺螄，性好閉，故立於門上。詞曲：「門迎駟馬車，户列八椒圖。」又按《尸子》云：「法螺蚌而閉户。」《後漢書·禮儀志》：「殷以水德王，故以螺著門户。」則椒圖之似螺形，信矣。

揩頭護朽

《唐韻》：「揩，音塔，柱揩頭也。」今俗名護朽。陸文量《菽園雜記》引《博物志》：「虭蛥，其形似龍而小，性好立險，故立於護朽上。」

唐太宗昭陵六馬圖

此圖贊係殷仲容撰，書係歐陽詢筆。元學士王惲，復寄恨於附驥，跋其後云：「物之賢否一定，論其遇不遇可也。昭陵六馬，天降毛龍，授之英主，俾翦隋亂。及其成功，琢石爲像，題真以贊，何其幸也！宜其聲華氣燄，上與房駟争光，〔故〕潼關之役，備體流汗。神矣！如昭烈之的盧，冉閔之朱龍，名雖存，而形何見焉！」

李卓吾曰：昭陵六馬，成此武功。刻石秦中，奕世嘶風。書者歐陽詢，贊者殷仲容。當時刻石之工，胡不使之附驥尾而名亦重乎？

石馬汗流

安禄山之亂，哥舒翰與賊將崔乾佑戰，見黄旗軍數百隊，官軍以爲賊，賊以爲官軍，相持久之，忽不見。是日昭陵内石馬皆汗流。

馬贊

馬之爲物最神駿，故古之詩人畫工，皆借之以寄其精工，若杜工部、蘇東坡諸詩，極其形容。杜公作《九馬贊》云：「姚宋廟堂，李郭治兵。帝下毛龍，以馭羣英。」何其雄偉也。李燾《長編》載元祐西域貢馬云：「龍顱而鳳膺，虎脊而豹章。振鬣長鳴，萬馬皆瘖。」句又奇。唐太宗亦有《回鶻十驥贊》云：「殊毛共櫪，狀花蓝之交林；異色同羣，似雲霞之間彩。」亦奇俊語也。

五花

唐詩：「朝騎五花馬。」白樂天詩：「馬鬣剪三花。」《唐六典》云：「外牧歲進良馬，印以『三花飛鳳』之字。」

相馬

伯樂《相馬經》有：「隆顙趹目，蹄如累麴」之语，其子執《馬經》以求馬。出見大蟾蜍，謂其父曰：「得一馬，略與相同，但蹄不如累麴爾。」伯樂知其子之愚，但轉怒爲笑曰：「此馬好跳，不堪御也。」所謂「按圖索駿」也。韓文公詩：「飛黄騰踏去，不復顧蟾蜍。」亦影略用此事。

朱鬣馬

符堅時，大宛獻天馬，朱鬣五色，鳳膺麟身。王維詩：「玉靶角弓朱鬣馬。」

蠷蝨

《淮南子》云：「馬，蠷蝨也，而可以通氣志，猶待教而成，况人乎？」

蝦蟆

《風俗通》云：「一跳八尺，兩跳丈六。從春至冬，袒裸相逐。無他所〔作〕，掉尾肅肅。」説者以爲蝦蟆，非也，蓋言夏馬患蚋掉尾，振擊常肅肅也。「蝦蟆」、「下馬」，音相似，唐人名「下馬陵」爲「蝦蟆陵」，亦此類。

畫獅子贊

東坡題獅子曰：「圓其目，仰其鼻，奮髯吐舌，威見齒；舞其足，前其耳，左顧右盼，喜見尾。岩岩高堂護燕几，嗚呼妙哉古陸子。」

禽制在氣

《陰符經》云：「禽之制在氣。」王起云：「玄龜食蟒，飛鼠斷猿，狼蝨嚙鶴，青要食虎。」皆以小制大，言在氣，不在形也。

物性

狐狼知孤虚，虎豹識衝破。

熊館

山民云：熊於山中行數千里，悉有跲伏之所，必在石岩枯木中，山民謂之「熊館」。惟虎出百里外，則迷失道路。

虎僕

皇甫松《大隱賦》：「書抽虎僕，射用牛螉。」《博物志》：「有獸緣木，文似豹，名虎僕，毛可取以爲筆。」今俗名「九節狸」。張季文嘗以此筆見貽，信爲佳也。牛螉，見淮南萬畢術。

鹿食九草

山谷有一帖云：「胡居士嘗言：鹿性驚烈，多别粮草，恒食九物，餘則不嘗。」九草者，葛葉及花、鹿葱、鹿藥、白蒿、水芹、甘草、齊頭蒿、山耳、薺苨也。「享神用其肉者，以其性烈清净故也。凡餌藥者，勿食鹿肉，以鹿常啖解毒之草，能散諸藥毒也。」此可補《本草》及《齊民要術》之遺。

卓吾曰：鹿食解毒草，豈解無毒藥乎？既能解毒，正宜用之。

狐疑鼬(預)〔豫〕

梁黄門侍郎明少遐曰：「狐性多疑，鼬性多(預)〔豫〕。」狐疑猶(預)〔豫〕，因此而傳耳。乃知「猶」即「鼬」也。

鼫鼠

《易》：「鼫鼠貞厲。」注，以爲「貪而畏人。」按《玉編》：「鼫鼠頭似兔，尾有毛，黄黑色。」按形狀，乃今之鼠狼也，故貪而畏人，象之。

沙鼠

沙鼠，今之黄鼠也。

山都

《南康記》云：「山都，形如崑崙奴，通身生毛，見人輒閉目，張口如笑，好在深澗中，翻石覓蟹噉之。」

荼首

《博物記》：雲南郡出荼首，其音爲蔡茂，是兩頭鹿名也。永昌有之。兩頭鹿可對九尾鶬。❶

❶ 本段文字不見《博物記》，原出於《增博物志》。

野干

肇慶有騰犴嶺，山産騰犴，狀類木猴，頭正方，類人。髮長尺餘，常覆其面，欲有所視，輒摇頭，以手披之。佛書所言「野干」即此。

天禄渴烏

漢靈帝脩南宫，鑄天禄蝦蟆，轉水入宫，又作翻車渴烏灑路。

天鹿辟邪

一角爲天鹿，兩角爲辟邪。

隨兕科雉

《吕氏春秋》：楚莊王獵於雲夢，射隨兕而獲之。申公子培劫而奪之，王欲誅之，左右諫止。不出三月，子培病死。子培之弟請曰：「臣之兄有功於車下，臣嘗讀故記云：殺隨兕者，不出三月。」王令人發平府視故記，果然，乃厚賞焉。《説苑》亦載此事，而以「隨兕」爲「科雉」。予謂「隨兕」者，隨母之兕；「科雉」者，甫出科之雉。

雀鷇熊蹯

杜弼《移檄梁武》云：「徒探雀鷇，無救府藏之虚；空請熊蹯，詎延晷刻之命。」雀鷇，趙王主父爲故太子章所逼餓死事。熊蹯，楚成王爲太子商臣所弑事。其後臺城之禍，索蜜不得，何以異此。庾信《哀江南賦》亦云：「探雀鷇而未飽，待熊蹯而詎熟。」

足足般般

薛道衡文：「足足懷仁，般般擾義。」足足，鳳也；般般，麟也。《説文》：「鳳鳴節節足足。」相如《封禪書》：「般般之獸，樂我君囿。」

鸜鸜周周

《禽經》：「鸜鸜之信不如鷹，周周之智不如鴻。」

韓盧宋鵲

《義訓》曰：「韓盧、宋鵲，良犬也。盧，純黑色；鵲，黑白色。」李賀詩：「綀香薰宋鵲。」

燕眄鶯轉

《禽经》：「燕以狂眄，鶯以喜轉。」眄，視也，夏小正來，降燕乃睇。轉，曲名，鶯聲似歌曲，故曰轉。

六燕乙鴻

陸佃《謝吏部尚書表》：「六燕相停，試銓衡其輕重；乙鴻遼遠，欲審别其飛翔。」《九章算術》：「五雀六燕飛集于衡，衡適平。一雀一燕而異處，則雀重而燕輕。」張融曰：「鴻飛天首，遼遠難明，楚人以爲鳬，越人以爲乙，鴻常一耳。」

尋常丈尺

《禽經》云：「雖上無尋，鷚上無常，雉上有丈，鷃上有赤。」「上」言飛而上也。雖之上不能尋，鷚之上不能常。鷚，雉子也。倍尋曰常，雉上能丈，故計丈曰雉，《左傳》「都城百雉」是也。鷃之上能赤，「赤」古與「尺」通，《莊子》云「斥鷃」，「斥」亦「尺」也。

鳬鶩

《禮》曰：「庶人執鶩。」《尸子》曰：「野鴨爲鳬，家鴨爲鶩，不能飛翔，如庶人守耕稼而已。」管輅云：「家雞野鶩，猶尚知時。」《滕王閣序》：「落霞與孤鶩齊飛」，皆誤以野鴨爲鶩。《楚辭》「泛泛若水中之鳬」，梅都官詩「野鳧眠岸有閒意」，梁簡文詩「寒鳧共浦飛」，其用字體物卻不舛誤。

卓吾曰：鴨一也，但稱之曰「家鴨」，何如？

烏燕

《禽經》云：「烏向啼背栖，燕背飛向宿。」《毛詩》「燕燕于飛」，莊姜送歸妾，義取諸此，故曰「上下其音」、「參池其羽」，皆背飛之義、送別之情也。

胡燕

《玄中記》：「胡燕斑胸，聲小；越燕紅襟，聲大。」丁仙芝詩：「曉幙紅襟燕。」

鸊鷉

劉欣期《益州記》：「鸊鷉，水鳥，黄喙，長尺餘，南人以爲酒器。即今之鶴頂也。」

鶡鴠

「鶡鴠不鳴」，《禮·月令》文也。《禮》引《詩》，又作「盍旦」，注：「渴旦，鳥夜鳴急旦也。」郭璞《方言》注：「鳥似鷄，冬無毛，晝夜鳴，今北方有鳥名寒號蟲，即此也。」《説文》作「鳱鴠」，又作「鴇鴠」，蓋自「旱」省爲「干」，故「鴇」或作「鳱」也，猶《禽經》「鴻鴈」之「鴈」作「鳸」，「岸」省爲「干」，故「鳸」或爲「鳱」，皆古「鴈」字也。然則「鶡鴠」字，正當作「鴇」，省作「鳱」，作「鶡」非。「鶡」乃鬥鳥，古以其羽爲勇士冠者，非此同也。「盍旦」、「渴旦」，皆以義借用耳，唐詩：「暗蟲啼渴旦，涼葉墜相思。」

玉鷄

《水經注》：「昔王子晉與道士浮丘，同遊伊洛之浦，始受玉鷄之瑞於此水。」唐宗楚客詩：「紫庭金鳳闕，丹禁玉鷄川。」

潮鷄

唐李德裕詩：「三更津吏報潮鷄。」《臨海異物志》云：「石鷄清響以應潮。」石鷄，即潮鷄也。

鸛井

鸛雀羣繞旋飛謂之鸛井，必有風雨，可對蟻封。蟻封戶，天將雨。

鬼車

鬼車，九頭鳥也。《白澤圖》謂之蒼顱，《帝鵠書》謂之逆鶬。夫子、子夏見而歌之，歌曰：「逆毛鶬兮，一身九尾長兮。」只言九尾，不言九頭。

絲鷞

絲鷞大如鸛，俗訛爲慈老。

鵯鳩

鳩，鵯鳩也，唐詩作「批鳩」，今名「山呼」，其鳩上有一點白。

倒掛

李德裕《畫桐花鳳扇賦序》云：「成都夾岷江，磯岸多植紫桐。每至春暮，有靈禽五色，小於玄鳥，來集桐花，以飲朝露。及花落，則煙飛雨散，不知所往。有名工繪於素扇，予戲作小賦其上，略曰：續兹鳥於珍箑，動凉風於羅薦；發長袂之清香，掩短歌之孤囀。」劉績《霏雪録》云：「即東坡詞所謂『緑毛么鳳』，俗名『倒掛』者。」李之儀有《阮郎歸》一詞，詠倒掛云：「朱匳玉羽下蓬萊，佳時近早梅。探花情味久安排，枝頭開未開。魂欲斷，恨難裁，香心休見猜。果知何遜是仙才，何妨如夢來。」自注云：「此鳥以十二月來，一名收香倒掛，又名探花使。性極馴，好集美人釵上，宴客終席不去，人愛之無所害，尤爲異也。」

鵙鳴

《月令》：「鵙始鳴。」鵙，即博勞也，《左傳》謂之「伯趙」，《樂府》謂之「百勞」，今不識爲何鳥。按《禽經》注云：「伯勞飛不能翱翔，直刺而已，形似鸜鵒，但鸜鵒喙黄，伯勞喙黑，以此别之。」《易林》曰：「鵙必單栖，鴛必匹飛。」此鳥好隻飛，未嘗雙。性亦能擊搏，鷹集于林，則盤旋鳴聒，俟鷹飛，輒擊之，俗呼爲「鳳皇皂隸」，言百鳥畏之也。蜀中名「駕鴦」，滇中名「鐵鸚哥」，又名「榨油郎」，五更輒鳴不止，至曙乃息。

翠碧

《唐韻》：「鴗，音㉣水狗也。」注：「小鳥，青似翠，食魚。」陸魯望《翠碧》詩云：「紅襟翠翰兩參差，徑拂煙華上細枝。春水漸生魚易得，不辭風雨坐多時。」《石林詩話》云：「江淮有水禽，號魚虎，翠羽而紅首，顏色可愛。」

鷺絲謎

杜牧之《詠鷺絲》詩：「霜衣雪髮青玉嘴，羣捕魚兒溪影中。驚飛遠映碧山去，一樹梨花落晚風。」

信天翁

信天翁，鳥名，滇中有之。其鳥食魚，而不能捕，俟魚鷹所得偶墜者，拾食之。蘭廷瑞詩云：「荷錢荇帶緑江空，唼鯉含鯊淺草中。波上魚鷹貪未飽，何曾餓死信天翁。」

阿濫堆

驪山多飛禽，名阿濫堆。明皇御玉笛，采其聲，翻爲曲子名，左右皆傳唱之。

鶖啄蝗

元成宗大德三年，揚州、淮安蝗在地者，爲鶖啄食，飛者，以翅擊死，詔禁捕鶖。

鶴在陰

鶴愛陰而惡陽，鴈愛陽而惡陰。《易》曰：「鳴鶴在陰。」傳曰：「鴻鴈隨陽。」故《汲冢書》目鶴曰陰羽，《禹貢》名鴈曰陽鳥。

鶻鶪獄

范百禄曰：「牽牛以蹊田而奪之牛，此王安石鶻鶪獄也。」謂相牽引以入。

吐金鳥

《西陽雜俎》云：「魏明帝時，昆明國貢辟寒鳥，常吐金屑如粟。」昆明，今爲雲南腹裏之縣，不聞此鳥，遠至夷徼亦不聞。或者遠夷多詐，以金屑飼鳥，欺侮中國，如秦蜀金牛之事，未可知也。

白翎雀

札木言于汪罕曰：「我(於)〔與〕君是白翎雀，他人是鴻鴈耳。白翎雀，寒暑常在北方，鴻鴈則南飛就暖。」言己心堅，他人不可保也。

白頭烏

《三國典略》曰：「侯景(纂)〔篡〕位，令飾朱雀門。其日有白頭烏萬許，集於門樓，童謡曰：『白頭烏，拂朱雀，還與吴。』」杜工部詩：「長安城頭頭白烏，夜半延秋門上呼。」蓋用其事，以侯景比禄山也。

斑鳩贊

寶誌公偈：「人言斑鳩拙，我道斑鳩巧。一根兩根柴，便是家緣了。」

黄鳥宿淵

韓文公詩注，引東方朔詩：「海水暴竭，黄鳥宿淵。」

燕子海青

海東青，鷹之鷙猛者也，燕子之弱能剪之。元歐陽玄詞：「鷹房持獵回車駕，却道海青逢燕怕。」

錦帶功曹

吐綬鳥，謂之錦帶功曹，即《詩》所謂「邛有旨鷊」也。鷊，本草名，而紋似綬，故字从鶂从草。

王母使者

齊郡函山，有鳥名王母使者。昔漢武帝登山得玉函，長五寸，帝下山，函化爲鳥飛去。世傳山上有王母藥函，常令鳥守之。杜詩：「子規夜啼山竹裂，王母書下雲旗翻。」

魚味美

諺云：「寧去屢世宅，不去鱟魚額。」言其味美也。又里語云：「洛鯉伊魴，貴於牛羊。」言洛水渾深宜鯉，伊水清淺宜魴也。又曰：「居就梁水魴。」今遼東梁水之魴，特肥而厚。

怪魚

李淳風《感應經》云：「河有怪魚，乃名爲鰐，其身已朽，其齒三作。」此即鱷魚也。《南州志》云：「斬其首，乾之，椓去其齒，而更生。」

魧魚

魧魚，即嬾婦魚也，多膏，以爲燈，照酒食則明，照紡績則暗，佛經謂之「饞燈」。

鮒魚

《說文》：「鮒魚，出樂浪潘國，有兩乳。」在腹下，雌雄陰陽類人。相傳嬾婦所化，以膏爲燈，鳴瓊泛醳則明，披緗辟纑則暗。

五酉

孔子厄於陳蔡，夜有一人長九尺，皂衣高冠，咤聲動左右。子路出與戰，相搏久之，孔子曰：「何不探其腮？」如其言，仆于地，乃一大鯷魚也。孔子曰：「此物胡爲來哉？吾聞物老則羣精依之，凡六畜之物，皆能爲怪，故謂之五酉。五行之方，皆有其物，酉者，老也，物老則爲怪也，殺之則已。」

蟹(圖)〔譜〕蟹隨潮解甲更新，故字從「解」也。

傅肱《蟹譜》云：「蟹，鶻眼，蠶足，蛭腦，蜩腹，其爪類拳丁，其螯類執鉞。生於濟鄆者，其色紺紫；產於江南者，其色青白。」真如繪蟹焉。

千人捏

千人捏，似蟹，大如錢，殼甚堅，壯夫極力捏之不死，俗言「千人捏不死」，因以爲名，或以謔市倡。

蚶子贊

蚶子，蚌屬，形如瓦筒，橫從其理，五味具充。又千歲蝙蝠，化爲魁陸，別名爲蚶，形似瓦屋。

係臂海錯名

楊孚《嶺南異物贊》曰：「係臂如龜，生於海洲。欲先捕之，必祭必求。而不信者，風波覆舟。」

考工記

《考工記》：「以脰鳴者，以注鳴者，以旁鳴者，以翼鳴者，以股鳴者，以胸鳴者。」鄭玄注：「脰鳴，鼃黽之屬；注鳴，精列屬；旁鳴，蜩蟬屬；翼鳴，蟋蟀屬；股鳴，螽斯屬；胸鳴，榮原屬。」

㹠鼉

㹠將風則踴，鼉欲雨則鳴。以㹠識風，以鼉識雨。

蜩螗

鄒（楊）〔陽〕《柳賦》：「蜩螗厲響，蜘蛛吐絲。」

蟪蛄寒蜇

《風土記》：「蟪蛄鳴於朝，寒蜇鳴於夕。」皆蟬也，而分二。蟪蛄，朝蟬；寒蜇，夜蟬。

吠蛤

東坡嶺南詩有云：「稻涼初吠蛤，柳老半書蟲。」按《嶺表録異》云：「唐林藹爲高州太守，有牧童牧牛，聞田中有蛤鳴原注：嶺南呼蝦蟆爲蛤，遂捕之。蛤跳入深穴，掘之，乃蠻酋冢，蛤乃無蹤。而穴中得銅鼓，其旁多鑄蛙黽之狀，疑鳴蛤，即鼓精也。」東坡嶺南詩，即用嶺南事。

燈蛾

俗傳燈蛾，螢火所化，故慕光。

自照

王符《潛夫論》：「蓬中拾自照。」謂螢火也。

水螢草螢

螢有二種，有草螢，有水螢。梁蕭和賦云：「聊披書以娱性，悦草螢之夜翔。」此草（蟲）〔螢〕也。唐李子卿有《水螢賦》云：「水螢爲蟲，惟蟲能天。彼何爲而化草，此何事而居泉。腹可自持，故無耿於蝌；足能自運，亦自隣於蚿。色動波間，狀珠環於合浦；影懸潭下，若星聚於穎川。」此水螢也。亦猶蝶有草蝶、水蝶二種。

黄蝶

蝴蝶或黑，或白，或五彩皆具，惟黄色一種，至秋乃多，蓋感金氣也。李白詩：「八月蝴蝶黄。」白樂天詩亦云：「秋花紫濛濛，秋蝶黄茸茸。」

八蠶之綿

《文選·吴都賦》：「國税再熟之稻，鄉貢八蠶之綿。」注引劉欣期《交州記》云：「一歲八蠶繭，出日南。」慎按：李賀詩「將餧吴王八繭蠶」，則直謂一蠶之收，當八繭耳。一歲八績，恐誇者之過也。

譽蚊

江山黄借菴，戲作《驅蚊賦》一篇，謂「虎可德化，鱷可文驅，蚊最不靈，爲血肉喪軀」。楊慈湖作《夜蚊》詩，反其意而譽蚊，謂其傍耳皆雅奏，觸面皆深機，勝於人之耳提面命，而頑錮莫曉者。荆州江右岸有李姥浦，浦中偏無蚊蚋之患。梁元帝《金樓子》云：荆州高齋無白鳥，《大戴記》：「丹鳥羞白鳥。」注：「丹鳥，丹良也。白鳥，蚊也。」余極寢處其中。及移餘齋，則蚊聲如雷，數丈之間，如此之異。何子元云：「北京某街蚊多，某坊蚊少。其無蚊處，雖帳幕可無。」顧士廉云：「松江亦然。又某門外城河中可里餘，絶無一蚊，郡人暑月嘗移舟避宿其間。」予以何、顧兩公之言，參之《水經注》紀李姥浦、《金樓子》紀高齋二事，信有此理。滇中環湖，苦多蚊，而寶珠寺乃絶無影響，其理不可曉也。

卓吾曰：然則譽之亦不來，驅之亦不去矣，必我也。

李卓吾先生讀升菴集卷十七終

李卓吾先生讀升菴集卷十八

草木

樹藝之法

后稷教民樹藝之法曰：五時，見生而樹生，見死而穫死。又曰：五穀生于五木。氾勝之曰：黍生于榆，大豆生于槐，小豆生于李，麻生于楊，大麥生于杏，小麥生于桃，稻生于柳。五木自天生，五穀待人生，故五穀候于五木也，故曰：見生而樹生也。靡草死而麥秋至，草木黃落禾乃登，故曰：見死而穫死也。

穛移

古歌：高田種小麥，穛移不成穗。男兒在他鄉，安得不憔悴。

瓊花

揚州有蕃釐觀，觀中有瓊花，陳後主所謂「玉樹後庭花」是也，即今之梔子花，佛經名「簷蔔花」，《本草》

名「越桃」。劉禹錫詩：「玉女來看玉樹花，異香先引七香車。攀枝弄雪頻回首，驚怪人間日易斜。」王建詩：「(一)〔亦〕樹瓏璁玉刻成，飄廊點地色輕輕。女冠夜覓香來處，惟見堦(首)〔前〕碎月明。」注云：「唐元和中，唐昌觀中，玉樹花盛開，有仙女來遊，取數枝飄然而去。」此説未必然。今滇雲處處有之，村姑采插盈路，仙女(一)〔亦〕何多乎！

卓吾子曰：此説未必然是也，然又安知不無然乎？且公但知是村姑耳，更不曉是仙姑也。又曰：瓊花止揚州一本，宋時，士大夫愛之，扁其亭曰「無雙」，今此種絶矣。曰梔子花，亦恐未然。

素馨

陸賈《南中行紀》云：「南中百花，惟素馨香特酷烈，彼中女子以綵絲穿花心，繞髻爲飾。」梁章隱詩：「細花穿弱縷，盤向緑雲鬟。」用陸語也。予嘗有詩云：「金碧佳人墮馬粧，鷓鴣林裏採秋芳。穿花貫縷盤香雪，曾把風流惱陸郎。」姜孟賓笑曰：「不謂陸賈風流之案，千年而始發耶？」

虞美人草

《賈氏談録》云：「褒斜谷中，有虞美人草，狀如鷄冠花，葉相對。」《益州草木記》云：「雅州名山縣，出虞美人草，唱虞美人曲，應拍而舞。」唐人舊曲云：「帳中草草軍情變，月下旌旗亂。攬衣推枕愴離情，遠風吹下楚歌聲，正三更。烏騅欲上重相顧，艷態花無主。手中蓮鍔凛秋霜，九泉歸去是仙鄉，恨茫茫。」宋黄載萬和云：「世間離恨何時了，不爲英雄少。楚歌聲起霸圖休。野葛荒葵，老吳城暮，玉貌知何處。至今芳草解婆娑，只有當時魂魄、未消磨。」

卓吾子曰：辛稼軒詠虞美人草云：「不肯過江東。玉帳匆匆，只今草木憶英雄。唱着虞兮當日曲，便舞東風。兒女此情同。❶湘娥竹上淚痕濃。舜目重瞳堪痛恨，羽又重瞳。」以竹形草，而「重瞳」適相打合，尤奇。

蘭草

古樂府云：「蘭草自然香，生於大道傍。腰鎌八九月，俱在束薪中。」孟郊詩：「味者理芳草，蒿蘭同一鋤。」實本古樂府意。

卓吾子曰：升菴先生謂人家盆植如蒲萱者乃蘭之別種，曰蓀與芷耳，惟菉葉紫莖，春華秋馥，則楚騷所稱紉佩之蘭也。余嘗記漢昭烈皇帝有「蘭草當門不得不鋤」之語，雖諸葛忠武侯以魚水之歡，竟不得藉一言而貸之。夫蘭生道傍，可謂混世之極矣，而不免辱於樵豎之手。挺而當門，可謂庶幾一遇矣，而又不免於入朝之嫉。蘭乎，蘭乎，將安所處乎？余既無如之何，則戲爲問答二首以紀之，感懷者，無重爲升菴先生之不幸可也。

問蘭一首

蘭草貴當門，當門見至尊。既見至尊已，百鋤何足論。

蘭答一首

相見翻相惱，不如不見好。寧爲道傍花，勿作當門草。

❶ 辛棄疾原詞此句後有「往事朦朧」四字。

伊蘭花

蜀中有花，名賽蘭香，花小如金粟，特馥烈，戴之髮髻，香聞十步，經月不散。曾少岷爲余言：此花之香，冠于萬卉，但名不佳。余按佛經，伊蘭即此花也。西域以之供佛，《後漢書》所謂「伊蒲之供」也。「蒲」，即菖蒲花，世不恒有，貴其難得耳。又西域以「∴」爲伊字，最尊，如中國天字也。蒲曰伊蒲，蘭曰伊蘭，皆加以尊稱，謂其香無比也。

海紅花

菊莊劉士亨詠山茶詩云：「小院猶寒未暖時，海紅花發景遲遲。半深半淺東風裏，好似徐熙帶雪枝。」海紅，即山茶也，古詩亦有：「淺爲玉茗，深爲都勝。大曰山茶，小曰海紅」。

欵冬花

欵冬花，即《爾雅》所稱「菟奚顆凍」者。紫赤（華）〔花〕，生水中，十二月，雪中出花。郭（元）〔緣〕生《述征記》云：「洛水至冬凝厲，則欵冬茂悦層冰之中。」傅咸《欵冬賦序》曰：「余曾逐禽登于此山，于時仲冬，冰凌盈谷，積雪被崖，顧見欵冬，曄然始敷。」佛經云：「朱炎鑠石，不靡蕭丘之木；凝冰慘慄，不凋欵冬之花。」乃知唐詩「僧房逢著欵冬花」，正「十二街頭春雪時」也。

竹賦

陳陶詠竹詩云：「青嵐帚亞思君祖，緑潤編多憶蔡邕。」陳張君祖《竹賦》：「青嵐運帚，碧空掃煙。」蔡邕《竹贊》云：「緑潤碧鮮，紺文紫錢。」

龍鍾

龍鍾，竹名。年老曰龍鍾，言如竹之枝葉摇曳，不能自禁持也。

甘菊

《埤雅》曰：「菊如聚金，鞠而不落，故字从鞠。」菊有兩種，花大氣香莖紫者，爲甘菊花，此日精也；花小氣烈莖青味苦，爲野菊花，其花相似，惟以甘苦别之。其葉可羹，其花可釀，其囊可枕，其實可仙。菊亦有實，但難得爾。

桂花

《尸子》曰：「春華秋英曰桂。」王維詩：「人閒桂花落，夜静春山空。」秋花者，乃木犀、巖桂耳。

桂子

劉績《飛雪録》❶，載杭州靈隱寺，月中墜桂子事，似涉怪異。余按：《本草圖經》云：「江東諸處，多於衢路間拾得桂子，破之辛香，古老相傳，是月中下也。」不知當地何意獨無焉，寧非月路耶？白樂天詩：「偃蹇月中桂，結根依青天。天風繞月起，吹子下人間。」自注云：「杭州天竺寺，有月中桂子。」

荔枝

白樂天《荔枝圖》曰：「荔枝生巴峽間，形狀團團如帷蓋，葉如桂冬青，花如橘春榮，實如丹夏熟，朵如蒲桃，核如琴軫，殼如紅繒，膜如紫綃，瓤肉潔白如冰雪，漿液甘香如醴酪。大略如彼，其實過之。如離本枝，一日色變，二日香變，三日味變，四五日外，香色味盡去也。」此文可歌可詠，可圖可畫。歐陽公詠荔枝詞曰：「絳紗囊裏水晶丸。」亦妙。

卓吾子曰：巴峽間，安得有此？見巴峽荔枝，未曾見荔枝也。至曾子固《荔枝狀》三十四種，始詳著福建軍。荔枝名產，雖廣東不載也，況西川哉。

曾吉甫《荔枝》六言二首，其一云：「蕉子定成噲伍，梅丸應愧盧前。金谷危樓魂斷，白州舊井名傳。」其二云：「紅皺解羅襦處，清香開玉肌時。繡嶺堪憐妃子，(苧)〔苎〕蘿不數西施。」杜子美詩：「側生野岸及江蒲，不熟丹宮滿玉壺。雲壑布衣鮐背死，勞生害馬翠眉須。」杜公此詩，蓋紀明皇爲貴妃取荔枝事也。其用

❶《飛雪録》：《升菴集》卷八〇爲《霏雪録》。

「側生」字，蓋爲庾文隱語，以避時忌，非如西崑用僻事也。左思《蜀都賦》：「傍值龍目，側生荔枝。」故張九齡賦荔枝云：「雖觀上國之光，而被側生之誚。」杜詩用此。末二句，言布衣抱道，有老死雲壑而不徵者，乃勞生害馬，以給翠眉之須，何爲者耶？山谷謂：雲壑布衣，指後漢臨武長唐羌諫止荔枝貢者。此俗所謂「厚皮饅頭、夾紙燈籠」矣。山谷尚如此，又何以責黄鶴蔡夢弼輩乎？

范堅石榴賦

紅鬚内艷，頳牙外標。似華燈之映翠幕，若丹瓊之厠碧瑶。

橘柚蒲桃橄欖

梁使徐君房，與魏使陳昭，各言方物。君房問昭曰：「蒲桃味何如橘柚？」答曰：「津液奇勝，芬香減之。」君房曰：「金衣素裹，見苞作貢，向齒自消，良應不及。」此南人重橘柚而輕蒲桃也。魏文帝詔示羣臣曰：「中國珍果甚多，蒲桃當末夏涉秋，尚有餘暑，醉酒宿醒，掩露而食，甘而不飴，脆而不酸，冷而不寒，味厚汁多，除煩解倦。釀以爲酒，甘於麴蘗，醉而易醒。道之固已流涎，況親食之耶？南方有橘，正酸裂人牙，時有甜耳。他方之果，寧有匹者？」此北人譽蒲桃而貶橘柚也。北人不喜橄欖，南人語之曰：「橄欖回味。」北人笑曰：「待他回味時，我棗兒已甜了半日矣。」

檳郎樹

嵇含《南方草木狀》云：「檳郎樹皮似青桐，節如桂竹。下本不大，上枝不小。稠直亭亭，千萬若一。森秀無柯，端頂有葉。仰望眇眇，如插叢蕉於竹杪。風至觸動，似舉羽扇以掃天。」俞益期《與韓康伯牋》云：「檳郎木，大者三圍，高者九丈，葉聚樹端，房栖葉下，華秀房中，子結房外。其擢穗似黍，其綴實似（𣘻）〔槲〕，其皮似桐而厚，其節似竹而穊。其中空，其外勁，其屈如覆虹，其伸如縋繩。步其林則寥朗，庇其蔭則蕭條。」此分明畫檳郎圖也。

長卿簡子

予往在大理，與姜孟賓讀蕭子雲賦，有「長卿晚翠，簡子秋紅」之句。孟賓吳人，博學，予舉以問曰：「長卿，則草中徐長卿，藥名是也，簡子亦必草名，出何書耶？」孟賓亦不能知，呼取《本草》遍檢之，無有也。近觀《齊民要術》云：「簡子，藤生緣樹，木實如梨，赤如鷄冠，核如魚鱗，取生食之，淡泊甘苦。」乃知子雲引用，必此物也。王應麟嘗言：得一異事，如獲一真珠船。恨不與孟賓散帙共欣賞耳。

甘棠

焦氏《易林》云：「大樹之子，百條共母。當夏六月，枝葉盛茂。鸞鳳以庇，召伯遊暑。」遊暑者，避暑也。遊暑憇甘棠，蓋古説如此，今注謂召伯聽訟于甘棠之下。成周之時，制度文物備矣，豈有以召伯之貴而坐於甘棠樹下，如老人里長斷争雞之訟者哉？

桐木

東坡云：「凡木本實而末虛，惟桐反之。試取其小枝削之，皆堅實如蠟，而其本皆虛。故世所以貴孫枝者，貴其實也。」

共枕樹

潘章有美容，楚人王仲先慕之，與同學。一見相愛，情若伉儷，同衾共枕，死亦同葬羅浮山。塚上生樹，柯條枝葉，無不相抱，號曰「共枕樹」。

李卓吾先生讀升菴集卷十八終

李卓吾先生讀升菴集卷十九

雜類

漏點

夜漏五五相遞，爲二十五，唐李郢詩：「二十五聲秋點長。」韓退之「鷄三號，更五點」是也。至宋世，有「寒在五更頭」之忌，宫掖及州縣更漏，皆去五更，後〔三〕〔二〕點，又并去初更二點以配之，首尾止二十一點，非古也。

卓吾子曰：初更二點前，尚許人行；五更二點後，即令人行，意美矣。

擲卦以錢

擲卦以錢，自嚴君平始。唐詩：「岸餘織女支磯石，井有君平擲卦錢。」

三澣

俗以上澣、中澣、下澣，爲上旬、中旬、下旬，蓋本唐制十日一休沐，故韋應物詩云：「九日驅馳一日閒。」白樂天詩：「公假月三旬。」此乃唐制，今襲用之。

嫁殤

曹操幼子蒼舒死，求邴原死女合葬，史以爲譏。予觀《周禮·地官》「禁嫁殤者」，注謂：「生時非夫婦，死而葬相從。」則嫁殤，嫁死人，古已有之。

丹的

《釋名》曰：「以丹注面曰的子，本天子、諸侯有辟妾，以次進御，有月事者止不御，故注此於面。」

勾欄

段國《沙州記》：「吐谷渾於河上作橋，謂之河厲，長一百五十步，勾欄甚嚴飾。」「勾欄」之名始見此。宋世以來，名教坊曰勾欄。

火禁

《後漢·禮儀志》：「清明騎士傳火。」唐詩：「日暮漢宮傳蠟燭。」又：「魚鑰清晨散九門，天街一騎走紅塵。」則其制古矣，廢之當自胡元入主中國時也。

寒食火禁

《容齋隨筆》謂：寒食禁火，不由介推。近觀《十六國春秋》，石勒下令，寒食不許禁火，後有冰雹之異。徐光曰：「介推，帝鄉之神，歷代所尊，未宜替也。」勒令尚書定議以聞，韋諛曰：「子推忠賢，令綿介之間奉之。」勒從之，令并州復寒食如初。容齋豈未考此耶？然勒禁天下寒食，而至隋唐已復禁改火，觀隋李崇嗣：「普天皆滅燄，匝地盡藏煙」之句，及元稹《連昌宫詞》自注：「唐時京城寒食火禁，以鷄羽入灰，有焦者皆罪之。」亦極嚴矣。火禁迨今，則絕不知，而四時亦不改火。

卓吾子曰：寒食之名不改，寒食之節當行。

春宵秘戲

徐陵與周弘讓書：「歸來天目，得肆閒居。差有弄玉之俱仙，非無孟光之同隱。優遊俯仰，極素女之經文；升降盈虛，盡軒皇之圖勢。」則宋人畫苑「春宵秘戲圖」，有自來矣。張平子樂府：「素女爲我師」、「天老教軒皇」，抑又古矣。

蓰榜

唐人進士榜，必以夜書，書必以淡墨。或曰：名第者，陰注陽受，以淡墨書者，若鬼神之迹也。世傳大羅天放榜於蘂珠宮，故又稱蕋榜。又放榜後必有一人下世者，謂之報羅使。

女史

唐尚書郎入直，供青縑白綾被，或以錦（絆）〔紲〕爲之，給帷帳、通中枕，侍史一人，女侍史二人。女皆選端正妖麗，執香爐香囊護衣服。唐詩：「春風侍女護朝衣。」又：「侍女新添五夜香。」韓退之紅桃花詩：「應知侍史歸天上，故伴仙郎宿禁中。」皆指此也。

彤騶

褚亮詩：「彤騶出禁中。」蓋伍伯戴紅帽以唱騶，自唐已然矣。宋人賀甲科給騶從歸第，曰：「黄榜開天上，彤騶出禁中。」本褚亮句也。

服妖

晉傅咸奏議云：「妹喜冠男子之冠，桀亡天下；何晏服婦人之服，亦亡其身。」

輕容

紗之至輕者曰輕容。《唐類苑》云：「輕容，無花薄紗也。」王建《宫詞》：「嫌羅不著愛輕容。」李賀詩：「蜀煙飛重錦，峽雨（測）〔濺〕輕容。」

纈衣

《説文》：「纈，結也，繫彩繒爲文也。」杜牧之詩：「花塢團宫纈。」元微之詩：「内蕋繁於纈。」王建詩：「纈衣簾裏動香塵。」魚玄機《海棠溪》詩云：「春教風景駐仙霞，水面魚身總帶花。人世不思靈卉異，競將紅纈染輕紗。」薛濤詩：「夾纈籠裙繡地衣。」胡元時，染工有「夾纈」之名，別有「檀纈」、「蜀纈」、「漿水纈」、「三套纈」、「緑絲班纈」諸名，問之今時機坊，亦不知也。

綢繆（欃）〔襳〕褵

古者婦人長帶，結者名曰綢繆，垂者名曰欃〔襳〕褵。結而可解曰紐結，而不可解曰締。

鬧掃

鬧掃，髻名，亦猶盤雅、墮馬之類也。唐詩：「還❶梳鬧掃學宫粧，獨立閑庭納夜凉。手把玉釵敲砌竹，清歌一曲月如霜。」《三夢記》

隱囊

晉士大夫尚清談，作麈尾隱囊之製，今後學罕知。《顔氏家訓》云：「梁朝全盛之時，貴遊子弟，駕長簷

❶ 一作「鬟」。

車，跟高齒屐，坐棋子方褥，憑(班)〔斑〕絲隱囊。」王右丞詩：「不學城東遊俠兒，隱囊紗帽坐彈棋。」隱囊柔軟可倚，又更于倚棋。

流蘇

《倦游録》述流蘇之制，但云：「五綵同心而下垂者」，莫能言其始。黃公紹《書林》，亦止引《晉書》「割流蘇爲馬幭」，皆後世幃帳間所懸耳，不知古者流蘇，蓋樂器之飾。《前漢書·禮樂志》，薛瓚注作「流遡」，《周禮》「金鐲節鼓」，鄭玄注云：「後世合宮懸用之，而有流蘇之飾。」樂器，而用以爲幃帳之懸，則自晉以後始也。

銀蒜

東坡《哨遍》詞：「睡起畫堂，銀蒜押簾，珠幕雲垂地。」蔣捷《白(苧)〔苎〕》詞：「早是東風作惡，旋安排一雙銀蒜鎮羅幕。」銀蒜，蓋鑄銀爲蒜形，以押簾也。元《經世大典》：「親王納妃、公主下降，皆有銀蒜簾押幾百雙。」

流黃簟

會稽竹簟供御，號流黃簟。唐詩：「珍簟冷流黃。」

象牙火籠

《西京雜記》：「天子玉几，冬則加綈錦，以象牙爲火籠。」慎常有《冬日宮詞》云：「障風貂尾扇，熓火象牙籠。」貂扇，冬日用之，歐陽玄詩「十月都人供暖箑」是也。

供御炭

供御炭，用鵓鴿色、胡桃文。見《宋史》。

紫花墩

宋學士王珪，召對蕋珠殿，命坐紫花墩。

車渠鸚鵡

梁簡文帝集云：「車渠屢酌，鸚鵡驟傾。」俗傳「車渠」爲杯，注酒滿過一分不溢。嘗試之，信然。

羽觴

班婕妤《自悼賦》：「酌羽觴兮銷憂。」注：「以玳瑁覆翠羽于下，徹上見。」唐詩「玳瑁筵」本此。

方麯

《北史·楊愔傳》：「以方麯障面。」麯，通作「曲」，蠶薄也，《説文》作「笛」。《漢書·周勃〔傳〕》：「織薄曲爲業。」此云「方麯障面」，蓋竹織方扇耳。

萎蕤鎖

《録異記》：「萎蕤鎖，金鏤相連，屈伸在人。」顧況詩：「春樓不閉萎蕤鎖，緑水回通宛轉橋。」

不借軍持

不借，草鞋也，言其價賤，不須借也。《古今注》：「漢文帝履不借以臨朝。」軍持，净瓶也。賈島送僧詩云：「我有軍持憑弟子，岳陽（注）〔江〕裏汲寒流。」

冥火懸火

《文選》：「冥火，（交）〔夜〕火也。」《楚辭》「懸火」，今之提燈也。《六韜》「雲火」，施於雲梯之上者。

六幺

古之「六博」，即（公）〔今〕骰子也。晉《謝艾傳》：「梟者，邀也，六博得邀者勝。」是知「梟」，即骰子之幺也。曲名有《六幺（序）〔聚〕》，義取六博之采。

赭繩

《商君書》：「赭繩束枉木。」古用赭繩，即今墨斗。

仙人弩

《史記》注：「通天臺上有天梯、仙人弩。」通天臺上仙人弩，(等)〔笑〕電岩前玉女壺。

柴轂

袁紹，士無貴賤，與之抗禮；輜軿柴轂，填接巷陌。

驪驂

王肅曰：「古者一轅之車，夏后氏駕兩馬，謂之驪。殷益以一騑，謂之驂。周人又益以一〔騑〕，謂之駟。」

蛟韅

《荀子》「蛟韅」，注：「馬服之革，蓋以蛟皮爲之。」在背曰韅，在胸曰靷，在腹曰鞅，在後曰靽。靽音「半」。鞅，倚兩切，今之衮肚也。靷音「胤」。「韅」音「絢」，呼見切。

星施

《周書·王會篇》：「樓煩貢星施。」施，亦旌旄之屬。

七娥

束晳《玄居賦》：「夕宿七娥之房，朝享五鼎之食。」《方言》：「吴有桼娥〔之〕臺。」桼，即「七」字。《七林》有「七娥、三粲、百媚、千嬌」之語。

南漪

坡詩有「南漪亭詠」。❶ 時有人讀《晉書》者，坡公問曰：「尋得幾個好亭名？」名佳自難得也。

麗矚

《南史·隱逸傳》：「桂山篁渚，非止素玩；碧澗清潭，翻成麗矚。」宋人以「麗矚」名亭。

鏨翠流丹

開牕鏨翠，杜詩：「鏨翠開户牖。」飛閣流丹。王勃。

葦交螺首

夏后氏金德，初作葦茭，言氣交也。殷人水德，以螺首，慎其閉塞，使如螺也。周人木德，以桃爲梗，言

❶ 蘇軾詩中無咏南漪亭者，有《菩提寺南漪堂杜鵑花》：「南漪杜鵑天下無，披香殿上紅氍毹。」「南漪亭詠」或指此詩。

氣相更也。《莊子》曰：「插葦於户，布灰其下，童子入不畏，而鬼畏之。」今人元日，以葦插户。螺，則今之門鐶。桃梗，則今之桃符。

金溝銅池

羊玄保曰：「金溝清泚，銅池摇颺。既佳光景，當得劇棊。」此語殊有韻致。

閶廅

閶闔，一作「閶廅」，省門從户也。《儀禮》又作「㕁」，从盍而去皿也。

宏窅

宏窅，屋深響也，如空谷之傳聲。《詩》所謂「噦噦其冥」，賦所謂「蜼螟飛而生風，尺蠖動而成響」也。❶

槐衙

《中朝故事》云：「天街兩畔槐木，俗號爲槐衙，曲江池畔多柳，亦號爲柳衙，以其成行排立也。」

❶「蜼螟」二句，語出晉張協《七命八首》，見《文選》卷三十五。

窐衡

《晉書·隱逸傳》云："徵聘之禮，賁於蕳軸。玉帛之贄，委於窐衡。"謂圭竇、衡門也，"圭"或從穴作"窐"。又《晉書》云："茨簷賤士"。又《廣里記》云："葦菴漁父"。又嵩山隱居聯對云："曙景張屏，掛清光於露壑；飛流界練，貫幽響於風湍。"

柴門

《晉書·儒林傳》贊："清貞守道，抗志柴門。"《漢書》："漢中之俗，蓬户柴門，食必兼肉。"

兩階

古者堂之前無階，惟左右設兩階，右爲賓階，左爲阼階。天子之尊，亦惟兩階，《書》曰"舞干羽於兩階"是也。天子立於阼階，而以賓禮延其臣，《易》曰"利用賓於王"是也。天地所以交泰也。至秦，中爲甬道，亢然自尊，天地不交而爲否矣。今佛寺道觀猶存古制。

瓊寢玉簀

劉聰以婢爲后，王鑒諫曰："不可以污玉簀而塵瓊寢。"

綴户綴牖

《大戴禮》：「明堂，四户八牖。赤綴户，白綴牖。」《楚辭》：「網户朱綴。」注：「綴，緣也。」以朱緣其邊。今曰四映，如古紫界牆、青瑣闥之屬。

函道局室

函道，道如封函也。局室，室如棋局也。

紫壇

漢行宫用紫泥爲壇，齊梁《郊祀歌》所謂「紫壇」也。天神下若流火，《漢書》所謂「神光交錯於薦鬯之夕」也。舞女三百人，《漢志》所謂「僞飾女樂」也。以此祭天，不亦媟乎？

卓吾子曰：以此祭天，不亦樂乎？公蓋未知天人一理也。

諫霤瑣闥

諫霤，見《左傳》。瑣闥，見《漢書》。又韓翃青州詩：「柏寢寒蕪變，梧臺宿雨收。」「柏寢」、「梧臺」，皆齊事。予謂「梧臺柏寢」，可對「茨簷葦菴」。

虎門

蔡邕《勸學篇》云：「周之師氏，居虎門，今之祭酒也。」漢曰虎觀，取此義。

屠蘇

蕭子雲《雪賦》曰：「韜罦罳之飛棟，没屠蘇之高影。始飄舞於圓池，終亭華於芳井。」杜工部《冷淘》詩曰：「願憑金（腰）〔騕〕褭❶，走置錦屠蘇。」屠蘇，菴也。《廣雅》云：「屠蘇，平屋也。」《通俗文》曰：「屋平曰屠蘇。」《魏略》云：「李勝爲河南太守，郡廳事前屠蘇壞。」唐孫思邈有「屠蘇酒方」，蓋取菴名以名酒，後人遂以屠蘇爲酒名矣。又大冠亦曰屠蘇，《禮》曰「童子幘無屋」，凡冠有屋者曰屠蘇。《晉志》：「元康中，商人皆著大障，諺曰：屠蘇障日覆兩耳，會見瞎兒作天子。」

東西北第

漢世有東第，所謂「爵爲通侯，列居東第」是也。有西第，馬融作《大將軍西第頌》是也。有北第，「賜夏侯嬰北第第一」是也。獨無南第。

❶ 騕褭，古代良馬名。

亭堠

予舊有紀行詩：「山遮延鷺堠，江繞畫烏亭。」上句，用元魏改官制，以候望官爲白鷺，取延望之意，其時亭堠多刻鷺像也。下句，用漢明帝《起居注》：「明帝巡狩，過亭障，有烏鳴，亭長引弓射中之。奏曰：『烏烏啞啞，引弓射，洞左腋，陛下壽萬年，臣爲二千石。』帝悅，令天下亭障皆畫烏。」

麗譙

《莊子》：「盛鶴列於麗譙之間。」注：「麗譙，魏城門名，言壯麗而嶕嶢也。」《前漢書·陳勝傳》：「戰譙門中。」注：「門上爲高樓以望，故曰譙樓。」愼按《漢書·五行志》：「(主)〔故〕公車大誰卒。」注：「大誰，主問非常之人，云姓名是誰何也。」誰何，一作「譙呵」。「麗」，如「魚麗」之「麗」，力支切；「譙」，即「譙呵」之「譙」。今都門出入者，守門人成列而呼喝之。

封堠之始

《拾遺記》曰：「禹治水，所穿鑿處，皆有泥封記，使玄龜升其上，此封堠之始。」又《山海經》：「黄帝遊幸天下，有記里鼓，道路記以里堆。」則堠起軒轅時也。

申明亭

今之申明亭，即周之鋤、漢之街彈室也。按《周禮·大司徒》：「里宰，以歲時合耦于鋤。」鄭玄注曰：

「鋤者，里宰治處，若今街彈之室是也。」

央瀆

《荀子》：「入其央瀆。」注：「謂中瀆，人家出水溝也。」又央溝，《太平御覽》引《莊子·逸篇》稱「羊溝」，不知何解。俗又作「陽溝」，云對「陰溝」之稱，但未見所出耳。

卓吾子曰：陽溝、陰溝、央瀆、中瀆，如先生者，始不謂溝瀆之水耳矣。

水龍

隋文帝詔曰：「陳國未盡藩節，誠須責罪興師，若命水龍，終當屈。」水龍，謂戰船也。

緑鷁葱鷙

劉楨《魯都賦》：「緑鷁葱鷙。」皆船名，船首畫此二鳥形也。

鳳艒

《博雅》：「艒，艒舟也。」艒，音「墨」。《隋志》有「龍舟鳳艒」。

鯿舟

或問：詩人多用「扁舟」，何所始？予按《南史》：「天淵地新製鯿魚舟。」形甚狹，故小舟稱扁舟。六朝，惟王由禮有「扁舟夜向江頭泊」之句，至唐則多用之。

車子釣

張志和《漁父曲》：「車子釣，橛頭船，樂在風波不用仙。」《宋史》：「洞庭湖賊楊么❶，四輪激水，船行如飛。」今失其制。

魚椮

椮，寂見切，《説文》：「椮，以柴木壅水也。」《江賦》：「椮澱爲涔，夾㴇羅筌。」皆取魚之具。

萬尺簇

陸魯望《寄吴子華》詩：「到頭江畔尋漁事，織作中流萬尺簇。」簇，取魚具也。《酉陽雜俎》：「晉時，錢塘有人作簇，年取魚億計，號萬匠簇。」按：「簇」字從「洪」，石梁絶水曰洪，「射洪」、「吕梁洪」是也。「洪」從竹爲「簇」，蓋以竹爲魚梁，此字《唐韻》不收。

渾脱舞

唐宋務光諫疏云：「比見坊邑，相率爲渾脱隊；駿馬胡服，名曰蘇莫遮。」渾脱隊，即所謂「公孫大娘渾

❶ 又作「杨幺」。

脱舞」也。蘇莫遮，胡帽，今曲名有之。

胡器

《詩含神霧》曰：「外國器物，多與中國相反；書則横行，食則合伏，床則交脚，鼓則細腰。」

珠聲玉價

《説文》注引宋弘云：「淮水出玭珠，珠之有聲者。」「聲」謂有名價也。

光明砂

李德裕《黄冶論》云：「光明砂者，天地自然之寶。在石室之間，生雪牀之上，如初生芙蓉，紅苞未拆，細者環拱，大者處中，有辰居之象，有君臣之位，光明外徹。採之者，尋石脉而求，此造化之所鑄也。若以藥石〔鎔〕鑄，術則疏矣。」

九曲珠

《小説》：「孔子得九曲珠，欲穿不得，遇二女，教以塗脂於線，使蟻通焉。」此與《列子》「兩兒辯日」事相似。

不灰木火浣布

《太平寰宇記》曰：「不灰木，俗多爲鋌子，燒之成炭而不灰，出膠州。」予親見之，其葉如蒲草，束以爲燎，謂之「萬年火把」。火浣布，出蜀建昌，其白如雪，出於石隙，《元史》所謂「石絨」也。二物不同，博物者宜知之。

木難

曹子建詩：「明珠交玉體，珊瑚間木難。」注引《南越志》云：「木難，金翅鳥沫所成，碧色珠也，大秦國珍之。」按其形色，則今夷方所謂祖母緑也。

古錢

漢有壓勝錢、藕心錢，狀如干盾，長且方而不圓，蓋古刀布之變也。

幽菽冥果

《說文》解「豉」字云：「配鹽幽菽也。」《三蒼》解「艶」字云：「艶，冥果，青色也。」蓋「豉」，本豆也，以鹽配之，幽閉於甕盎中，故曰「幽菽」。冥果，蜜煎果也，以銅青浸之，加蜜而冥於缶中，故曰冥果。

酒帘

《韓非子》：「宋人有酤酒者，懸幟甚高。」「幟」謂之帘，「帘」謂之酒旗。《唐韻》「帘」字注：當云「酒家懸幟」，豈不雅乎？乃云「酒家望子」。

卓吾子曰：讀書者皆如公，則當曰「懸幟」；未必皆如公，則當曰「望子」。注書不爲公也。

李卓吾先生讀升菴集卷十九終

李卓吾先生讀升菴集卷二十

雜類

翰林撰致語

宋時御前内宴，翰苑撰致語八節，撰帖子，雖歐、蘇、曾、王、司馬、范鎮皆爲之。蓋張而不弛，文武不能，百日之蜡，一日之澤，聖人所制也。成化中，黄編修仲昭、莊檢討昶不撰元宵詞，又上疏論列以去，以此得名。然自是而後，内外隔絶，每有文字，别開倖門。有文華門、仁智殿輩，每得美官，甚至蠹政害人，曷若仍舊之爲愈乎？愚謂於麗語中，寓規諫意，如南唐李後主遊燕，潘佑制詞云：「樓上春寒山四面，桃李不須誇爛熳，已失了春風一半。」意謂外多敵國，而地日侵削也，後主爲之罷宴。填詞如此，何異諫書？工執藝事以諫，況翰苑本以文章諷諫，諸公毋乃未習聲律，而託爲此耶？

卓吾子曰：至論，至論。

俗儒泥古

《易》曰：「窮則變，變則通，通則久。」《禮》曰：「禮時爲大，順次之。」《文子》引《老子》之言曰：「天下幾有常法哉，當於世事，順於天地，祥於鬼神，即可正治矣。」又曰：「先王之制，不宜即廢之，末世之事，善則著之，故聖人制禮樂，而不制於禮樂，制法，而不制於法。」嗚呼！斯言也，其識時務達治體之深乎！後世如張横渠必欲行井田，胡致堂必欲復封建，幸而不用，不幸而試，其敗塗地矣。朱子猶惜其有志未就而卒，亦迂矣哉。甚者謂肉刑可用，民兵當立，不祭墓而止祭祠，不設像而止設主，紛紛之議，皆泥古之過也。近日有謂婦女不宜傳粉弓足，酒器不宜廂銀鍍金，及仕甫通顯，素履蕩然。此又《詩》、《禮》發金椎之塚，猨狖衣周公之服者，尤可惡哉。

卓吾子曰：至言，至言。

張九成格言

「平日趨利避害，他日必欺君賣國矣；平日負約失期，他日必欺君罔上矣。故君子必矜細行。」此張九成横浦日新之格言，好事者鬻爲屏銘。

卓吾子曰：格言真格言，屏銘實屏銘。

諸葛恪語

諸葛恪語陸遜曰：「以道望人則難，以人望人則易。」

心如秤

《太平御覽》載孔明語云：「我心如秤，不能爲人作低昂。」唐朝曾❶投人啓曰：「推諸葛之秤心，負姜維之斗膽。」

郵亭書壁

程明道於郵亭，見壁上書云：「要不悶，依本分。」明道深然之曰：「若依本分，便是君子也。」予於蜀棧古壁，見無名氏號硯沼者，書古樂府一首云：「休洗紅，洗多紅在水。新紅裁作衣，舊紅番作裏。回黄轉緑無定期，世事反覆君所知。」此詩古雅，元郭茂倩《樂府》亦不載。

貧樂

章楓山云：「處順境易，處逆境難。若曾點之浴沂，邵雍之《擊壤》，皆順境也。惟床琴于浚井之日，絃歌於絶糧之餘，以至捉衿肘見而歌商聲，簞食瓢飲而不改其樂，乃境之逆。」

卓吾子曰：此歌此樂，假笑當哭。

❶「朝曾」應爲「胡曾」，號秋田，唐邵州邵陽（今湖南邵陽）人。

梓碧山人

四明梓碧山人許奎，作《百忍箴》，予獨取其《危箴》云：「圍棋制淝水之勝，單騎入回紇之軍，此宰相之雅量，非將軍之輕身。蓋安危未定，勝負未决，帳中倉皇則麾下氣懾，正所以觀將相之事業。浮海遇風，色不變于張融；亂兵掠射，容不動于庾公。蓋鯨鯢澎湃，舟楫寄躬，白刃蜂午，節制誰從，正所以試天下之英雄。噫！可不忍(與)〔歟〕？」

正士貞女

劉執齋侍郎云：「貞淑之女，固不厭於容華；剛正之士，亦何嫌於才美。」斯名言也。衛莊姜、班婕妤，何曾不丹華而靡曼，顔清臣、文信公，何嘗不麗藻而英辭。貞淫在性不在色，賈南風之短黑，陳金鳳之形陋，其淫彌甚；忠邪在性不在文，李林甫之寫弄麞[1]，安禄山之不識字，其惡彌章。

唐庚語

唐庚曰：「三桓諷魯作三軍，合《周禮》矣，其志乃欲卑公室而奪之權。曹操諷漢復九州，合《禹貢》矣，其志乃欲廣冀州而益其地。晉曲沃莊伯，用夏正，合人統矣，其心乃欲自立。凡姦人欲濟其邪謀者，未嘗不引經也。」

[1] 「弄麞」為「弄璋」之訛，用以嘲寫錯别字。

卓吾子曰：聖人啓之也。

弭仲叔

張伯英稱弭仲叔曰：「仲叔，高德美名，命世之才，非弭氏小族所當有，新豐瘠土所當産。」時以爲名言。

卓吾子曰：喜甚，恨甚，真名言也。

軍中女子

《容齋隨筆》，記軍中有女子數事，皆指一人耳。按《商子·兵守篇》云：「壯女爲一軍，使盛食、負壘陳，而待令。客至而作土，以爲險阻。及耕格阱，發梁，撤屋，以從，從之；不洽，而熯之，使客無得以助攻備。」又《舊唐書》云：「藩鎮相距，用兵年久，女子皆可爲孫、吴。」是全隊用女子也。

卓吾子曰：虞美人在楚軍，又可笑矣。

雲岳屏風

漢鄭弘，第五倫故吏，同爲太尉、司空，每朝見，弘曲肱自卑。明帝聞知，乃賜雲岳屏風，分隔其間。雲岳即雲氣山岳也。

鬼谷子

《漢書·藝文志》：「《鬼谷區》三篇。」注：「即鬼臾區也。」《郊祀志》：「黄帝得寶鼎冕侯，問於鬼臾區」云云，注：「即鬼容區。容、臾聲相近。」今按：「鬼谷」即「鬼容」，又字相似而誤也。高似孫《子略》便謂《藝文志》無鬼谷子，何其輕於立論乎？

焦弱侯曰：鬼臾區，黄帝時人；鬼谷子，自是孫臏、蘇張之師，如何可作一人。

鍾馗即終葵

《考工記》曰：「大圭，首終葵。」注「終葵，椎也，齊人名椎曰終葵。」蓋言大圭之首似椎也。《金石録》以爲晉宋人名，夫以終葵爲名矣。後又訛爲鍾馗，俗又畫一神像帖於門，（首）〔手〕執椎以擊鬼，好怪者，便傅會説鍾馗能啖鬼。畫士又作《鍾馗元夕出遊圖》，又作《鍾馗嫁妹圖》，文士又戲作《鍾馗傳》，言鍾馗爲開元進士，明皇夢見，命工畫之。按：孫逖、張説文集，有《謝賜鍾馗畫表》，先於開元久矣，亦如「石敢當」，〔本〕《急就章》中虛擬人名也，俗便立石於門，書「太山石敢當」，文人亦作《石敢當傳》，昧者相傳，便謂真有其人矣。

卓吾子曰：莫怪他謂真有其人也，此物比真人還更長久也。且先生又安知不更有鍾馗其人乎？「終葵」二字，亦是後人名之耳，後人可以名「終葵」，又後人獨不可以名「鍾馗」乎？假則皆假，真則皆真，先生勿太認真也。

蘇易簡作《文房四譜》云：「虢州歲貢鍾馗二十枚。」慎按：硯以鍾馗名，亦即《考工記》「終葵大圭」之義，蓋硯形如大圭耳。

卓吾子曰：蘇易簡又以進士鍾馗，而訛呼硯石爲鍾馗矣。硯石爲鍾馗，鍾馗爲進士，進士爲大圭首，大圭首爲椎，終之一椎而已，先生勿勞也。

明晝晦陰

《帝王世紀》稱帝堯：「其明如晝，其晦如陰。」注云：明以察之，晦以畜之，《易》之所謂「用晦」，《詩》之所謂「養晦」。旈以翳明，纊以隱聰，不欲察淵魚而料隱慝也。

卓吾子曰：其明如晝，人皆見之也；其晦如陰，人不得而見之也，何必穿鑿。

等身書

宋賈黄中幼日，聰悟過人，父師取書，與其身相等，令讀之，謂之「等身書」。

解連環

《戰國策》：「秦昭王嘗遣使者，遺君王后玉連環，曰：『齊多智，而解此環否？』君王后以示羣臣，羣臣不知解，君王后引鐵椎破之，謝秦使曰：『謹已解矣。』」

半面

《東觀漢記》：「應奉嘗詣袁賀，賀時將出行，閉門，造車匠於閤内開扇，出半面視奉。去後數十年，於路見車匠，識而呼之。」今人云「半面之識」，本此事。

小智大慮

《管子》云：「小白爲人，無小智而有大慮。」漢高祖亦明於大，而暗於小；光武小敵怯，而大敵勇；吕端小事糊塗，大事不糊塗。

宿諾宿問

子路無宿諾，宰我無宿問。《大戴禮》：宰我云「小子無宿問。」

劉錡善射

劉錡善射，水斛滿，以箭射，拔箭水注，隨以一矢窒之，人服其精。或言此即古剡注法也。

資縣磨崖

資中一王褒也，資縣之士曰：「吾王子淵也。」資陽之士曰：「吾王諫議也。」兩邑皆社而稷之。磐石一趙逵也，内江之士曰：「吾趙莊叔也。」資縣之士曰：「吾趙狀元也。」資陽之士曰：「吾趙栖雲也。」三邑皆尸而祝之。洪雅、眉州之祀田表聖，綿州、潼川之志蘇易簡，亦然。或以訊予曰：「是不勝其争，請子訂其是。」予曰：「無以爲也，其争也，君子。不見秦檜、史彌遠乎？子孫貴顯，譜牒分明。有問之曰：『子秦太師後乎？子史丞相裔乎？』必踧然不悦，怫然怒矣。嗚呼！善善不止及其子孫，又淑其鄉人；惡惡不止其身，又病其子孫。名教之嚴如此，人其可不勉哉？故曰：其争也，君子。」

托物起興

昔崔延伯每臨陣，則令田僧超爲《壯士歌》，然後單馬入陣，所向無前。至僧超死，則不復能戰。宋子京修《唐書》，爇❶二椽燭，妾媵夾侍，望之如神仙。吴元中居翰苑，每草制誥，則使婢遠山磨墨，運筆措詞宛若畫。此所謂托物起興、仗境生法也。

馮京

予觀《氏族言行録》，載馮京之父名式。京生而雋邁不羣，式一日取其所誦書，題其後曰：「將作監丞、通判荆南軍府事馮京。」式既退官十一年，京舉進士第一，爲將作監丞、通判荆南，如式之言。

狗脚朕

高澄侍宴，以大觴屬孝静帝，帝不勝忿曰：「自古無不亡之國，朕亦何用生爲！」澄怒曰：「朕，朕，狗脚朕！」「狗脚」可對「猪腸」，侯景駡韓軌「噉猪腸兒」。

銅雀硯銘

宋洪邁《銅雀瓦硯銘》曰：「元魏之東，狗脚于鄴，吁其瓦存，亦禪千劫。」曹操臺瓦，已不可得，宋人所

❶「爇」，同「燃」字。

收，乃高歡避暑宫、冰井臺、香姜閣瓦也，洪容齋之銘可證。

獠婢

《南史》：王琨，獠婢所生。獠音㨶，今罵「獠奴」，本此。

醬濁蟲

官有憒憒於臨事，士有藐藐於臨文，世皆目之曰「醬濁蟲」。《周禮》有「壺涿氏掌除水蟲」。「涿」音「濁」，是其證也。《宋〔史〕·吕端傳》作「糊塗」，《朱子語録》作「鶻突」，皆非。

沮誦王壓

倉頡、沮誦，共造文字，今但知有倉頡〔不知沮誦〕。李冰、王壓同穿二江，今但知有李冰〔不知王壓〕。鄭條興古文，在歐陽修前，今人亦不知有鄭條。

卓吾子曰：尚有穆伯長在先。

血異

萇弘被放歸蜀，刳腸而死，蜀人以匱藏其血，三年而化爲碧玉。晉元帝託運糧不至而殺其臣，其血逆柱而上。齊殺斛律光，其血在地，去之不滅。

短人

《孔子家語》：「僬僥長三尺。」《莊子》注云：「務光長八寸。」《論衡》及何承天《纂文》云：「張仲師長尺二寸。」《宋史》：「吕夏卿年老，身形漸縮如小兒。」小説載：嶺南鶴窠鶴髮翁，亦縮如嬰孺。

諱辨

予少時，父師命讀韓文《諱辨》，其曰：「周之時有騏期，漢之時有杜度。」予問曰：「何不云『春秋有衆仲，戰國有騎期』?」，自今思之，衆仲實姓名同音。

焦弱侯曰：「衆」音「終」，不與「仲」同。

甄后

魏甄后慧而有色，先爲袁熙妻。曹操屠鄴，令疾召甄，左右曰：「五官郎將已取去。」操歎曰：「今年破賊正爲奴。」后乃甄會女，初未嫁袁熙日，擬昏子建。其後爲文帝后，以妬死，子建思之不忘，作《感甄賦》。明帝，甄出也，見此賦，改名《洛神》。吁！甄氏何物，致曹氏父子三人交爭。

張耀華

何恢有妓張耀華，「美而有寵」，阮佃夫頻求之，恢曰：「恢可得，此人不可得也。」佃夫曰：「惜指失掌邪！」

素足女

太白浣紗女詩：「一雙金齒屐，兩足白如霜。」又《越女詞》云：「屐上足如霜，不著鴉頭襪。」又云：「東陽素足女，會稽素舸郎。」予嘗戲謂：「太白何致情迴盼此素足女再三？」張愈光戲答云：「太白可謂能書不擇筆矣。」

麗色

瓊英膩雪，蓮蕊瑩波。露濯蕣姿，月鮮❶珠彩。鄭德璘妻韋氏。

范蠡西施

世傳西施隨范蠡去，不見所出，只因杜牧「西子下姑蘇，一舸逐鴟夷」之句，而附會也。予竊疑之，未有可證。一日讀《墨子》曰：「吳起之裂，其功也；西施之沉，其美也。」喜曰：「此吳亡之後，西施亦死于水，不從范蠡去之一證也。」墨子去吳、越之世甚近，所書得其真。然猶恐牧之別有見，後檢《修文御覽》，見引《吳越春秋》逸篇云：「吳亡後，越浮西施于江，令隨鴟夷以終。」乃笑曰：「此事正與《墨子》合，杜牧一時趁筆之過也。蓋吳既滅，即沉西施于江。浮，沉也。子胥之譖死，西施有力焉，胥死，盛以鴟夷，今沉西施，所以報子胥，故云『隨鴟夷以終』。范蠡去越，亦號鴟夷子，杜牧遂以子胥鴟夷，爲范蠡之鴟夷，乃影撰此事，以墮後

❶ 一作「艷」。

人于疑網也。」

孌童崽子

北齊許散愁，自少不登孌童之床，不入季女之室。《水經注》：「孌童丱女，弱年崽子。」「崽」音「宰」。《選》❶詩：「肆呈窕窈容，路曜便娟子。」皆指孌童之屬也。阮籍詩：「昔日繁華子，安陵與龍陽。」

六蝎五蠹

晉庾峻曰：「秦塞斯路，利出一官。雖有處士之名，而無爵列于朝者。商君謂之六蝎，韓非謂之五蠹。」

儒梟

《後漢》：董仲綏智爲儒梟。《三國志》：魏諷有惑衆才。

容頭過身

《漢書》虞詡疏：「公卿巽懦，容頭過身。」蓋以猫、犬喻之。凡猫、犬鑽穴，頭可容，身即過矣。

❶《選》：即《昭明文選》。「肆呈」二句，見《昭明文選》所收謝靈運《會吟詩》。

尸位

《書》云：「尸位」，《詩》云「素飡」，商君謂之「荒飽」，吴起謂之「枝官」，史云「冗食」，又曰「游手」、「蝝蝗」、「蝨賊」，下不在田矣。

轉喉觸諱

柳文：「轉喉觸諱。」《漢〔書〕·食貨志》：「摇手觸禁。」

規影傜賦

《唐書》：「規影傜賦。」即今律文「影射」之語。

女郎砧

張魯之女，曾浣衣於山下，有白霧濛身，因而孕焉。恥之，自殺將死，謂其婢曰：「我死，可破腹視之。」婢如其言，得龍子一雙，送之漢水，既而葬於山頂。後有龍數至，墓前成蹊。今其墓在褒城縣。又有魯女擣衣石，庾信詩所云「南國女郎砧」也。

緑紋螺紅粱醖

煬帝在揚州，遊鷄臺，恍惚與陳後主遇，以緑紋螺，酌紅粱醖共飲，請張麗華舞《玉樹後庭花》一曲。

上陵磨劍

漢武帝崩後，忽見形，謂陵令薛平曰：「我雖失勢，猶爲汝君，奈何令吏卒上吾陵磨劍乎？」因不見。推陵旁，果有方石，可以爲礪，吏卒常盗磨刀劍。霍光欲斬之，張安世曰：「神道茫昧，不宜爲法。」故阮公《詠懷詩》曰：「失勢在須臾，帶劍上吾丘。」

語忘敬遺

語忘、敬遺，二鬼名，婦人臨産呼之，不害人。

神荼

《山海經》云：「神荼、鬱壘，二神人，主執惡鬼。」壘，音「律」。鬱律者，苑結也。沈休文曰：「鬱（律）〔壘〕者，屈律也，又爲鬱舺。」

古碑

唐李邕書「雲（磨）〔麾〕將軍碑」，已斷裂，在蒲城縣。正德中，劉遠夫御史謫爲蒲城簿，訪出，以鐵束錮之，復爲完物。饒州薦福寺碑，爲雷所驚而碎，近日好古者，取其碎裂，合而卧樹之，猶可摹印。簡西畬爲予言親見，許予摹寄一本。

卓吾子曰：亦自是良工，善錮善合也。

副貳

魏何晏曰：「先王制法，建官授任則置副佐，陳師命將則立監貳，宣命遣使則設介副。當難，則權足相濟；員缺，則才足相代。韓信伐趙，張耳爲貳；馬援討越，劉隆副車。」

郡朝

郡守廳事，古亦稱朝《後漢・劉寵傳》「山谷鄙生，未嘗識郡朝」是也。吏民謁郡守，亦曰朝，任延臨龍丘萇殯，「不朝三日」，是也。

附近

俗語「附近」，古作「傅近」，仲長統《昌言》：「宦豎傅近房卧之内，交錯婦人之間。」

使者曰信

晋武帝報帖末云：「故遣信還。」《南史》：「晨起出陌頭，屬與信會。」《真誥》云：「公至山下，又遣一信見告。」《謝宣城傳》云：「荆州信去倚待。」陶隱居帖云：「明旦信還，仍過取反。」虞永興帖云：「事以信人口具。」凡言「信」者，皆謂使者也。古樂府云：「有信數寄書，無信心相憶。莫作瓶墜井，一去無消息。」包佶詩：「去札頻逢信，迴帆早挂空。」

一卷爲弓

道書以一卷爲一弓，佛書以一條爲一則。佛典又云：多羅樹葉書，凡二百四十縛。縛，古「絹」字，亦借爲卷也。弓音「周」，與軸通。

古今語言

江（芊）〔羋〕罵商臣曰：「呼，役夫！」漢王怒酈生曰：「豎儒！幾敗乃公事。」單故謂稽康曰：「老奴，汝死自其分。」樂廣曰：「誰家生得寧馨兒。」斯并當時侮嫚之詞、流俗鄙俚之談，而世人以爲上之二言，不失清雅，下之兩句，殊爲魯朴，何哉？周、漢世遠，事已成古，魏、晉年近，言猶類今也。已古，即謂之文；猶今，乃驚其質。作者乃怯書今語、勇效昔言，不亦惑乎？

阿堵

《晉書》云：「王衍口不言錢。晨起，見錢堆床前，曰：『阿堵。』」近世不解此，遂謂錢曰阿堵，可笑。

卓吾子曰：彼見錢而稱阿堵，可也；我以錢而稱阿堵，不可乎？先生泥矣。舊詩：「語言少味無阿堵，冰雪相看有此君。」言錢與竹也。二語可謂的對。

焦弱侯曰：阿堵，猶言此物耳。顧愷之指眼曰：「傳神寫眇，正在阿堵中。」合此觀之可見。若胡盧山詩：「阿堵中藏徐稺來。」以爲堵牆，益可笑。

寧馨

「馨」字，晉人以爲語助辭。唐劉禹錫詩：「幾人猛省得寧馨。」得晉人語意矣。

焦弱侯曰：寧馨，亦如阿堵，皆當時語然，非助語詞。

因仍

《老子》曰：「攘臂而仍之。」又：「仍無敵，攘無臂。」《漢〔書〕·藝文志》：「據行事，仍人道。」仍，訓因。

綜理

綜，機縷也，所以持經而施緯，使不失條理者也。漢宣帝「綜核名實」，晉陶侃「綜理微密」，是也。綜理、經綸，皆以織喻人事；鹵莽、滅裂，皆以耕喻人事。

飲章

《蔡邕傳》：「一入牢獄，當爲楚毒所迫，促以飲章，辭情何緣復聞？」「飲」，猶隱却告人姓名，無可對問，今之匿名文書也。

腹背

李嶠《内制集》：「鏘金鳴玉，坐榮枯株。擊水搏風，顧慙腹背。」蘇頲表：「駑駘獲薦於九方，腹背可儔於六翮。」又云：「坐擁股肱之任，顧慚腹背之毛。」「腹背」事，見《韓詩外傳》。

心迹

謝靈運詩：「顧己雖自許，心跡猶未并。」又曰：「矧乃歸山川，心跡雙寂寞。」「心跡」之説前無所祖，《文中子》：「心跡之判久矣」，蓋亦衍靈運之言。

㓲户

《唐書》：「編氓有㓲户。」謂流民也。

洞庭

三茅真君云：「天無謂之空，山無謂之洞，人無謂之房。山腹中空虚，是謂洞庭；人頭中空虚，是謂洞房。」

甌臾

《荀子·大略篇》：「流丸止於甌臾，流言止於智者。」甌臾，謂地之坳坎如甌臾也。《漢舊儀》：「顓頊有三子，生而亡去爲疫鬼。一居江水，爲瘧鬼；一居若水，爲罔兩；一居人宫室區隅漚臾，善驚小兒。」「漚」與「甌」通，蓋傾側窳下之地。邊塞之地有甌脱，亦取窳下之義。

天藏

北魏元雍奏云：「鹽池，天藏也。」宋人四六「私鹽私茶」，以「天藏月團」爲對，本此。又《茶馬表》以「摘山」對「歷塊」。

楓天棗地

《唐六典》「三式」云：「六壬卦局，以楓木爲天，棗心爲地。」故張文成《大卜判》，有「楓天棗地」之語。

蠻煙蜃雨

《嶺南異物志》云：「蠻煙蜃雨，無別晨暮。」蜃，蛟蜃也。

茸母孟婆

北地寒食茸母生，茸母，草名也。宋徽宗詩云：「茸母初生認禁煙。」又小詞云：「孟婆，孟婆，你做些方便，吹個船兒倒轉。」謂風也。「茸母」「孟婆」正是的對。

長安貧兒鏤臂文

「昔日已前家未貧，苦將錢物結交親。如今失路尋知己，行盡關山無一人。」鏤臂，或謂之劄青，狹斜游人與倡狎，多爲此態。

詅痴符

和凝爲文，以多爲富，有集百卷，自鏤板以行。識者非之曰：「此顔之推所謂『詅痴符』也。」近日有一達官，自刻其文，且問于作者曰：「吾文何如古人？」或對曰：「一代之興，有一代之文，故漢曰漢文，唐曰唐文，公之文可謂明文也。」其人不悟。

卓吾子曰：對得甚妙。

弓瑚

英廟大獵，從官皆戎服弓矢以護蹕。有祭酒劉某詩，以「瑚弓」爲「弓瑚」，太學生輕薄者，帖詩於監門云：「獵羽楊長共友僚，瑚弓詩倒作弓瑚。祭酒如今爲酒祭，(衔)〔銜〕官何以達廷朝。」

天畫天話

滕涉，天聖中，爲青州太守，盛冬濃霜，屋瓦皆成百花之狀，以紙摹之。又《大金國志》：金末，河冰凍成龜文，又有花卉禽鳥之狀，巧過繪縷。此天畫也。滇中有某提學，訓諸生讀書爲文之法，甚悉，語畢，問諸生曰：「吾言是否？」中有一人應曰：「公天人，所言皆天話也。」相傳以爲笑，蓋俗以託空爲天話耳。

别號

幼名，冠字，未聞有所謂别號也。近世士夫多稱别號，厥名與字，懵然不知，當時尚不諳其誰何，後此安能辨其甲乙？近日民風澆猾，白衣市井，亦輒稱號。永昌有鍜工戴東坡巾，屠宰號一峯子。一善謔者，見二人并行，遥謂之曰：「吾讀書甚久，閲人固多，不知蘇學士善鍛鐵，羅狀元能省牲。」相傳以爲笑。

師稱

醫曰醫師，織曰織師，餅曰餅師，舟曰舟師，工曰工師，僧曰梵師，道士曰（鍊）〔煉〕師。

李卓吾先生讀升菴集卷二十終